문화로 읽는
십 이 지 신
이 야 기

十 二 支 神

# 뱀

# 문화로 읽는 십이지신 이야기

## 십 이 지 신
## 이 야 기

한 중 일 비 교 문 화 연 구 소 의   십 이 지 신   시 리 즈

十 二 支 神

# 뱀

이어령 **책임편집**

열림원

# 차례

## 아시아의 상상력에 똬리를 튼 뱀 이어령 _7

제1부 한중일 문화 속의 뱀

총론: 한중일 신화 · 전설 속의 뱀 최인학 _22

한국의 신화 · 전설 속의 뱀 천진기 _42

중국의 신화 · 전설 속의 뱀 정재서 _56

뱀은 근사한, 살아 있는 척도 하마다 요 _62


제2부 회화 속의 뱀

총론: 한중일 회화 속의 뱀 이원복 _76

한국 회화 속의 뱀 이원복 _100

중국 회화 속의 뱀 이원복 _112

일본 미술 표현으로 보는 뱀 이나가 시게미 _121


제3부 문학 속의 뱀 이야기와 서사 구조

총론: 한중일 뱀 이야기의 서사 구조 최인학 _134

한국의 뱀 이야기의 서사 구조 최원오 _158

중국의 뱀 이야기의 서사 구조 최원오 _169

일본의 뱀 이야기의 서사 구조 카미가이토 켄이치 _179

十 二 支 神

제4부  뱀과 종교

   총론: 한중일의 뱀과 종교적 예식 천진기 _ 192

   한국의 종교 속에서의 뱀 천진기 _ 214

   중국의 종교 속에서의 뱀 서영대 _ 224

   대지와 바다와 하늘을 이어주는 생명의 뱀 하마다 요 _ 230

제5부  뱀의 이미지와 상징성

   현대 대중문화와 뱀 류관현 _ 246

   뱀이 지칭하는 수많은 아이콘과 상징성 이우환 _ 255

   일본인과 뱀의 문화력 하마다 요 · 이향숙 _ 258

   인간의 욕망을 비추는 중국의 뱀 왕민 _ 266

부록  십이지의 민속 전승 이서령 _ 275

집필진 약력 _ 300

# 아시아의 상상력에 똬리를 튼 뱀

## 이어령

# 아시아의 상상력에
# 또아리를 튼 뱀

## 인간의 라이벌 뱀

사람들은 뱀을 싫어한다. 뱀은 사람의 발꿈치를 물고 사람은 돌로 그 머리를 친다. 옛날 중국 사람들은 아침저녁으로 "뱀 있나有它嗎?" "뱀 없어無它"라는 말을 인사말처럼 주고받았다고 한다. 그리고 "뱀에게 한번 물린 사람은 10년 동안 두레박줄만 보아도 놀란다"는 속담도 있다.

하지만 세상에 살고 있는 2700종의 뱀 가운데 독 있는 뱀은 4분의 1정도라고 한다. 그리고 중국 땅에는 180종의 뱀이 살고 있지만 독사는 그 중 47종에 지나지 않는다. 그런데도 사람들이 뱀을 그토록 싫어하는 것은 반드시 그 독 때문만은 아닌 것 같다. 무엇보다 그 생김새 자체가 징그럽고 흉측스럽다. 그런데도 웬일인지 동서고금 할 것 없이 신화, 전설, 민담에는 유난히 뱀 이야기가 많이 등장한다. 징그러우면서도 끌리는 신비한 힘을 갖고 있다는 증거이다. 다른 것은 다 덮어둔다 하더라도 뱀은 우리에게 결정적인 영향을 끼친 12지신 가운데 하나다. 12지로 시간을 계산하고 춘하추동을 정하고, 그 방위와 연도를 헤아려온 한, 중, 일 세 나라에서는 지금도 12명 가운데 한 명은 뱀띠로 태어나고 있는 셈이다.

전통문화와 멀어진 오늘날에도 '꽃뱀花蛇'이라는 말속에 뱀 특유의 문화 코드가 뜨겁게 살아 있다. 서정주의 시 「화사」에서 남자를 유혹하여 돈을 빼앗아 가는 '꽃뱀'의 여성에 이르기까지 면면히 이어지고 있다. 아름다운 꽃과 징그러운 뱀의 결합은 과학적 이성만으로는 풀 수 없는 심연, 원초적인 인간의 어둡고 깊은 심층적 심리를 반영하고 있다.


## 뱀, 너무나 길다

우선 뱀은 어느 짐승에서도 찾아볼 수 없는 긴 형상을 하고 있다. 한번 물리면 10년을 간다는 두레박줄의 공포심. 뱀의 현상은 단순하다. 르나르는 그의 『박물지』에서 "뱀, 너무 길다"라고 했다. 일체의 수식어가 생략되어 있는 것이다. 그리고 시인 이상李箱은 "뱀, 어디서부터가 꼬리인가"라고 의문을 제기한다. 그냥 길게 늘어진 뱀을 보면 머리와 꼬리를 분간할 수 없이 일직선으로 이어져 있다.

모든 생물에는 머리와 몸통, 그리고 다리 부분이 명확하게 나뉘어져 있다. 도마뱀만 해도 그 분절과 경계가 확실한데 유독 뱀만은 하나의 연속체로서 미분화의 형상을 하고 있다. 피그미족은 사냥을 할 때 땅 위에

선을 한 줄 긋는다고 한다. 뱀을 그려 힘을 얻으려는 일종의 종교의식이다. 선은 시작도 끝도 없이 굽이굽이 이어진다. "그 선에 생명을 부여하면 모든 표상, 모든 변신이 가능해진다"고 본 것이다.

뱀은 모든 것이 질서 정연하게 잘 정돈되고 잘 짜여진 코스모스에 대한 카오스를 나타낸다. 그 원초의 심연 같은 혼돈이 인간의 마음을 일깨운다. 다른 동물과 구별하기 위해 인간을 호모사피엔스라고 부르기도 한다. 사피엔스는 생각하는 지知를 뜻하는 것인데 바로 그 인간의 지를 위태롭게 하는 것이 뱀이다. 인간의 지가 코스모스라면 뱀은 그 이전의 카오스(혼돈)인 것이다. 그래서 중국에서는 인간을 만들고 그 도구를 만들어준 복희伏羲와 여와女媧를 인간의 얼굴에 뱀의 몸뚱이로 형상화했다.

## 뱀은 선이며 원이다

동서남북의 우주 바위를 상징하는 사신四神 가운데 현무는 거북이와 뱀의 형상을 하고 있다. 그 모양은 여러 가지 형태로 변형되어 있으나 북방을 나타내는 현무의 모습은 뱀이 제 꼬리를 물고 있는 것 같은 형상으로 둥근 원형을 그린다. 그것은 두 마리의 뱀이 각각 상대의 꼬리를 물고 있는 우로보로스Ourobouros와도 통하는 것으로 우주의 무한성과 순환적 성질을 나타내는 것으로 풀이된다. 뱀의 머리가 뱀 꼬리를 물면 선은 원이 된다. 둥근 원형 속에서는 시작과 끝의 구분이 사라져서 분할성이 없는 우주의 영원성을 보여준다.

두 개의 뱀이 하나로 결합된 우로보로스는 태극기의 모양에서도 찾아볼 수 있다. 푸른색으로 표시된 음과 붉은색으로 된 양은 서로의 머리가 상대의 꼬리를 물고 있는 형상을 하고 있다. 그래서 원은 돌고 돈다. 그냥 도는 것이 아니라 순환을 하면서 무수한 것들을 생성한다.

뱀의 형상은 이렇게 단순한 선 모양을 하고 있지만 움직임에 따라서 여러 가지 모습을 낳는다. 기어갈 때에는 강물이 흐르는 것처럼 곡선을 그리고 똬리를 틀면 동그란 원이 된다.

늘어나기도 하고 응축되기도 하는 뱀의 형상은 신축자재의 생성 운동을 상징하게 된다. 이 때문에 뱀은 인간에게 있어서 위험한 짐승이지만 동시에 숭앙하는 대상물이 되기도 한다.

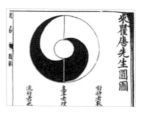

## 땅에 밀착되어 있는 지신地母神

발 없는 뱀이 발이 많은 지네보다도 더 빨리 움직인다. 그러나 이 초자연적인 힘은 하늘이 아니라 땅에서 나오는 것이다. 왜냐하면 서양의 용이나 뱀에는 날개가 돋친 것이 있지만 아시아 지역에서는 용도 뱀도 날개가 없는 것이 일반적이다. 다리 없이 배로 기어 다니는 뱀은 어느 짐승보다도 땅과 밀착되어 있다. 그리고 뱀은 구멍 속으로 들어가 지하에서 산다. 그래서 뱀은 '지신'으로서 상징되어 한국 같은 농경문화권에서는 풍요를 상징하는 것으로 뱀에 대한 긍정적 이미지가 생겨난다. 꿈 해몽에서도 뱀을 보거나 뱀에게 물리면 재물수가 있는 것으로 풀이되기도 한다(일본의 경우도 마찬가지이다). 뱀이 지하의 명부(죽음)를 나타내고 암흑 세계와 연결되어 있는 서양의 상징 코드와 비교되는 점이다.

더구나 동아시아 삼국의 뱀은 여러 면에서 용과 동일시되는 경우가 많다. 뱀을 뜻하는 인도의 나가naga, 용을 의미하지만 동시에 뱀을 나타내는 경우가 많다. 영어의 스네이크snake가 나가라는 말에서 비롯된 말이라고 풀이하는 학자들도 있다. 무엇보다 용과 뱀의 동일성을 나타내는 문화 코드에서 동서의 결정적인 차이를 보여주는 것은 서양의 용이 동굴에 살면서 불을 뿜는 것으로 되어 있는데 비해서 아시아의 용은 물속에서 살며 비를 내리는 역할을 한다는 데 있다. 서양의 뱀은 용과 마찬가지로 불의 이미지에 더 가깝다. 물 없는 건조한 사막이나 스텝 지방에서 살아가는 유목민들에게는 뱀의 민첩하게 뻗치는 움직임은 느릿느릿 사행을 하는 냇물의 이미지보다 화염처럼 타오르는 불을 연상케 한다. 성경에서도 애급 땅에서 벗어나 광야를 지나는 이스라엘 백성을 물어 죽이는 뱀은 '불뱀'으로 표현된다. 그 결정적이 차이를 낳고 있는 것은 물로 경작을 하는 아시아의 벼농사라고 할 수 있다.


## 뱀의 젠더와 아시아적 여성관

서양의 뱀은 용과의 동일성이 희박하지만 아시아의 경우에는 뱀이 용이 되고, 심지어는 용이 뱀이 되는 경우도 있다. 12지에서도 이상스럽게 뱀은 용 뒤에 온다. 그 순서대로 하면 늦봄을 나타내는 용이 초여름을 나타내는 뱀으로 이동하는 것으로 용이 뱀으로 변신하는 격이다.

그러나 지모신으로 상징되는 뱀과 용왕님으로 설정된 용의 차이는 하늘과 땅에 의해 구분된다. 용은 하늘로 승천하는데 비해서 뱀은 지하로 잠입한다. 그러므로 음양의 원리에 따라서 아시아의 뱀은 그 젠더 코드에서 여성으로 화하는 경우가 많다. 물론 동서 할 것 없이 뱀은 그 모양의 유추로 남근을 상징하는 경우가 많지만 신화, 민담의 서사 구조에서는 여성으로 화한 뱀 여자蛇女의 이야기가 많이 등장하고 있다. 서정주의 시 「화사」에서 뱀이 이브와 클레오파트라, 그리고 스무 살 난 색시 순네의 여인의 이미지로 그려진 것은 우연이 아니다.

그러나 같은 뱀 여자의 이야기라고 해도 일본의 그것과 비교해보면 확연한 차이를 발견할 수 있을 것이다. 도세이지道成寺의 사녀 이야기는 한 남성을 사랑한 여성이 배신을 당하자 뱀으로 화하여 끝까지 추적하여 원수를 갚는다는 줄거리로 되어 있다. 원념의 문화가 뿌리 깊게 자리한 일본에 비해서 한을 바탕으로 한 한국의 뱀 이야기에는 그런 복수담이 흔치 않다. 오히려 장예모 감독이 항주의 서호에서 보여주고 있는 드라마처럼 뱀으로 화한 여자가 한 남자와 사랑하여 부와 영화를 가져다주는 애잔한 이물과의 러브 스토리와 한이 섞인 이야기가 그 주류를 이룬다. '원'은 갚고 '한'은 푼다는 문화 코드의 차이를 우리는 뱀의 상징성을 비교하는 자리에서도 확인할 수 있을 것 같다.

## 불사와 재생을 상징하는 뱀

뱀의 문화 코드 가운데 하나로 동서 문화가 공통적으로 지니고 있는 것이 불사나 재생이라는 테마이다. 뱀은 때가 되면 허물을 벗고 새로운 몸으로 변신한다. 그 때문에 사람들은 뱀으로부터 거듭나는 재생의 초능력을 발견하게 된다. 뱀은 사악하고 위험한 인간의 라이벌에서 사신死神으로 숭상의 대상이 된다. 고대 세계에서는 뱀은 나이를 먹고 죽는 동물과 달리 정기적으로 가죽을 벗고 갱신과 재생의 영원한 삶을 산다고 믿었다. 그리스인들은 뱀의 허물을 노년geras이라고 불렀던 것을 보아도 알 수 있다.

중국을 비롯한 아시아 문화권에서도 뱀이 허물을 벗고 타시 태어난 것처럼 죽은 자도 그렇게 젊음을 되찾고 부활한다는 신앙이 있었다. 달은 그믐에 한번 사라졌다가 다시 초승달로 태어난다. 그래서 달의 여신은 뱀처럼 허물을 벗고 재생하는 것으로 동일시되기도 한다.

기독교 문화권과 비기독교 문화권을 가르는 핵심이 바로 이 뱀의 재생과 영생이라는 문화 코드에 의해서 결정된다. 성경에서는 인간에게 죽음을 가져다준 것은 뱀이다. 뱀의 유혹으로 금단의 열매를 따 먹은 죄로 인간은 불사의 에덴동산에서 쫓겨나 모털(죽는 존재)이 된다. 그러나 바빌론의 옛 도상에는 인간에게 불사의 음식을 부여하는 뱀의 여신이 등장한다. 그로시스파의 기술에는 아람 말로 음이 비슷한 Hawah(만물의 어머니), hawa(敎示), hewya(뱀)를 결합하기도 한다. 원시 신앙에서의 뱀 신앙은 기독교와 정면으로 충돌하면서도 끈질기게 유럽의 문화 코드에 그야말로 구렁이 담 넘듯이 잠입한다. 오늘날에도 아라비아어의 이브의 이름은 오늘날에도 생명을 뜻하는 hayyat의 개념과 뱀을 뜻하는 말인 Hayyat와 겹쳐 쓰는 일이 있다.

## 의신 아스클레피오스의 지팡이

12지의 동물 코드를 통한 아시아 삼국의 문화 비교는 아시아만이 아니라 유럽과 그 밖의 다른 문화를 비교하는 데 있어 매우 중요한 잣대가 될 수 있다. 왜냐하면 뱀이 갖고 있는 독毒이 악이나 죽음을 의미하지만 동시에 독은 인간의 생명을 구하는 약藥이 될 수 있다는 양의성을 지니고 있기 때문이다.

인간에게 주는 뱀의 위험성과 공포심은 독 자체보다도 전독위약轉毒爲藥이란 말처럼 그것이 약으로 변할 수도 있다는 개념이다. 극과 극이 반전되어 독과 약을 구분할 수 없게 된다는 것은 플라톤이 제시한 파르마콘pharmakon의 화두처럼 건강과 병, 선과 악, 생과 사, 암흑과 광명의 경계를 허무는 것이다. 조금 마시면 달콤한 약이 되지만 많이 마시면 독이 되어 목숨을 빼앗는다. 독과 약은 정반대의 기능을 가지고 있지만 원래 하나인 것처럼 독을 가진 뱀 역시 인간을 해하는 죽음의 상징이요 악이지만 동시에 인간을 구제해주는 건강과 장수와 재생, 그리고 불사의 힘을 주는 의학의 상징이 되기도 한다.

그리스의 의신醫神 아스클레피오스를 상징하는 지팡이에 뱀이 감겨 있는 것을 보아도 알 수 있다. 그 유명한 라오콘상의 조각에서 보듯이 인간을 감아 물어 죽이는 무서운 뱀이 아스클레피오스의 지팡이에서는 건강, 불로, 장수長壽, 그리고 불사不死의 상징물로 의학을 상징하고 있다. 하지만 죽은 자까지 소생시키는 아스클레피오스의 그 신비한 의술이 뱀으로부터 비롯되었다는 것을 알면 그리 놀랄 일은 아니다. 그러니까 영웅 페르세우스가 뱀 머리를 한 괴물 메두사의 목을 베어 죽이고 흐르는 피를 병에 받아 아테네 여신에게 바쳤을 때의 일이라고 한다. 메두사(뱀)의 왼쪽 혈관에서 받은 피는 사람을 죽이는 맹독이고 오른쪽 혈관에서 나온 피는 죽은 사람도 살릴 수 있는 있는 약물이었다는 것이다. 그리고 그 뱀의 피를 받게 된 아스클레피오스는 그것으로 약을 만들어 죽은 자도 살려내는 명의가 된다.

아스클레피오스의 뱀 지팡이는 오늘날에도 의술을 상징하는 의료 기관의 상징물로 활용되고 있다. 유엔의 세계보건기구(WHO)의 마크, 앰뷸런스의 표시로 사용되고 있는 것이 그것이다.


## 모세의 지팡이

희랍만이 아니다. 뱀을 사탄으로 철저하게 배격하고 있는 기독교의 텍스트 안에서도 독과 약을 동시에 주는 뱀의 양의성을 발견할 수 있다. 아스클레피오스의 지팡이처럼 모세의 지팡이도 뱀에 의한 치유 능력을 보여준다. 죄 지은 이스라엘 백성들을 벌주기 위해서 뱀을 보내 많은 사람들을 물어 상처를 입혀 죽게 만든다. 그러나 회개하고 하나님께 구제를 요청하자 청동 뱀을 만들어 모세의 지팡이(장대)에 매달아놓고 뱀에게 물린 자들이 보도록 하라는 것이다. 그
러면 독이 씻겨 상처가 치유된다는 것
이다. 사람을 물어 죽이는 뱀과는 정반
대로 모세의 장대 끝에 매단 청동 뱀은
상처를 치유하고 목숨을 구제해주는 역
할을 한다(민수기 21:4~9).

　그 뒤 기독교도들은 모세의 지팡이를 십자가로, 청동 뱀을 예수에 비
유한다. 그래서 인간은 뱀의 머리를 치고 뱀은 인간의 발뒤꿈치를 무는
원수 관계에서 벗어나 청동 뱀이 예수님의 상징으로 180도 회전하게 된
다. 뱀은 치유와 불사의 상징으로 죄로부터 회복되는 상징을 지니게 되
고 "사람의 아들도 높이 들려지지 않으면 안 된다"(요한 3:14)뿐만 아니
라 정교회의 주교들은 청동의 뱀을 표상하는 지팡이를 권위의 상징으로
삼고 있다.


## 뱀의 이중 구조로 본 생명과 우주의 문화 코드

　우리는 12지의 뱀에서 많은 것을 배울 수 있다. 오늘날의 동화나 소설,
그리고 영화의 스토리텔링 속에서 보물을 지키는 수호의 역을 맡고 있다.
그와 똑같이 한국에서도 뱀은 한 가정의 재물을 쌓아둔 곳간을 지키는 업
으로 숭앙된다. 업(구렁이)이 나가면 집안이 망한다는 생각이 뿌리 깊게
박혀 있는 한국의 뱀은 기독교의 사탄과는 다른 샤머니즘을 낳았다.

카오스와 우주를 상징하는 뱀의 문화 코드가 왜 중요한가. 한중일 비교 문화를 통해서 밝혀질 뱀의 상징 코드를 통해서 우리는 창조의 비밀을 밝힐 수 있을 것이다. 뱀은 정형성, 그리고 고정된 개념의 벽을 넘나든다. 그리고 깊은 원초적인 문화의 심층 속에 똬리를 틀고 있는 카오스의 어둠을 본다. 그리고 그것이 구멍을 나와 신축자재로 모습을 바꿔가는 뱀의 유연한 자세, 직선과 곡선, 그리고 원의 모양과 순환을 보여주는 그 움직임 속에서 끝없이 생성하는 초자연적 힘의 원천을 느낀다.

뱀에 관한 민속신앙에서 뱀의 시와 소설에서, 그리고 미술과 조각 같은 예술을 통해서 형상화한 원형적 이미지와 상징을 통해서 꼬리를 문 뱀의 글로벌한 우주의 의미를 찾을 수 있다. 인간은 뱀을 싫어한다. 기피하고 위험시하고 때로는 공격을 가한다. 뱀 쪽에서도 소리 없이 나타나 뒤꿈치를 문다. 그러한 대적 관계의 인간과 뱀이 정반대로 뱀을 자신의 편으로 하여 죽음이 아니라 삶을 어둠이 아니라 빛을 병이 아니라 건강과 치유의 상징물로 맞는다.

우리가 싫어하는 것, 기피하는 것들이 이 지구에는 너무나 많다. 그것은 민족에 대한 차별일 수도 있고 다른 문화에 대한 증오일 수도 있다. 하지만 12지의 뱀은 초여름의 생성하는 동력으로서 죽은 초원에게 생명력을 준다. 그 벌판을 뛰는 말 정오午의 대낮을 준비한다. 어둠에서 속삭이듯 그 은밀한 생의 목소리가 여름의 소낙비처럼 이 땅을 적신다.

그 흥미롭고 신비한 뱀 이야기로 아시아의 상상력과 창조력을 밝혀보는 자리가 이곳에서 펼쳐진다.

**이어령 지음**

제 1 부

# 한중일
# 문화 속의 뱀

**총론: 한중일 신화 · 전설 속의 뱀** 최인학

**한국의 신화 · 전설 속의 뱀** 천진기

**중국의 신화 · 전설 속의 뱀** 정재서

**뱀은 근사한, 살아 있는 척도** 하마다 요

# 총론:
# 한중일 신화·전설 속의 뱀

**뱀은 불사, 재생, 다산, 부富의 상징**

　뱀은 성장할 때 허물을 벗는다. 그것이 죽음으로부터 매번 재생하는 원리를 터득한 셈이다. 첫째는 계란을 껍질째로 먹는데 배 속으로 들어간 계란은 어떻게든 깨지지 않고서는 소화할 수 없다. 그래서 일부 사람들은 뱀이 나무에 올라가 떨어지는 순간 계란이 깨지는 것이라 생각하는 사람도 있다. 그러나 동물학자에게 물어보면 나무에 오르지 못하는 뱀도 있다고 한다. 계란을 배 속에서 깨뜨리기 위해서는 식도로 들어가기 직전에 척추 밑에 돌기 부분이 있어 이곳에서 껍질이 깨져 후에 입을 통해 뱉어낸다고 한다. 결국 뱀은 전신이 비늘로 둘러싸여 있어서 신체가 성장하기에 불편해 탈피의 수단을 할 수밖에 없다.

다음으로 뱀의 탈피 현상을 두고 옛사람들은 재생이나 영원불멸의 존재로 여기고 영적 동물임을 인식했다. 그러나 새우나 게 같은 갑각류甲殼類, 잠자리나 나비와 같은 곤충류, 거미 등도 탈피를 한다. 이것들도 모두 외부가 딱딱한 껍질로 되어 있기 때문에 탈피를 통해 껍질이 딱딱해지기 전에 성장을 하려고 하기 때문이다.

뱀은 1년에 한 번 새끼를 낳는데 한꺼번에 백 마리 이상을 부화하는 다산多産하는 동물이다. 『용비어천가』에 "뱀이 까치를 물어 나무 끝에 얹으니 성손聖孫이 바야흐로 일어나려 함에 기쁜 일이 먼저 있게 되었도다"라고 했듯이 뱀은 풍요와 번영의 상징이 된다. 우리 조상들이 시골 논을 한 뱀이 두 뱀이라는 '뱀'을 붙인 넓이 단위로 부르는 이유도 논에서 뱀과 같이 다산 수확을 바라는 마음에서라고 한다[『십이지신 이야기』(이종환 지음, 신양사, 1989), 514쪽]. 뱀을 도상이나 무늬로 사용하는 것도 역시 다산 풍요를 비는 데서 유래되었다.

뱀이 재생한다는 내용은 제주도 서사무가인 「차사본풀이」에 나온다. "그때 마침 담 구멍에 있던 뱀이 저승 차사인 까마귀의 적패지赤牌旨를 받아 꿀꺽 삼키고 들어가버렸다. 그래서 뱀은 죽는 법이 없어 아홉 번 죽었다가도 열 번 다시 살아나는 것이다."

## 뱀 신앙의 근원 설화

『삼국유사』에 의하면, 혁거세왕이 나라를 다스린 지 61년 만에 왕이 하늘로 올라갔는데 그 후 7년 만에 뼈가 땅에 떨어져 흩어졌다. 이때 부인 알령도 죽으매 유골을 한데 모아 장사 지내려 하였으나 큰 뱀이 따라다니며 막으므로 5체를 각각 따로 묻어 5능이 되었고, 뱀이 나타났으므로 사능蛇陵이라 부르게 되었다고 한다. 이는 왕의 권위와 사랑을 왕족이 되지 못한 5촌장에게 나누어준 것이며 박혁거세 세력이 당대에 다섯 배로 증가하였음을 짐작케 하는 설화이다. 그리고 이때 뱀이 따라다니며 한데 묻으려는 것을 막은 것도 뱀이 호국뱀이었음을 알 수 있다.

이와 같이 뱀이 왕권과 결연되어 있음을 알 수 있는 기록이 또 있다.

> 신라 통일 후 문무왕 때 전 가야국 김수로왕 왕릉에 금옥金玉이 많이 있다 하여 도적들이 이를 훔치려고 하였다. 이때, 30여 척이나 되는 큰 뱀이 번개 같은 안광으로 사당 곁에서 나와 8, 9명의 도적들을 물어 죽였다(『삼국유사』).

> 신라 제48대 경문왕의 침전에 저녁마다 무수한 뱀이 모여들어 궁인이 놀라고 무서워서 쫓아내려고 하였다. 그러나 왕은 나는 뱀이 없으면 편안히 자지 못하니 금하지 말라고 하였다. 왕이 잘 때에는 뱀이 혀를 내밀고 왕의 가슴을 덮어주었다는 기록이 있다(『삼국유사』).

시집에 따라온 뱀신을 모르고 모시지 않으면 시가의 가족이 병을 앓게 되고 그것이 이 당신堂神 때문이라는 것을 알게 되어 모시지 않을 수 없게 된다.

여드렛당신神은 본풀이에 나주羅州 금성산의 뱀신인 여신이 제주도에 들어와 표선면 토산리에 좌정한 것으로 되어 있다. 이 당신을 잘 모시면 은혜를 베풀지만 잘 못 모시면 질병 등 탈을 내리는데 딸에서 딸로 계승된다고 한다. 이 신의 제사일이 매월 8일(8, 18, 28일)로 되어 있어서 이 당을 여드렛당이라 한다.

한편 제주도 무속 사회에서는 뱀을 '칠성'이라고 한다 제주도에서는 '칠성'을 집안의 농사를 잘되게 하여 부를 일으켜주는 신이라 믿어 모시는 데가 더러 있다. 실제로 뱀을 모시는 게 아니라 고방庫房의 쌀 항아리 속에 또는 집 뒤에 주저리 밑의 기왓장 속에 뱀신이 모셔져 있다고 생각하고 있을 뿐이다. 실제 주저리 밑의 기왓장 안에는 오곡의 씨가 놓여 있다. 이렇게 모신 신을 '칠성'이라 하여 뱀으로 생각하고, 제사나 명절 때에 제물을 차려놓고 고사를 지내는 일이 있다. 그것은 신의 신화인 「칠성본풀이」에서 찾아볼 수 있다.

「칠성본풀이」의 신화를 요약하면 다음과 같다.

장나라 장설룡과 송나라 송설룡이 부부가 되어 사는데, 늦도록 자식이 없어 걱정을 한다. 그런데 동개남절 중이 시주를 받고, 칠성제를 지내면 부자가 되고 자식도 얻으리라 예언해준다. 부부는 칠성단을 만들어 정성을 다하여 칠성제를 지낸다.

하루는 하늘의 여섯 성군星君이 내려와 응감하고 복을 주었는데, 넷째 성군이 늦게 와보니 이미 다른 성군들이 복을 다 주었으므로 부부의 눈을 장님으로 만들고 갔다. 장님이 된 부부는 칠성제를 지낸 것을 후회했으나, 나라에 병란이 일어나자 장님 된 덕분에 화를 피해 살아난다. 그 후 부부를 장님으로 만들었던 성군은 다시 부부의 눈을 뜨게 해준다. 눈이 밝아진 부부는 칠성제의 효험을 알고 다시 칠성제를 드리니, 이번에는 우대하여 딸

아이를 낳아 '칠성 아기'라 이름을 짓는다.

아이가 어느 정도 자랐을 때 부부는 벼슬을 살러 가게 되어 여종에게 딸아이를 맡기고 떠난다. 딸아이는 부모가 그리워 떠나는 부부의 가마를 따라가다가 길을 잃고 헤매며 운다. 그 곁을 지나가던 중 가운데 세 번째 중이 딸아이를 데리고 다니며 잉태시키고 장설룡 집에 노루돌 밑에 숨겨둔다. 장설룡 부부는 딸아이 때문에 중도에 벼슬을 그만두고 돌아와 아이를 찾다가 시주받으러 온 중의 말을 듣고 이 중의 소행임을 알고 중을 처형하려고 하니 중은 도술로 도망쳐버렸다.

부부가 딸아이를 찾고 보니 아기 일곱을 배고 있었으므로 죽일 수도 없고 돌함에 담아 바다에 띄워버린다. 돌함은 이 바다 저 바다 돌아다니다 제주 바다에 이르러 이 마을 저 마을로 올라오려 했으나 그 마을의 당신이 막으므로 할 수 없이 함덕리 바닷가로 표착한다. 함덕리의 잠수(해녀) 일곱이 돌함을 발견하여 서로 자기가 주웠다고 다투는데, 송첨지 영감이 그것을 보고 중재하고 돌함을 열어보니 큰 뱀 한 마리와 새끼 뱀 일곱 마리가 나왔다.

뱀을 본 송 영감과 해녀 일곱은 더럽다고 학대하여 내던지니 그 후로 이 사람들이 신병이 나서 사경을 헤매게 된다. 문점을 하니 남의 나라에서 온 신을 박대한 죄라 하고 칠성단을 만들어 굿을 하라 하므로 그대로 굿을 하여 위하니 신병이 낫고 일시에 부부가 된다. 이웃 사람들이 이것을 보고 함께 칠성단을 위하니 함덕마을이 부촌이 된다.

함덕리의 당신이 자기보다 칠성단만을 위하는 데 시기하여 뱀들을 내쫓으니 뱀들은 함덕리를 떠나 성안(현재 제주 시내)으로 들어온다. 성안으로 들어온 뱀들은 산지물에 가 누워 있더니 물 길러 간 칠성골의 송대정(또는 송씨, 송 대감) 부인이 발견하고 집에 모셔가 위하니 그 집이 일시에 거부가 되고 대정현감까지 나왔다. 관원들이 지나다가 뱀들을 보고 더럽다고 침을 뱉으니 입병이 나서 문점 하고 굿을 하니 병이 낫는다.

송대정 집에서도 이만하면 족하다고 학대하니 뱀들은 송대정 집을 떠나 각기 찾아야 할 곳을 찾아 좌정한다. 그중 한 마리는 '안칠성'으로 가고, 한 마리는 '밧칠성'으로 가고, 나머지는 '동헌東軒', '관청할망', '사령방使令房', '과원果園', '각 창고', '이방吏房', '형방방刑房房' 등을 차지한다.

『제주도 신화의 수수께끼』(현용준 지음, 집문당, 2005), 139~141쪽

이 신화에서도 죽으라고 석함石函에 넣어 바다에 띄워버린 모녀가 뱀이 되며, 이 뱀이 곡신穀神이 되고 있다. 뱀을 풍농신으로 인식할 수 있었던 것은 우리들 인간과는 달리 뱀이 난생卵生인 점, 뱀이 가진 다산성, 물과의 상관성, 여러 차례에 걸친 탈피脫皮 현상으로 인해 새롭게 다시 태어나는 데서 유추된 영원불사의 본 고대인들의 동물관에서 비롯되었다고 본다.

뱀을 주인공으로 하는 신화에 있어, 칠성신의 덕으로 자식을 출산케 한 것은 하늘에 있는 칠성의 신성성을 빌려 주인공이 되는 신을 더 신성시되도록 하고자 했던 신화적인 발상으로 볼 수 있다. 그리고 나중에 중이 안칠성에게 잉태를 시켜 자식을 일곱 명 낳게 하는 것도 실은 칠성의 숫자와 상관성을 가지도록 한 것일 수 있다. 칠성과 뱀이 상동성相同性, homology을 갖게 됨으로써 뱀을 보다 신성한 존재로 인식될 수 있었을 것으로 보이는데, 이것은 기본적으로 그 이전부터 있어온 북두칠성에 대한 신성성을 바탕으로 하고 있을 가능성이 있다[『큰 굿 열두거리의 구조적 원형과 신화』(이수자 지음, 집문당, 2004), 271~272쪽].

제주도에는 뱀을 신앙시하여 실제로 일어나는 일들이 신화와 전설로 구전되는 경우가 있다. 현용준 교수가 채록한 설화 중에서 몇 편을 인용하면 다음과 같다(『제주도 민담』).

제주도 조천면 함덕리에 사는 송순태라는 분은 강원도에서 면장을 지낸 일도 있고, 얼마 전 도의회 의원으로 출마하려고도 한 바 있는 지식층 사람이다.

이분의 부친 때 일이다. 하루는 마당에서 보니 난데없는 뱀 한 마리가 기어 다니고 있었다. 그의 모친이 치마를 펴서 "우리 집 조상이거든 이리 들어옵서" 했더니, 뱀이 슬슬 치마 위로 기어 올라왔다. 모친은 그 뱀을 고방(광)으로 들고 가 잘 모셨는데 그 후 부자가 되었다.

부모가 별세한 후, 송순태 씨는 사업이 순조롭지 않아 점쟁이에게 가서 점을 쳤더니, 점쟁이가 부모님들이 뱀을 모셨던 사실을 눈으로 본 듯이 말하고 계속 모시지 않으면 집안이 나쁘겠다 하므로 다시 모시기 시작하였다. 그래서 지금도 매해 굿을 하여 이 귀신을 위한다.

조천면 함덕리, 안하윤(남) 제보, 1962, 현용준 채록

표선면 토산리에서는 뱀을 귀신이라 하여 모신다. 이 귀신을 흔히 토산귀신이라 하는데, 이 토산귀신은 딸이 시집갈 때 반드시 뒤를 따라간다. 그래서 딸이 이 귀신을 위하게 되고, 이 딸의 딸이 시집을 갈 때는 다시 뒤를 따라가 그 집에서 위하게 된다. 딸에서 딸로 전해 가므로 반드시 토산 사람이 아니더라도 토산과 외가가 연결된 집에서는 이 토산귀신을 위하게 마련

이다. 그러므로 토산귀신이 있는 집안의 딸에게는 구혼하는 자가 없게 되므로 토산귀신이 있는 집안에서는 그것을 속여 딸을 시집보낸다.

토산귀신이 있는 집안의 딸과 결혼하여 그 귀신을 모시지 않으면 그 남편이 병을 앓는 수가 많다. 이 병은 원인 모를 병으로 백약이 효력이 없다. 이렇게 하여 남편이 죽어가도 부인은 토산귀신이 있다는 것을 말하지 않는 것이 보통이다. 왜냐하면 그 사실을 말하면 그 귀신에게 축원해서 병은 낫겠지만 결국은 이혼당하기 때문이다. 그래서 지금도 토산귀신이 있는 집안은 많지만 비밀로 숨기고 있다.

조천면 함덕리, 안하윤(남) 제보, 1962 현용준 채록


일제 때 일이다. 표선면 토산리인가 어디 여자가 결혼을 했는데, 결혼한 지 3개월 만에 남편이 처를 고향에 남겨두고 돈을 벌러 일본으로 건너갔다.

일본에 간 남편은 일본에 오래 살게 되니까 일본인 처를 얻어 살고, 고향의 처는 잊어버렸다. 그래서 처와 편지 연락도 없이 10여 년을 살았다. 독수공방을 하던 처는 마침내 남편을 기다리다 지쳐 병이 들어 죽었다. 시아버지는 며느리 장사를 치르고 집에 돌아와보니 며느리가 앓아누웠던 자리에 꼭 며느리가 누웠던 모양으로 뱀 한 마리가 누워 있었다. 시아버지는 이 뱀을 치우다 던져두고, 잠시 후 며느리 방을 보니, 그 뱀이 어느새 들어와서 아까 모양으로 누워 있었다. 시아버지는 다시 뱀을 치우다 던지니 뱀은 어느새 들어와 눕고 몇 번이나 되풀이해도 마찬가지로 그 자리에 들어와 눕는 것이었다. 시아버지는 "이것이 며느리 혼인가 보다" 하는 생각이 들어 할 수 없이 한 꾀를 생각해냈다.

먼저 판자로 꼭 뱀이 들어갈 만큼의 상자를 만들고, 음식상을 차려 뱀 앞

에 올려 말하기를 "내 며느리 영혼이거든 안심하고 이 상자 속에 들어가라. 네 남편한테 보내주마" 했다. 그랬더니 뱀이 상자 속으로 슬슬 기어 들어간다. 부친은 그 상자를 봉하여 일본에 있는 아들에게 소포로 보내며 "이 상자는 귀한 것이니 네 곁에 반드시 간직해두어라" 하는 내용의 편지도 함께 보냈다.

아들이 이 소포와 편지를 받자, 고향 친구들이 모여 "아버지가 귀한 소포를 보내주었으니 무엇인지 열어보자" 하고 졸랐다. 아들은 열지 않으려고 했지만 하도 조르는 바람에 할 수 없이 상자를 열었다. 여는 순간 상자 속에 있는 뱀이 튀어나와 남편의 목에 몇 겹으로 감아져 마치 목도리를 두른 것 모양으로 꼬리와 입을 맞대어 물고 떨어지질 않았다.

남편과 친구들은 겁이 나서 목에 감긴 뱀을 떼려고 해도 뗄 수가 없다. 할 수 없이 "이것을 떼는 사람에게는 많은 보수를 주겠다"고 광고를 하니, 많은 사람이 모여들었으나 이것을 뗄 수는 없었다. 이 기이한 일을 소문 들은 사람들이 구경을 하러 모여들어가니 아예 공원에 가 앉아 구경시키겠다고 하여 대판의 덴노지天王寺 공원에서 관람료를 받고 구경시켜 돈을 많이 벌었다. 나도 그때 대판에 살 때인데 이 소문을 듣고 구경 갈까 했지만, 바빠서 구경을 못했다. 그게 소화 9년(1934)이었을 것이다. 그 후 그 사람은 고향에 돌아왔다고 하는데 그 후는 어찌 되었는지 모르겠다.

제주시 노형동, 현병환(남 79세) 제보, 1994, 현용준 채록

## 일본의 뱀 신앙의 기원

토기의 문양 등에 뱀이 그려져 있으며 뱀은 주술적 신앙의 대상으로

되어 있다. 그러나 8세기 나라奈良 시대경에 성립된 『히다치노구니후도키常陸國風土記』 나메가타노고오리行方郡의 일절에는 사신蛇神은 산림을 개간하고 밭을 가꾸는 영웅의 행위를 방해하는 신으로서 취급되고 있다. 영웅은 사신을 낡은 신으로 처우하고 사람과 뱀의 경계를 정하고 뱀을 사당에 봉안했다. 또 개간을 방해하는 사신蛇神은 아주 추방되어 퇴치되기도 했다.

같은 8세기에 성립된 『니혼쇼키日本書紀』에서는 미와야마三輪山 전설이라고 하여 사신과 여자의 혼인이 기술되어 그 자손은 고대의 대표적 씨족으로 되어 있다. 예컨대 시조 전설의 이야기가 그것이다. 이 뱀을 시조로 보는 설화는 그 이후 『헤이케모노카다리平家物語』나 『오도기쇼시お伽草子』, 오키나와 최고最古의 문헌 『이로세츠덴遺老說傳』(1745) 등 많은 문헌에 게재되며 많게는 사신이 물을 관장하는 수신으로 되어 있다.

이들 고문헌에 나타난 바와 같이 사신은 수렵 채집 시대부터 농경시대에의 이행의 시기에 낡은 신으로서 그 주술적인 힘은 두려울 만큼 잔존하고 있지만 새로운 신, 즉 불교에 의한 불보상佛菩薩 등에 의해 대치되었다고 할 수 있다. 예를 들면 9세기에 저술된 일본 최초의 불교 설화집 『니혼료이기日本靈異記』에는 사신의 구애求愛, 구혼을 받은 딸이 불교의 신앙으로 인해 게蟹의 원조를 받아 뱀을 퇴치하는 이야기가 두 개 게재되어 있다.


712년에 성립된 『고지키古事記』에 오오다다니고意富多多泥古의 출생 과정을 설명한 부분으로 내용은 다음과 같다.

이쿠다마요리비매活玉依毗賣는 매우 아름다웠다. 그런데 한 사나이가 밤중에 내방했다. 얼마 안 돼 여인은 임신을 했다. 부모가 딸이 임신한 것을 괴히 여겨 "네가 남편 없이 임신을 하다니" 하고 묻자 딸은 "이름도 모를 훌륭한 사나이가 밤마다 와서 지내고 가는데 임신이 됐습니다"고 하자 부모는 그 사나이의 정체를 알기 위해 "황토를 마루 끝에 뿌리고 실을 마늘에 꿰어 그의 옷자락 소매에 꽂으라" 하고 일러주었다. 시키는 대로 하고 아침에 보니 그것이 미오야마三輪山에 다다라 신역神域에 머물러 있었다. 그래서 신의 아들임을 알았다. 실패 셋이 남았으므로 이곳을 미와三輪라 한다. 이 오오다다니고는 미와神씨, 가모씨鴨氏의 조상이다.

이는 사서입담蛇壻入譚의 조형祖型으로 알려져 있다. 720년에 이루어진 『니혼쇼키日本書紀』에도 같은 내용이 있으나 숭신천황의 숙모인 야마도도도비모모소히매倭迹迹日百襲姬에게 한 사나이가 야래 한 것과 사나이의 정체가 소사小蛇인 것으로 기록되어 있다. 뿐만 아니라 각지의 풍토기에 이와 유사한 설화가 기록되어 있다. 주제는 신혼神婚 및 신의 탄생으로 시조신화인데 한국의 야래자담夜來者譚과 공통점이 많다.

일본은 예로부터 뱀을 공수하는 신으로 숭배해왔다. 뱀에게 공수를 받고자 하는 풍속은 예로부터 있어온 것이다. 뱀이 땅에서 꿈틀거리며 지나는 것을 보고 옛사람들은 영력이 있을 것으로 믿었다. 지금도 대만에서 행해지고 있는 부란扶鸞(모래판 위에 탕키가 점괘를 쓰는 것)도 아마 이 점법이 아닌가 싶다.

현재 일본에서 잔존 내지 계승되고 있는 뱀 공수託宣는 아마도 시마네와 히로시마 등 일본의 중부 지역에 전승하고 있는 대원신악大元神樂(오오

모토카구라)이 아닐까 한다. 그리고 여기서 말하고자 하는 것은 나가노 현長野縣 스하 신사諏訪神社의 미샤구치ミシャグチ 신앙이다. 이것은 다름 아니라 뱀에게 공수를 부탁하는 의례이다. 스하諏訪 지방의 민간에서는 스하 신사의 신체神體가 뱀이었다는 것이 예로부터 널리 알려진 사실이다.

뿐만 아니라 도쿄의 아사쿠사 도리코에鳥越 신사에서 정초에 행해지는 새茅로 둥글게 만들어茅の輪 그것을 통과함으로써 몸의 재앙을 씻는 것도 결국 새로 만든 둥근 원이 다름 아닌 뱀을 상징하는 것이다.


## 중국의 뱀 신앙과 설화

중국에서 뱀은 강의 신으로 숭배한다. 중국인들은 황하의 신이 네모진 얼굴에 황금색을 띤 작은 뱀으로 그 눈 밑에 붉은 점이 있다고 여겼다. 중국에서 뱀은 총명하고 간사, 음흉하며 집념이 강한 동물로 알려져 있다.

꿈에 뱀이 따라오면 행운이 있다고 하는데 검은 뱀이 오면 딸을 낳게 되고, 흰 뱀을 보면 아들을 낳게 된다. 또 뱀이 자기를 에워싸는 꿈을 꾸면 생활에 큰 변화가 있을 것이라고 한다. 남자가 꿈에 뱀을 보면 여인을 만나게 된다고 한다.

뱀은 종종 여자들의 속옷 냄새를 맡고 나타난다고 한다. 그래서 뱀을 남근의 상징으로 생각한다. 머리가 삼각형인 뱀은 여근女根을 상징한다고 한다.

묘족苗族과 노강족怒江族에게 전해지고 있는 사씨족蛇氏族 전설은 다음과 같다.

어느 해, 큰 홍수가 났다. 아포첩阿布帖과 아약첩阿約帖이라는 남매만이 천신 하백의 말을 알아들어 커다란 표주박 안에 숨어 목숨을 구할 수 있었다. 그들은 결혼하여 다섯 딸을 낳았는데, 첫딸은 곰에게 시집보냈고, 그 후손은 웅씨족熊氏族이 된다. 둘째 딸은 호랑이에게 시집보내었으며, 그 후손은 호씨족虎氏族이 된다. 넷째 딸은 쥐에게 시집가 그 후손은 서씨족鼠氏族이 되었고, 다섯째 딸은 벌레에게 시집갔는데, 후손은 없었다. 그리고 셋째 딸이 바로 뱀에게 시집갔다.

어느 날, 아약첩과 셋째 딸이 산에서 띠풀을 베고 있었다. 띠풀을 다 벤 후에 잘 묶고 나서 아약첩이 등에 지려고 했으나 도저히 질 수가 없었다. 이상한 일이었다. 그녀는 "띠풀이 어째서 이렇게 무거운가? 안에 뭔가가 들어 있나?" 하고 생각하며 묶은 것을 풀어보았다. 그랬더니 갑자기 띠풀 속에서 크고 긴 청사 한 마리가 튀어나와서는 아약첩을 칭칭 감고는 말했다. "아약첩아, 아약첩아! 네 셋째 딸을 내게 다오! 그렇지 않으면 널 죽여버릴 테다!" 그리하여 셋째 딸은 어머니를 구하기 위해 뱀을 따라가게 되었다. 훗날, 셋째 딸은 두 아들을 낳아 하나는 이보李保, 또 하나는 이소李少라고 이름 하였다. 그 두 아들 역시 여러 자식들을 두었다는데, 노씨족의 말을 하는 자식이 있는가 하면 율율僳僳의 말, 또 다른 말을 하는 자식도 있었다. 그들이 바로 사씨족蛇氏族이라 불렸다.

『中華民族故事大系 · 白族』제5권(상해문예출판사, 1995), 328쪽

『수신기搜神記』에서 뱀에 관련된 전설을 살펴보면 다음과 같다.

## 성을 쌓은 뱀

어느 여인이 들에서부터 가져온 아주 큰 알에서부터 인간이 태어났다. 그 아이가 네 살이 되었을 때 성벽을 잘 쌓는 사람을 구했는데 이 아이가 응모를 했다. 그 아이는 뱀으로 변신하여 자기가 기어가던 자리를 재로 덮어 표시를 해두었다. 그리고 그 가던 길로 성을 쌓아 완성시켰다(권 14).

## 궁중에 뱀이 나타나면

한漢의 항제恒帝가 즉위했을 때(147), 큰 뱀이 덕양전德陽殿에 나타났다. 낙양의 지사 순우익淳于翼은 "뱀이 비늘이 있는 것은 전쟁의 징조이며 관청에 나타난 것은 지금 황후의 일족인 대관大官의 위에 병난兵難이 있을 징조이다"라고 말하며 관직을 팽개치고 도망쳤다. 연희延熹 2년(159)이 되자, 대장군 양익梁翼이 처형되고 그 가족이 체포됐다는 사태가 있고 낙양에 전란戰亂이 발생했다는 것이다(권6).

## 나무 구멍의 뱀

진晉의 명제明帝의 태령 연간(323~325) 초기, 무창(호북성)에 큰 뱀이 나타났다. 낡은 사당에 있는 나무 구멍에 살고 있었다. 머리를 구멍 밖으로 내밀어 사람으로부터 먹이를 받곤 했다. 『경방역전京房易傳』에 의하면 "뱀이 마을에 나타나면 3년이 가기 전에 대 전란이 발생하고 국가에 일대 사건이 발생한다". 이윽고 왕돈王敦이 반란을 일으킨 것이다(권7).

## 대사大蛇를 퇴치한 딸

동월東越의 나라, 민중군閩中郡(복건성)에 높이 수백 척이나 되는 용령庸嶺이라는 산이 있다. 이 산의 서북쪽 어느 동굴에 길이 7~8장丈, 몸 둘레가 10포抱 이상 안길 만한 큰 뱀이 살고 있었다. 주민들은 두려움에 한없이 떨고 있었다. 동야현東冶省의 군관이나 관리들은 이 뱀 때문에 너무나 많은 사람이 죽기 때문에 소나 양을 희생 제물로 바쳐 제사를 지냈지만 좋은 결과가 없었다.

큰 뱀은 누구의 꿈에 나타나거나 무당을 통해서 열두세 살의 소녀를 먹고 싶다고 말하는 것이었다. 군관도 현령의 수장도 골치 아픈 일이라고 걱정을 하지만 큰 뱀의 피해는 막을 수 없었다. 그래서 관리들은 분담하여 노예가 낳은 딸이나 죄인의 딸을 찾아내어 양육하다가 8월 초하루 제삿날이 되면 뱀이 있는 동굴 앞에 놓고 왔다. 그러면 뱀이 동굴로부터 나와 덥석 잡아먹곤 했다. 이와 같은 일이 매해 거듭되어 이미 아홉 명의 소녀가 인신공희 되었다.

10년째가 되자, 전부터 찾아 헤매던 희생 제물로 바칠 소녀를 찾을 수가 없었다. 그러자 장악현將樂縣의 이탄李誕이라는 사나이의 집에는 딸만 여섯 명이 있고 사내아이는 없었다. 제일 막내인 기寄라는 딸이 자원해서 희생 제물로 가겠다고 모집에 응했다. 양친은 허락할 수 없다고 했지만 기는 "우리 아버지 어머니는 아들의 운이 없어서 딸만 여섯이나 낳고 사내아이는 하나도 낳지 못했다. 이건 우리 집엔 아이가 없는 것과 같다. 저는 저 제영緹縈과 같이 보모를 구할 수도 없고 도움을 줄 수도 없으니 입히는 것 먹이는 것도 비용을 낭비할 뿐입니다. 살아 있어도 아무런 도움이 될 수 없으니 빨리 죽는 수가 더 좋지요. 내 몸을 인신공희로 팔면 얼마 정도 돈이 생기니 좋은 일이 아니겠습니까"라고 말하는 것이었다.

그러나 양친은 아이가 예뻐서 허락할 수 없었다. 그러자 기는 양친의 눈을 속여 가버렸다. 도저히 말릴 수가 없었던 것이다.

기는 관리에게 잘 벨 수 있는 검과 뱀을 무는 개가 필요하다고 요구했다. 그리고 8월 초하루가 되자 동굴 가까이에 있는 사당 안에 들어가 앉았다. 검을 품에 감추고 개를 옆에 끼고 있었다. 그리고 또 몇 개의 돌을 달구어 밀가루로 단자처럼 만들어 겉에는 사탕을 발라 동굴 바로 앞에 놓아두었다.

그러자 뱀이 머리를 내밀었다. 머리 크기는 쌀 창고 크기만 하고 눈은 지름이 두 자나 되는 거울과 같았다. 단자의 냄새를 맡았는지 그것을 먹기 시작했다. 그러자 기는 개를 풀어놓았다. 개는 즉시 뱀에게 덤벼들어 물기 시작했다. 기는 뒤로 돌아가 검을 가지고 찔러 뱀에게 상처를 입혔다. 뱀은 몸부림치며 동굴 밖으로 나와 사당 앞으로 기어 나와 죽었다. 기는 그로부터 동굴 안으로 들어가 살펴보니 아홉 명의 딸들의 유골이 있었다. 기는 그것을 가지고 나와 한숨을 쉬며 말했다. "당신들은 약해 빠져서 뱀에게 먹혔단 말이오. 정말 기막힌 일이죠."

그러고서 집까지 유유히 걸어갔다.

월왕越王이 이 일을 듣자, 기를 불러들여 왕후를 삼고 아버지를 불러 장악현의 지사로 명할 뿐 아니라 어머니와 언니들도 보상을 해줬다. 그 후 동야의 땅에는 두 번 다시 요괴가 나타나지 않았다. 기를 찬양하는 민요는 지금도 전해지고 있다(권19).

*제영緹縈 : 전한前漢의 시대, 대창현大倉縣(강소성)의 지사로 있던 순우의

淳于意에게는 다섯 명의 딸이 있었다. 그 막내가 제영이었다. 그런데 어느 때, 아버지가 죄를 범하여 육형肉刑에 처하게 되었다. 이때 제영이 자기가 윗전의 노예가 될 테니 아버지를 용서해주시오, 하고 문제文帝에게 탄원서를 냈다. 감동이 되어 아버지의 육형을 사하여주었다.

## 사족蛇足

중국 초楚나라 제상인 소양昭陽이 위魏나라를 치고 제齊나라까지 공격하려 했다. 이때 제나라 왕은 사신으로 와 있던 진진陳軫을 불러 의논하게 되었다. 진진은 초나라 소양을 찾아가서 "초나라 법에는 적진을 무찌르고 적장을 죽인 자에게는 상주국上柱國이란 벼슬을 준다고 하였는데 상주국보다 높은 벼슬이 없나요?" "그래요" "당신은 지금 영웅입니다. 초나라 최고 관직에 있는 당신이 제나라를 토벌했다 해서 무슨 소용이 있습니까" 하며 소양에게 다음과 같은 이야기를 들려주었다.

어떤 사람이 머슴들에게 술을 주었는데 그들은 서로가 "여러 사람이 나누어 먹으면 실컷 마실 수 없다. 그러니 뱀을 맨 먼저 그리는 사람이 혼자 다 마시기로 하자"라고 제의하자 모두 찬성하며 뱀 그림을 그리기 시작했다. 이때 한 사나이가 "내가 제일 먼저 그렸다"면서 재빨리 술잔을 들고선 "다리는 그릴 수 있어" 하며 그려버렸다. 그런데 뒤늦게, 그리고 난 또 한 사나이가 그 술잔을 빼앗아 마셔버리고 나서 "뱀에게 어디 다리가 있단 말인가 그건 뱀이 아니야"라고 하는 것이었다.

진진은 소양에게 이렇게 말하고 나서 "이미 당신은 초나라의 대신입니다. 그리고 위나라를 무찌르고 그 장군을 죽였습니다. 당신에게는 더 줄 벼슬이 없습니다. 그런데 또 제나라를 공격하라고 합니다. 만일 패하면 목숨을 잃고 관직도 박탈당하게 됩니다. 이것은 뱀을 그리고 나서 다리를 그리는 것과 같습니다"고 말하자 소양은 그렇게 하는 것이 얻는 것을 충분히 얻는 것이 된다고 하여 군대를 거두어 돌아갔다는 것이었다. 부질없는 일을 하는 것을 '사족蛇足'이라 하게 되었다(『戰國策』).

## 뱀은 금이다蛇金

어느 마을에 장삼張三과 이사李四라는 사이좋은 두 농부가 있었다.

어느 날, 둘은 밭일을 하러 가서 일을 하다 길에 앉아 쉬고 있었다. 그때, 장삼이 말하기를 "내가 이전에 고을에 갔을 때, 관상을 보는 선생을 만났다. 그때 선생이 백 일 전에 내가 하늘로부터 재산을 받을 것이라고 했다. 그런데 어제 해가 서산에 기울 무렵 나무를 베고 있으니까 정말로 금은이 가득 들어 있는 항아리를 보았다. 그렇지만 하늘로부터 재물을 내게 주었다는 것이 믿기지 않아 그것을 도로 파묻고 왔다."

이사는 이 말을 듣고 급히 서둘러 물었다.

"그게 정말이냐? 금은이 있었단 말이지."

"정말이고말고. 나는 거짓으로 말하지 않는다."

이사는 기뻐서 어쩔 줄을 몰랐다. 밤이 되면 그것을 캐러 가야겠다고 생각했다.

둘은 계속해서 이야기를 나누었다. 해가 저물었다. 둘은 집으로 돌아갔다.

밤이 깊어 사람의 인적이 없어지자 이사는 괭이를 들고 씩씩거리며 가리킨 그 장소로 갔다. 목적지에 가서 파보니 과연 큰 항아리가 나왔다. 그는 기뻐했다.

그러나, 이사는 운이 나쁜 사나이였다. 그 금은이 든 큰 항아리 뚜껑을 열자마자 금은은 간데없고 작은 뱀이 득실거리고 있었다. 그는 버럭 소리를 질러 장삼을 욕했다.

"장삼 이 자식, 금은이라고 날 속였다. 가만두지 않을 테다."

그는 그로부터 항아리 뚜껑을 닫고 그것을 운반해 와 한 꾀를 냈다. 장삼 집에 담을 넘어 지붕에 올라가서 기왓장을 벗겨 거기서부터 항아리 안의 뱀을 쏟아내기로 했다.

침대 위의 장삼은 지붕 천장으로부터 무슨 소리가 들렸다. 자세히 들어보니 그것은 천장으로부터 떨어지는 소리였다. 그는 침대에서 벌떡 일어나보니 마루에 금화와 은화가 가득히 떨어져 있었다. 장삼은 너무 기뻐 외쳤다.

"아, 이 장삼에게 정말 하늘이 재물을 주었군요."

지붕 위의 이사는 이 말을 듣고 이상하게 여겨 가지고 있던 항아리 속을 들여다보니 바닥에 은화 한 개만이 반짝이고 있었다. 이사는 한숨을 쉬었다.

"아, 나라는 놈은 어째서 운이 나쁜 거야."

장삼은 하늘의 재물을 손에 넣어 유복하게 살았다(전승지 浙江省 紹興, 원제 「蛇壺」).


## 한중일의 뱀 문화의 공유

뱀은 그 생김새가 곱지는 않다. 오히려 혐오스럽기까지 하다. 그러나 뱀에 대한 인간의 잠재의식은 부정보다는 긍정이 더 강하게 작용한 듯하다. 그것은 뱀이 가지는 특성 때문이 아닐까. 숭배와 배척의 양면을 지니고 있는 뱀은 겨울철 4개월간을 죽은 듯이 금식과 극기로 땅속에 웅크리고 있어 계절의 순환과 자연의 섭리에도 잘 순응하는 강인한 생리를 지니고 있으며 과감히 자기 혁신을 수행하는 데 스스로 묵은 허물을 벗는다. 고대인들은 이러한 뱀의 현상에 대하여 재생의 원리를 터득한 것이다.

이러한 뱀을 십이지의 하나로 인정하기에 이른 것은 당연하다 할 것이다. 이리하여 십간십이지의 뱀은 다양한 신화, 전설, 민담은 물론 유사한 사건들과 이야기들을 3개국이 모두 소유하고 있다는 것은 이상한 일이 아니다. 뱀을 수신 이외에도 속신으로 꿈에 뱀을 보면 흉하다든가 길하다든가 하며 '구렁이 신랑'처럼 남자로, 또는 여의주를 가진 뱀 여인이나 원한을 품은 뱀의 이야기도 있다. 뱀은 생명의 윤회의 상징이기도 하다. 특히 농경문화를 향유하고 있는 한중일은 뱀을 수신과 산신, 그리고 부의 상징으로서의 생명의 신으로 신앙하고 있다.

그런가 하면 뱀을 부정적으로 보는 시각도 없지 않다. 제주도 전설, 금녕굴의 큰 뱀, 중국의 사골탑 전설이나 일본의 야마타노오로차八岐大蛇 전설 등은 영웅이 인간의 희생 제물을 요구하는 뱀을 퇴치하는 줄거리로 되어 있다. 그러나 이 설화들은 신성성의 변화를 가져온 중층 문화의 결과물이라 할 수 있다.

**최인학 지음**

# 한국의
# 신화·전설 속의 뱀

## 뱀과 가까웠던 역사적 인물

### 신라 시조 박혁거세 : 『三國遺事』卷1, 紀異 新羅始祖 赫居世王

혁거세왕이 나라를 다스린 지 62년 만에 하늘로 올라가더니, 그 후 7일 만에 유체遺體가 흩어져 땅에 떨어지며 왕후도 따라 세상을 떠났다. 나라 사람들이 합장合葬하고자 하니, 큰 뱀이 쫓아와 방해하므로 오체五體를 각각 장사 지냈다. 그래서 오릉五陵 또는 사릉蛇陵이라 한다.

### 신라 나해 이사금 : 『三國史記』卷2, 新羅本紀 第2 奈解 尼師今

34년 여름 4월에 뱀이 남쪽 고방에서 사흘 동안 울었고 가을 9월에는 지진이 있었다. 그다음 해 봄 3월에 왕이 죽었다.

### 신라 경문왕 : 『三國遺事』卷2, 紀異 四十八 景文大王

　신라 제48대 경문왕의 침전에는 저녁마다 무수한 뱀이 모여들므로, 궁인富人이 놀라고 무서워서 쫓아내려고 하였다. 그러나 왕은, 나는 뱀이 없으면 편안히 자지 못하니 금하지 말라고 하였다. 왕이 잘 때에는 뱀이 혀를 내밀고 왕의 가슴을 덮어주었다.

### 통일신라 문무왕 : 『三國遺事』卷2, 紀異2 駕洛國記

　신라 통일 후 문무왕 때, 전 가야국 김수로왕 왕묘王廟에 금옥金玉이 많이 있다 하여 도적들이 이를 훔치려고 하였다. 이때, 30여 척이나 되는 큰 뱀이 번개 같은 안광眼光으로 사당 곁에서 나와 8, 9명의 도적을 물어 죽였다(『三國遺事』卷2, 紀異2 駕洛國記). 지금도 능원陵園 안팎에는 신물神物이 있어서 보호한다는 믿음이 있다.

### 후백제 견훤 : 『三國遺事』卷2, 後百濟 甄萱條

　옛날에 한 부자가 광주 북촌에 살았는데, 딸이 단정하였다. 그 딸이 부친에게 이르기를 매일 자줏빛 옷을 입은 남자가 침실에 와서 교혼한다 하였다. 그의 부친이 '네가 긴 실을 바늘에 꿰어 그의 옷에 찔러두라'고 하였다. 그 딸이 그리하였는데, 날이 밝아 실을 찾아보니 바늘이 북쪽 담 아래의 큰 지렁이 허리에 찔려 있었다. 그 후 임신이 되어 한 사내아이를 낳으니 나이 15세에 자칭 견훤이라고 하였다.

## 개구리를 잡아먹는 뱀, 신라 토우

　토우에 보이는 신라의 동물들은 개, 소, 말, 돼지, 양, 사슴, 원숭이, 토끼, 호랑이, 거북(혹은 자라), 용, 새, 닭, 물고기, 게, 뱀, 개구리 등이다. 이들 신라 토우에는 신라인의 정신세계와 세계관을 엿볼 수 있는 다양한 신라의 동물들과 상징이 한꺼번에 쏟아져 나오고 있다. 각 동물에 대한 이해는 신라인의 세계관과 계세사상繼世思想과 연관하여 각 세계를 드나드는 영매靈媒로서의 동물에 대한 의미를 생물학적 특징을 통해 파악해 볼 수 있다.

　신라인들의 공간 인식, 즉 세계관은 하늘, 산, 땅, 바다로 구분했다. 한편 신라인들은 사람이 죽으면 그 영혼은 명부冥府(저승天界)로 가게 되고 그 명부에서 계속 생시生時와 같이 삶을 누리고 산다는 계세사상을 믿었다. 이러한 계세사상은 일부 계층에 국한된 것이 아니라 온 신라인들의 사상이고 또한 신앙이었다. 그래서 죽은 영혼을 다시 살리는 재생, 부활을 위한 장송 의례가 필요했고, 부활된 이들 영혼을 운반할 동물과 도구와 저승에서의 안락한 생활을 위한 각종 물품들을 무덤의 부장품으로 넣었다. 각종 인물형 토우들의 춤추고 노래하고 악기를 연주하는 모습, 각종 성기 노출과 성애 장면은 영혼을 부활, 재생시키기 위한 장송 의례의 한 장면일 것이고, 각종 기물과 동물상은 부활된 영혼을 저승으로 인도하고 운반하며, 이승에서와 같은 생활을 유지할 수 있도록 공헌한 것이다.

　영혼을 운반할 수 있는 동물로는 각 공간을 서로 넘나들 수 있는 능력이 있는 존재여야만 한다. 새는 땅과 하늘을 자유롭게 날아다니고, 뱀과 개구리는 수중과 땅 위에서 동시에 활동하고, 거북이는 바다, 땅, 산 위를 자유롭게 다니고, 게는 바다와 바닷가(육지)에서 동시에 살 수 있다. 사람은 오직 한 공간, 땅에서만 살 수 있는데 이들 동물들은 몇 개의 공간을 자유롭게 드나들 수 있다. 이러한 능력으로 인해 타계他界로 가는 부활한 영혼을 실어 나르고 안내하는 동물로 선정된 것이다.

뱀, 개구리는 수중(지하 세계)과 땅을 왕래하며 겨울에 사라졌다 봄에 나타나는 생물학적 특성으로 인해 부활력, 재생력을 가진 동물이며, 다산의 동물로 인식되었다. 뱀은 겨울잠을 자기 때문에 일시적으로 나타났다가 사라지고 성장할 때 허물을 벗는다. 이것은 죽음으로부터 매번 재생하는 영원한 생명을 누리는 존재, 즉 재생, 영생, 불사의 존재로 인식하게 했다. 많은 알 또는 새끼를 낳은 뱀은 풍요와 다산을 상징하기도 했다.

신라 토우에서 단연 눈길을 끌고 그 빈도가 높은 것은 장경호에 장식된 개구리가 뱀에게 잡아먹히거나 쫓기는 모습이다. 다른 동물들도 많은데 왜 하필이면 개구리와 뱀인가? 개구리와 뱀은 어떤 상징성을 지니고 있고, 개구리를 잡아먹는 뱀의 형상은 무슨 의미와 바람이 담겨져 있는가? 이 형상을 지금까지 단지 재생, 풍요, 생산의 상징으로 이해해왔다.

신라 선덕여왕은 개구리의 울음을 보고 적군의 내침을 알았다. 개구리의 성난(분노) 꼴은 병란兵亂, 병사兵士의 상징으로 보았다. 적군을 잡기가 쉬울 것이라는 것은 '남근이 여근에 들어가면 반드시 죽는다'는 데서 쉽게 짐작했다고 한다. 여기서 개구리는 성난 병사, 남근을 상징한다. 개구리가 뱀에게 잡아먹히거나 쫓기는 모습을 장식한 토우는 바로 이러한 '男根入於女根 必則死矣'와 연관될 수 있을 것이다. 여기서는 재생, 풍요, 다산을 상징하는 두 동물은 남근(개구리)과 여근(뱀)의 결합으로 상정되고, 그 결합은 '必則死矣'가 아니라 새로운 생산과 재생, 풍요 등을 기원한 것이 아닌가 짐작할 수 있다.

뱀이 거북이를 물고 있는 형상의 그림이 있다. 이 그림은 개구리 대신에 거북이라는 것 이외에는 거의 같다. 중국에서는 거북이가 세계를 떠받치는 버팀목支柱 또는 우주적 안정성의 기반으로 인식한 관념이 강하게 형성되어 있다. 여신인 여와가 허물어진 하늘을 떠받치기 위해 거북의 네 다리를 잘랐다는 창세신화나, 발해 동쪽의 신선들이 사는 불로不老의 섬 다섯을 떠내려가지 않게 거북이 떠받치고 있다는 신선 설화가 있다. 이처럼 거북이가 우주를 떠받치고 있다. 그런데 땅의 지신地神인 뱀이이 거북이를 물고 지탱하고 있다. 같은 의미에서 뱀이 비록 거북이 대신개구리를 물고 있지만 지신으로서 세계를 떠받치는 버팀목으로도 연결할 수 있지 않을까 생각한다.


## 고구려 고분벽화 속의 뱀

고구려 고분벽화에 뱀이 표현된 예가 많다. 사신도의 현무가 바로 뱀과 거북의 합체이다. 문헌에 따르면 현무의 뱀은 양陽의 기운을 지닌 존재, 곧 수컷에 해당하고, 거북은 음기陰氣를 지닌 암컷 역할을 담당하는 존재이다. 때문에 뱀과 거북이 얽힌 채 머리를 돌려 서로의 눈길을 마주치고, 입에서 뿜어낸 기운이 허공에서 만나 어우러지는 현무의 모습은 '재생'이라는 종교론적 상징성과 우주적 질서의 회복을 의미한다.

사신四神의 일원으로서의 현무는 북방의 수호신이다. 중국을 비롯한 동아시아 일원의 종교적 관념에 따르면 북방에 생명의 시원始原이 있다.

모든 생명은 북방 아득한 곳에서 나고, 그곳으로 돌아간다. 동아시아 사회에서 왕이 북방을 등지고 남방을 향해 앉는 것은 우주적 질서의 회복과 유지를 위임받은 존재가 왕이기 때문이다. 결국 죽음에서 삶으로, 혼란에서 질서로의 회귀라는 측면에서 현무가 지닌 상징성과 북방이 지닌 종교적 관념이 만나 어우러지는 셈이다. 그래서 무덤 속 널방의 북편인 안벽에 현무가 그려지고, 이 신수神獸가 죽은 이의 새 삶을 보장하고 지켜주는 역할을 담당하는 존재로 인식된 것이다.

삼실총三室塚의 「장사도壯士圖」, 「교사도交蛇圖」, 사신총四神塚의 「인두사신일상도人頭蛇身日象圖」, 천왕지신총天王地神塚의 「지신도地神圖」가 그 대표적인 예이다.

삼실총의 세 번째 방 동벽과 남벽에 「장사도」와 「교사도」가 그려져 있다. 「장사도」에서는 뱀이 힘센 역사力士의 목에 감겨서 팽팽하게 힘을 뻗치고 있는 형상이다. 「교사도」는 두 개의 S 자가 서로 마주 보고 얽혀 있는 모양을 한 두 마리의 뱀이 그려져 있다. 이 두 마리의 뱀은 서로 꼬리를 휘감되 배 부분이 서로 떨어졌고, 다시 가슴 부분에 얽혀서는 머리가 서로 맞보고 있는 형상이다. 마치 「복희여와도」와 같은 형상이나, 사람의 얼굴을 하고 있지 않은 것이 다르다.

황하 유역에서 일어난 중국 문화는 신화 단계에서부터 뱀과 관련을 맺는다. 복희와 여와는 신농神農과 함께 중국의 전설상의 제왕인 삼황三皇이다. 『역경易經』에는 복희가 역易의 팔괘八卦를 만들어 미래를 미리 아는 방법을 생각해내고, 사람들에게 어로漁撈와 목축牧畜을 가르쳤다고 되어 있다. 또한 『열자列子』에서는 복희의 신상을 인면사신人面蛇神으로 묘사하고 있고, 여와 역시 후한後漢경에 이르면 같은 모습으로 표현된다. 즉 본래는 독립적인 존재였던 두 신이 서로 결합되고, 이로 인하여 여와가 복희의 처妻로 변신하는 설화가 생겨난 것이다. 이것이 도상圖像에 있어서는 뱀 모습으로 된 두 신이 하체가 서로 얽혀서 나타나 있다.

이처럼 복희 여와의 출현은 한대漢代에 성행했던 도교道敎 무술巫術, 원시 신화, 전설 등에 나타난 창조신創造神에 대한 신앙에 바탕을 둔 것으로 여기에서 비로소 양신兩神에 대한 도상학적인 기초가 성립되고 있는 것이다. 복희는 왼손에 자曲尺를 들고 있고, 여와는 오른손에 컴퍼스 또는 가위를 들고 있으며, 복희 여와의 위쪽에는 태양과 별, 아래쪽에는 별과 조각달이 그려져 있는데, 이 그림은 두 신이 천지를 창조하는 모습을 묘사한 것이다.

그런데 재미있는 사실은 자연 생태계에서 뱀의 교미 모습이 벽화와 「복희여와도」의 그것과 일치한다는 것이다. 물뱀들은 먼저 물속에서 서로의 목을 비비면서 사랑의 교신을 하면서 얽힌다. 일반 뱀들의 사랑하는 모습도 벽화의 모습과 같다. 먼저 상대방의 목을 서로 비벼댄다. 서서히 꼬리를 감아 생식기를 집어넣는다. 수컷이 암컷의 머리를 누르고 짝짓기를 시작한다.

그러면 왜 이런 모습들이 고구려의 벽화와 중국 신화에는 그대로 표현되었을까?


## 허물을 벗고 다시 태어나기

사람들은 허물을 벗어 새롭게 태어나고 겨울잠을 자기 위해 일정 기간

종적을 감추는 뱀을 영원한 생명을 누리는 불사, 재생, 영생의 상징으로 보았다. 이런 이유로 뱀을 무덤의 수호신, 지신, 죽은 이의 재생과 영생을 돕는 존재로 생각했다.

우리 설화 중에는 허물을 벗는 뱀의 특성을 담은 「뱀 서방 이야기」가 있다.

옛날 어느 마을에 아이를 못 낳은 부인이 있었다. 아이 갖기가 소원이던 부인은 개울에서 오이 하나를 건져 먹고 나이 50에 아이를 가지게 되었다. 그런데 아이를 낳고 보니 다리가 뱀의 형상이었다. 부인은 운명이라 여기고 아이를 잘 키웠고 아이는 효성 깊고 잘생긴 청년으로 자랐다.

장가갈 나이가 되었지만 뱀의 다리를 한 그에게 시집온다는 처녀가 없어 고민하던 차에, 이웃집 셋째 딸이 그를 불쌍히 여겨 시집을 왔다. 그런데 남편이 밤이 되자 허물을 벗고 근사한 모습으로 변했다. 그리고 전생의 업보 때문에 뱀의 다리를 하고 있었고, 업보가 끝나면 완전한 사람이 될 거라고 했다. 백 일 후 남편은 더는 허물을 벗지 않아도 되었고 셋째 딸과 행복한 시간을 보냈다.

그러던 어느 날 과거 시험을 보러 집을 떠나게 된 남편은 마지막으로 벗었던 뱀 허물을 주면서 3년 동안은 절대로 남에게 보여서는 안 된다고 말했다. 하지만 셋째 딸은 언니들의 꾐에 빠져 보여주었고 언니들은 그것을 불태워버렸다.

그 후 아무리 기다려도 남편은 돌아오지 않았고, 셋째 딸은 남편을 찾아 지하국까지 가게 된다. 하지만 남편에게는 이미 세 명의 부인이 있었고 약속을 어겼기 때문에 셋째 딸과 함께 갈 수 없다고 거절한다. 셋째 딸의 딱

한 사정을 들은 지하국 임금은 세 가지 시험을 통과하면 남편과 갈 수 있다고 했다. 결국 그녀는 어렵게 시험을 통과하여 남편과 함께 행복하게 살았다 한다.

옛날이야기 속에는 이 설화처럼 허물을 벗는 뱀의 특성을 이용한 내용이 많이 있지만, 억척스러운 집념과 끈질긴 집착에 대한 이야기도 있다.

옛날 한 머슴이 주인집 딸을 짝사랑하다 그만 죽고 말았다. 머슴은 죽어서 구렁이로 다시 태어났고, 주인집 딸을 휘감고 절대 풀어주지 않았다. 온 집안 식구들은 그 구렁이 때문에 근심에 쌓였다. 그러던 어느 날 주인의 꿈에 수염을 길게 기른 노인이 나타나 높은 바위에서 굿을 하라고 했다. 노인이 시키는 대로 하자, 구렁이는 딸을 풀어주었고 자신은 벼랑 아래로 떨어져 죽었다 한다.

상사뱀은 상사병으로 죽은 남자의 혼이 뱀으로 변하여 사모하던 여자의 몸에 붙어 다니는 뱀을 말한다. 이 「상사뱀 이야기」는 춘천 청평사에 내려오는 '공주와 상사뱀' 전설과도 많이 비슷하다. 아무튼 죽어서 뱀으로까지 다시 태어나는 이러한 끈질김은 죽지 않고 다시 태어난다는 뱀의 영원, 불사, 재생의 상징성과도 맞물려 있다.


## 뱀 꿈은 재수, 재물 꿈, 태몽이다

본래 뱀이 예로부터 집안의 재산을 관장하는 가신家神으로 여겼기 때문이다. 부자가 되는 것을 '업이 들어온다'라고 하고, 가난해지거나 재산을 탕진하는 것을 '업 나간다'고 한다. 특히 구렁이가 업신業神으로 집안의 재물을 지키는 신이다.

뱀은 남근男根 상징이다. 그래서 뱀은 여성과의 성적 접촉도 하고 임신도 시킨다고 한다. 이처럼 꿈에 뱀을 보면 임신한다고 믿었다. 뱀 꿈은 집안의 경사인 임신도 미리 예언해주는 것으로 생각했다.

이런 믿음에서 뱀과의 접촉이라든지 만남은 대부분 재수와 재물 운, 태몽의 길몽으로 해석된다. 특히 뱀에게 물리는 꿈, 뱀과 자신과 접촉하거나 만나거나 집 안으로 들어오는 꿈은 재수와 재물 운이 따르는 좋은 꿈이며, 임신을 미리 예언해주는 태몽으로 생각했다. 반면에 뱀이 우리 주위를 떠난다든가 죽인다든가 그냥 기분 나쁘게 기어 다닌다든가 먹이를 잡을 때 이용되는 혓바닥을 날름거리는 꿈은 재수 없는 꿈이다.

구렁이가 자기를 무는 꿈, 여자의 몸에 구렁이가 감기는 꿈, 뱀이 대물에 들어오는 꿈, 구렁이가 구멍으로 들어가는 꿈 등은 비범한 인물, 큰 인물의 탄생과 관련이 있는 태몽이다. 뱀 꿈 가운데, 청사몽青蛇夢은 십석몽十石夢이요, 꿈에 뱀을 만지는 무사몽撫蛇夢은 백석몽百石夢이다.


## 뱀의 형상을 닮은 땅들

우리나라 지명 가운데 뱀 이름을 딴 곳이 많다. 남한의 행정구역에서 면 단위 이상의 뱀 지명은 경남 통영군 사량면蛇梁面 한 곳 있다. 그러나 마을 단위에서는 전남 고흥군 점안면 양사리楊蛇里, 경북 의성군 구천면 용사리龍蛇里 등을 포함하여 여러 군데 남아 있다. 또 뱀내, 비암개, 웃뱀

개, 아랫뱀개, 뱀골, 뱀산, 배미산 등 행정구역이 아닌 마을, 산, 강, 섬 이름으로는 셀 수 없을 정도로 많다. 뱀 지명으로 불리게 된 이유는 세 가지 정도로 정리할 수 있다. 지형이 꼬불꼬불해서 뱀의 형상을 닮은 경우, 뱀이 많은 지역, 뱀에 관한 설화가 서려 있는 경우 등이다. 뱀의 형상을 닮아 뱀 지명이 붙은 대표적인 곳이 지리산 뱀사골이다. 뱀이 많은 지역은 주로 뱀밭이라 불린다. 뱀밭 외에도 끝뱀밭末蛇洞, 뱀밭끝, 배암밭끝, 배염밭, 비암각골 등 사투리를 딴 지명도 전국 곳곳에 있다. 뱀의 전설을 간직한 곳도 역시 뱀 지명을 지녔다.

경남 거제시 사등면 사곡리의 북쪽 능선은 마치 긴 뱀이 기어가는 모습이다. 그 뱀 머리 부분에서 바다 건너 조그만 섬이 하나 보인다. 바로 이 섬이 뱀섬蛇頭島이란 곳이다. 내가 보기에는 뱀섬은 뱀 대가리 모양이 아니라 뱀이 잡아먹으려는 개구리를 닮았다. 그래서 뱀섬이 아니라 개골섬이었으면 더 잘 맞았을 텐데 하는 감상이 없지 않았다. 이곳의 지형이 전형적인 "뱀이 개구리를 쫓는 형국長蛇追蛙形이란 얘긴데 새알은 또한 뱀의 밥이다. 뱀은 까치가 천적이다. 그 실제 예가 김해시 진례면 담안리 깐치정에 있다. 마을 모양이 뱀을 닮았다 하여 정자를 세우고 그 이름을 깐치정으로 한 것이다. 깐치는 이 지방 사투리이고 까치는 뱀을 잡아먹기 때문에 붙인 이름이다.

사람, 금수, 용 등의 모습으로 지세地勢를 설명하는 형국론形局論에 뱀이 자주 등장한다. 예를 들어 "뱀이 먹이를 구하러 숲을 나오는 모습과 같다"는 생사출림형生蛇出林形은 뱀의 귀 부분이 명당明堂이고, 입속은 흉지凶地이다. 뱀이 먹이를 구하러 숲을 나선다면 뱀의 모든 신경氣은 눈과 귀에 쏠리게 마련이어서 명당(혈穴)은 뱀의 귀 부분이 되는 것이다. 만약 입 부분에 묘를 쓰면 뱀이 먹이를 잡기 위해 독기가 입에 몰려 있는 판이므로 쓰자마자 집안 식구가 상傷하거나 절손이 되는 것으로 풀이된다. 그리고 '생사출림' 형이 제대로 명당이 되려면 뱀의 입 부위 앞쪽에 개구리 형상이 있어야 하며, 여기에 묘를 쓰면 귀貴한 인물이 나온다고 되어 있다.

비슷한 내용의 형국으로는 용이나 뱀이 모인다는 용사취회형龍蛇聚會形, 아홉 마리 용이 여의주를 서로 가지려는 구룡쟁주형九龍爭珠形 등을 들 수 있다. 전남 영광군 법성면 신장리 뒷산에 용사취회형이라는 길지吉地가 있는 것으로 전해지는데, 이곳에 고려 시대 한씨韓氏가 묘를 쓴 뒤 그 자손 중에 왕비가 다섯 명, 재상이 일곱 명이 나왔으며 그 외에 고위 관직 10여 명도 배출한 것으로 알려졌다.


## 뱀의 과학 모형과 민속 모형

| 과학科學 모형 | 문화의 창 | 민속民俗 모형 |
|---|---|---|
| 1. 형상形狀<br>① 몸이 가늘고 길다.<br>② 비늘로 싸여 있다.<br>③ 몸의 이동은 네 다리가 없기 때문에 몸을 구부려 곡선의 정점에 힘을 주어 끌어당겨 구불구불하게 진행한다. | | ① 상사일에 긴 물건(실, 머리카락, 밧줄, 새끼)을 만지지 않는다.<br>② 상사일에 '巳不遠行', 멀리 가지 않는다蛇足.<br>③ 정월 보름 뱀과 비슷한 형상(썩은 새끼, 진대)을 만들어 뱀치기, 배지지, 진대 끌기 등을 한다.<br>④ 징그럽다. 생각만 해도 소름 끼친다. 사악하다. |

## 2. 눈 · 혀 · 귀 · 코

① 눈까풀이 없고 가까운 것을 잘 본다.

② 혀가 가늘고 두 가닥으로 갈라져 있다. 미각은 없다. 혀를 날름거리는 것은 냄새로써 먹이를 탐지하려는 것이다.

③ 귀는 퇴화되어 겉귀가 전혀 없으며 가운데 귀도 한 개의 뼈만 있어 들을 수 없다. 그러나 지면을 통한 진동에는 매우 민감하다.

④ 후각이 발달함.

① 날카롭다. 차갑다. 매섭다.

② 유혹, 여자, 말조심.

③ 지혜롭고 상황 판단을 잘하는 동물로 인식.

## 3. 독毒 · 식성食性

① 독니毒牙가 있다(신경에 작용하는 것, 혈액이나 국부 조직을 파괴하는 것, 복합적인 것).

② 곤충이나 척추동물을 먹는다(이빨, 독, 목으로 감아서).

① 날카롭다.

② 무섭다. 두렵다.

③ 뱀에 손가락질하거나 맨발로 밟으면 썩는다.

## 4. 허물

① 뱀의 몸은 비늘로 싸여 있지만 이들 비늘은 한 개씩 떨어지지 않는 연결된 피부로 되어 있다.

② 표피의 바깥층이 오래되면 눈의 부분까지 포함하여 표피 전부를 뒤집어 허물갈이를 한다.

① 변신(「뱀 서방 이야기」, 인간의 원혼이 뱀으로 변신).

② 민간 의료의 약재已脫皮.

③ 자기 혁신의 본보기(뱀 허물 벗기).

## 5. 동면

① 추울 때 동면하고 따뜻할 때 활동한다.

② 겨울 동안 땅속에서 겨울잠을 자고 봄에 다시 살아난다.

① 재생(무덤 속의 벽화, 토우로 넣음).

② 지신地神.

③ 사자死者의 영혼.

④ 끈질긴 생명력(일시적이거나 부정적으로 죽었을 때 다시 살아나 반드시 복수한다).

⑤ 악업惡業.

문화의 창

| 6. 다산성<br>① 난생·난태생으로 한 번에 백여 마리씩 부화한다.<br>② 수컷은 주머니 모양의 생식기가 두 개 있다. | 문화의 창 | ① 양기[陽氣(지구력과 정기)].<br>② 생산신[多産神 → 재신財神(업신)].<br>③ 민간 의료(생식, 탕, 술). |
| --- | --- | --- |

**천진기 지음**

# 중국의
# 신화 · 전설 속의 뱀

　　중국에서 뱀은 12지支의 하나로 인간의 일상생활과 깊은 관련을 맺고 있는 동물인 만큼 일찍부터 신화, 전설에 등장하여 길흉화복을 표현하는 수많은 일화를 남기고 있다. 신화적으로는 동방 동이계東夷系 종족에서 조류 숭배가 우세하여 봉황 신화가 발생하였고, 서방 화하계華夏系 종족에서 파충류 숭배가 우세하여 뱀, 용 신화가 발생한 것으로 가정하기도 하나 획일적 구분에 동의하지 않는 학자도 있다.

　　고래로 뱀은 신령스러운 동물로 여겨져 이와 관련된 신화, 전설은 매거하기 어려울 정도이나 크게 형태적으로 반인반수半人半獸, 곧 인면사신人面蛇身의 형체를 한 경우, 뱀을 수반한 경우, 온전한 뱀의 몸을 한 경우의 셋으로 나누어 살펴볼 수 있다.

## 인면사신의 형체를 한 경우

중국 신화에서의 저명한 신들은 뱀의 몸을 하고 있는 경우가 많다. 동방을 다스리고 봄을 주관하며 팔괘八卦를 창안한 큰 신인 태호太昊 복희씨伏羲氏가 인면사신이었으며 뚫어진 하늘을 깁고 대지를 안정시켰으며 인류를 흙으로 창조한 대모신大母神 여와女媧도 그러한 몸이었다. 아울러 대홍수로 인류가 절멸된 후 살아남아 결혼하여 인류의 시조가 된 복희, 여와 남매도 하반신이 뱀이었다. 고대인들은 뱀이 허물을 벗고 영원히 산다고 생각하였고 뱀의 생식능력에 크게 주목하였던바, 위대한 이들 창조신 및 문명신이 뱀의 몸을 지님으로써 영생과 생명의 능력을 지녔다고 생각했던 것이다. 낮과 밤을 만들었다는 종산鍾山의 신 촉음燭陰도 이러한 능력을 지닌 신이다.

> 종산의 신은 이름이 촉음이라고 한다. 눈을 뜨면 낮이 되고 눈을 감으면 밤이 된다. 입김을 세게 내불면 겨울이 되고 천천히 내쉬면 여름이 된다. 마시지도 먹지도 않으며 숨도 쉬지 않는데 숨을 쉬면 바람이 된다. 몸길이가 천 리이고…… 그 생김새는 사람의 얼굴에 뱀의 몸을 하고 붉은빛이며 종산의 기슭에 산다.
>
> 『산해경山海經』 「해외북경海外北經」

인류의 시조 복희 · 여와 남매

그러나 선신善神만이 뱀의 몸을 했던 것은 아니었다. 뱀의 공포스러운 속성을 지녔다고 생각

낮과 밤을 만드는 촉음

탐욕스러운 물의 신 상류

되는 악신惡神도 인면사신이었다. 가령 물의 신 공공共工은 성질이 포악하여 천신 전욱顓頊과의 싸움에서 지자 홧김에 부주산不周山을 들이받아 중국 대륙 전체가 기울어지도록 만든 장본인인데 뱀의 몸을 하고 있었다. 그의 부하 상류相柳도 인면사신으로 우禹임금의 치수 작업을 방해하다가 피살되고 마는데 그 신화는 다음과 같다.

공공의 신하를 상류씨라고 하는데 아홉 개의 머리로 아홉 개의 산에서 나는 것을 먹는다. 상류가 이르는 곳은 모두 못이나 골짜기로 변한다. 우임금이 상류를 죽였는데 그 피가 비려서 오곡의 씨앗을 심을 수 없었다. 우임금은 그것을 세 길이나 파서 묻었으나 세 번 무너졌으므로 여러 임금들의 누대로 만들었다…… 상류는 아홉 개의 머리를 가졌는데 사람의 얼굴에 몸은 뱀으로 푸른빛이다

『산해경』「해외북경」

물의 신으로서 악신인 공공과 상류는 거센 강물, 곧 급류를 상징하고, 그것이 공포스러운 뱀의 모습으로 표현되었을 것이다.


## 뱀을 수반하는 경우

중국 신화에서 신들은 종종 뱀을 몸에 휘감고, 손에 쥐거나 심지어 귀

에 걸기도 한 모습으로 나타나는데 이들을 '뱀을
부리는 신', 곧 '조사지신操蛇之神'이라고 부른다.
가령 바다의 신 우강禺疆과 비의 신 우사첩雨師妾이
그러한 모습의 신들이다.

비의 신 우사첩

북방의 신 우강은 사람의 얼굴에 새의 몸으로 두 마리의 푸른 뱀을 귀에
걸고 두 마리의 푸른 뱀을 발로 밟고 있다.

『산해경』「해외북경」


우사첩이 그 북쪽에 있다. 그 생김새는 몸빛이 검고 양손에 각각 뱀을 한
마리씩 잡고 있는데 왼쪽 귀에는 푸른 뱀을, 오른쪽 귀에는 붉은 뱀을 걸고
있다.

『산해경』「해외동경海外東經」


태양과 경주를 한 거인 과보夸父도 조사지신의 부류에 속하는데 그는
고구려 삼실총三室塚 고분벽화에 수문장으로 그려져 있기도 하다.

대황大荒의 한가운데에 성도재천成
都載天이라는 산이 있다. 두 마리의
누런 뱀을 귀에 걸고 두 마리의 누런
뱀을 손에 쥔 사람이 있는데 이름을
과보라고 한다…… 과보가 자신의 힘
을 헤아리지 않고 해를 쫓아가려고

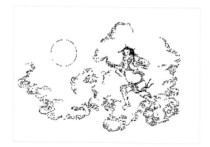

태양과 경주를 한 거인 과보

하다가 우곡禹谷에 이르렀다. 황하를 마시려 했으나 양에 안 차 대택大澤으로 가려 했는데 도착하기도 전에 이곳에서 죽었다.

『산해경山海經』「대황북경大荒北經」

이들 조사지신 역시 인면사신의 신들의 경우와 마찬가지로 뱀의 불사와 생식능력에 근거하여 위대한 신력神力을 표현한 형태일 것이다.

## 온전한 뱀의 몸을 한 경우

뱀의 몸을 한 신에 선신, 악신이 있듯이 온전한 뱀 자체도 길한 뱀과 흉한 뱀이 있고 그와 관련된 신화, 전설이 있다. 중국 신화집 『산해경』을 보면 사람을 잡아먹거나 가뭄의 전조前兆가 되는 등의 흉한 뱀들이 등장한다.

파사巴蛇는 코끼리를 잡아먹고서 3년이 지난 후에야 뼈를 내놓는데 군자가 그것을 먹으면 가슴과 배의 질병이 없어진다. 그 생김새는 청, 황, 적흑색이 섞여 있다.

『산해경』「해내남경海內南經」

파사는 사람을 잡아먹는 등 백성을 괴롭히다가 후일 명궁 예羿에 의해 퇴치된다. 이처럼 사람에게 해를 끼치다가 퇴치되는 뱀 유형의 이야기로는 동진東晉 간보干寶의 『수신기搜神記』에 실린 '이기李寄' 전설이 유명하

다. 효녀 이기는 동굴 속에서 여아女兒 희생
을 받는 구렁이를 죽임으로써 여성 영웅이
된다. 다시 『산해경』에서 가뭄의 전조가 되
는 뱀을 보기로 하자.

코끼리를 삼키는 파사

서쪽으로 육십 리를 가면 태화산太華山이라는 곳인데 깎아지른 듯이 네
모꼴이고 높이가 5천 길에 넓이가 십 리로 새나 짐승은 아무것도 살지 않는
다. 이곳에 이름을 비유肥遺라고 하는 뱀이 있는데 여섯 개의 발과 네 개의
날개를 갖고 있으며 이것이 나타나면 천하가 크게 가문다.

『산해경』「서산경西山經」

은殷의 탕왕湯王 때에 이 비유가 나타난 후 7년 동안 가뭄이 들었다는
신화도 전한다. 뱀은 이외에도 스스로 변신하여 인간과 애정 관계를 맺
기도 한다. 명明 풍몽룡馮夢龍의 『경세통언警世通言』에 실린 「백낭자영진뇌
봉탑白娘子永鎭雷峰塔」은 천 년 묵은 백사白蛇가 미인으로 변신하여 청년 허
선許宣과 결혼했다가 고승에게 정체가 드러나 탑 속에 봉인된다는 내용
의 소설이다.

이상의 내용을 종합해보면 중국에서 뱀은 불사와 생식의 능력으로 인
하여 인면사신, 조사지신 등의 형태로 위대한 신력을 표현하거나 공포스
러운 속성과 변신의 능력으로 인하여 악신과 흉한 뱀, 유혹자의 형태로
수많은 신화, 전설을 빚어냈던 것임을 알 수 있다.

**정재서 지음**

# 뱀은
# 근사한, 살아 있는 척도

### 근사한 대사大蛇 : 야마타노오로치 전설

어릴 적에 조부로부터 야마타노오로치 이야기를 들었다. 머리맡에서 자기 전에 "할아버지 옛날이야기 해주세요"라며 조른다. 아직 유치원에도 가기 전이다. 그때 조부가 자주 해준 이야기가 이 대사大蛇 이야기였다.

여덟 개의 머리와 여덟 개의 꼬리를 가진 터무니없이 큰 뱀. 그것이 야마타노오로치다. 어느 마을에 이 큰 뱀이 나타나서는 언제나 여자아이를 가로채 갔다. 여기에 영웅 스사노오노미코트가 우연히 지나게 된다. 미코트는 그해 희생될 예정이었던 노부부의 딸 쿠시나다히메를 돕기 위해 마을 사람에게 명해 큰 병을 준비시키고 넘치도록 가득 술을 따르게 하고는 그늘에 몸을 숨긴다. 그러자 드디어 야마타노오로치가 나타난다.

어린 마음에 이 큰 동체가 움직이는 모습을 상상하며 곧잘 흥분했다. 우선 다가온 거대한 몸은 한 번에 전체가 안 보일 정도로 크다. 간신히 그 전모가 밝혀지는 순간은 뱀이 여덟 개 있는 큰 병 안에 차례차례로 여덟 개의 목을 집어넣고 술을 마시기 시작했을 무렵이다.

스사노오는 방심한 큰 뱀의 목을 차례차례로 쳐내고는 아름다운 쿠시나다히메와 마을 사람을 구출하고, 두 사람은 결혼한다······

이 이야기가 『고지키古事記』나 『니혼쇼키日本書紀』에 등장하는 유명한 신화이고, 스사노오가 천황가의 조상신이 되는 태양의 여신 아마테라스의 남동생으로, 하늘나라高天原를 쫓겨나 유랑을 떠나게 된다는 내용 등을 알기 이전이다. 그래서 이 이야기는 스사노오의 영웅담이 아니라, 어디까지나 야마타노오로치 이야기였다. 영웅 스사노오나 아름다운 공주에게는 별 관심 없이 눈을 감고 조부의 다정한 소리를 들으면서 눈꺼풀의 안쪽에 떠오르는 것은 언제나 무시무시한 야마타노오로치의 씩씩한 모습이었다.

어린아이였던 나에게 영웅은 오히려 퇴치되는 야마타노오로치였던 것이다. 오로치의 등장을 즐기고, 술을 마시는 유머러스한 모습에 친근감을 느끼며, 그러면서도 퇴치되어 마음이 놓인다. 오로치는 술을 마시고 깊은 잠에 빠져버리지만, 그 부분부터 이쪽도 졸음이 와서 꾸벅꾸벅 졸기 시작한다. 오로치의 목을 치는 신은 클라이맥스로 스사노오의 활약이건만, 이쪽은 잠에 빠져버린 오로치에게 마음이 가버렸다. 목을 쳐내는 순간에는 나의 목에서 윗부분은 멍하니 잠의 나라 입구에 서 있다.

원래 술을 먹여 퇴치한다는 고식적인 수단을 사용하는 스사노오는 아무래도 영웅이라고 하기에는 이상한 존재였다. 그리고 오로치가 목이 잘려 나가도 그 죽음을 전혀 개의치 않았다. 다음 날 밤이면 또다시 머리맡에서 옛날이야기를 조르면 된다. 그러면 높은 빈도로 조부는 야마타노오로치 이야기를 해준다. 목이 떨어져 나간 뱀은 원래 모습으로 돌아가, 또다시 그 씩씩한 모습을 보여준다. 잘려 나간 목은 평범하고 자연스러운 뱀 모습으로 돌아온다는 상징이었을지도 모른다.

게다가 만약 이야기의 끝까지 의식이 계속되면 퇴치된 오로치의 신체에서 새로운 명검이 나온다. 이것도 멋졌다. 스사노오가 목을 쳐서 피로 물든 검보다, 오로치 속에 숨겨져 있던 검이야말로 대단한 힘을 감추고 있을 것 같았다. 그것은 마치 오로치가 명검의 모습으로 결정화한 것 같은 느낌을 가지게 했다. 이 검이 천황가에 계승되어 후에 황위의 표시로써 산슈노진기三種の神器의 하나가 된 쿠사나기노츠루기草薙の劍다.

영웅에게 퇴치되는데도 근사한 야마타노오로치. 지금 생각해보면 그 매력은 불가사의한 존재라는 것이다. 키키記紀『古事記』와『日本書紀』신화를 자세히 모르는 사람이라도 일본인이라면 우선 모르는 사람은 없을 만큼 유명한 이야기다.

야마타노오로치 이야기를 해주신 조부는 이제 안 계신다. 나에게 야마타노오로치는 키키記紀 신화 이야기이기 이전에 조부의 다정한 목소리로 들은 옛날이야기였다. 많은 민족이 뱀을 조상신으로 모시고 있다고 문화인류학에서 강설하듯이 내 조상이 뱀이라고는 실감하기도 믿기도 어렵지만, 일본에서 가장 유명한 뱀 전설은 조부의 옛날이야기이며, 조상의 전승에까지 거슬러 올라가기에 충분한 리얼리티를 느낄 수 있다. 그리고

조부가 돌아가신 지금, 이 뱀 전
설은 조부의 추억과 결합하여 내
가슴속에 살아가고 있다.

야마타노오로치 전설의 무대가 된 시마네켄島根県 · 히
이카와斐伊川의 황혼. 사행하는 대사大蛇로 보인다.
출전 : 이즈모 관광협회 홈페이지

   내가 야마타노오로치를 두렵게
느끼는 감정 이상으로 근사하다
고 느끼며 지지한 것은, 아마 그
것이 자연의 위대한 힘을 내포한
무엇인가 살아 있는 일단으로 받
아들일 수 있었기 때문일 것이다. 야마타노오로치가 등장하면서 이야기
의 모든 것이 시작된다. 산 제물로 바쳐진 여자아이를 희생시켜온 무서
운 뱀. 긴장이 고조된다. 그러나 뱀으로 인해 주위는 정기가 돌고, 눈꺼풀
안쪽의 자연은 약동한다. 바람이 불고, 땅이 울리고, 수목들이 휘어진다.

## 사신蛇神의 프라이드 : 오모노누시大物主 신

   후에 키키記紀 신화를 읽고, 나라켄奈良県의 미와야마三輪山의 사신蛇神
에 대해 알게 되었다. 미와야마는 전형적인 원추형의 산으로 정면에서
보면 삼각형의 형태를 하고 있어, 토지의 사람들에게는 그것이, 뱀이 똬
리를 틀고 있는 모습으로 보인다고 한다. 그곳에는 오미와진자大神神社가
있어, 산 전체를 고신타이御神体로 모시기 때문에 배전拝殿이 있을 뿐, 신
을 모시는 본전本殿이 없다. 큰 산이 들어갈 정도의 본전을 짓기란 불가능
하기 때문이다.

내가 방문했을 때는 황혼이 드리워져 주위가 어슴푸레해지기 시작할 무렵으로 참배길을 따라 간신히 도착하니 산 전체의 영기가 느껴졌다. 평야 속에 원추형으로 드러난 산 전체가 마치 살아 있는 것처럼 느껴졌다.

이 신은 오모노누시大物主 신이라고 하여, 스사노오노미코트의 뒤를 이어 나라 만들기를 시작한 오오쿠니누시노미코트가 같이 나라를 세우기로 한 스쿠나히코나 신이 은퇴해버려 어찌할 바를 모르고 있었을 때, 먼 곳에서 바다를 비추며 다가와 조력자로서 일본의 나라 세우기에 공헌한 자부심 강한 신이기도 하다.

오모노누시의 자부심을 나타내는 유명한 신화가 있다. 스진崇神 천황의 황녀 모모소히메가 훌륭한 청년과 결혼했다. 남편은 밤마다 아내의 곁으로 다니러 오지만, 날이 밝기 전에 돌아가버린다. 아내는 그의 아름다운 모습을 보고 싶다고 간청했다. 남편은 아내의 청을 지당하다며, 아침이 되면 작은 빗을 넣은 상자를 열어보도록 타이르고 돌아갔다. 날이 새고 모모소히메가 상자를 열어보니 안에 아름다운 작은 뱀이 있었다.

이때 모모소히메는 무심코 놀라서 크게 소리를 질러버렸다. 이 뱀이 오모노누시로 그는 인간의 모습으로 돌아와 수치스럽게 하였다며 화를 내고 미와야마에 돌아가버린다. 오모노누시는 모습을 보이기 전에 아내에게 자신의 모습을 보고 놀라서는 안 된다며 다짐을 받았었다. 그러나 그렇게까지 해서 모습을 보인 것은 자신의 모습에 자신이 있고, 또한 사랑하는 아내에게 진정한 자신을 보여주고 싶었기 때문이 아닐까. 미와야마라는 신의 위용을 보이는 것이 아니라, 아내가 사용하는 빗 상자에 작은 모습으로 숨어 있다니, 그 장난기가 애처롭기까지 하다. 그리고 그 모습은 아름다웠다.

그러나 모모소히메는 남편이 뱀인 것에 놀라버렸다. 아름다운 뱀이 진심을 담아 아내를 기다린 것은 그녀의 마음에 순간적으로 호소하는 효과는 없었다. 오모노누시는 거기에 실망했

나라켄·미와야마와 배전拜殿의 오토리이大鳥居
출전: 오미와진자大神神社 홈페이지

을 것이다. 가엾게도 모모소히메는 높은 하늘로 올라 미와야마로 향하는 오모노누시를 바라보지만, 그의 모습이 사라져버리자 실망하여 털썩 주저앉는 바람에 땅에 박혀 있던 젓가락에 여음女陰이 찔려 죽어버렸다. 나라奈良에는 그녀를 매장한 저묘箸墓 고분이 존재한다.

젓가락에 신체가 꽂힐 만큼 주저앉아버렸다는 것은, 모모소히메가 사라져간 남편의 모습에 상당히 쇼크를 받은 것을 알 수 있다. 그녀도 남편을 깊이 사랑하고 있었던 것이다.

오모노누시는 그녀가 죽지 않았다면 성을 내고 나간 남편이 냉정을 찾아 되돌아오듯이 아내의 곁으로 돌아온 것은 아닐까. 애정 표현의 소소한 엇갈림이 일으킨 비극이다. 그러나 여기서도 본 모습인 사신蛇身에 대한 오모노누시의 프라이드를 짐작할 수 있다.

## 살아 있는 척도 : 사람에게 자연의 식별력을 초래하는 뱀

뱀이 자연의 위대한 힘을 상징하며, 신이기도 한 것은 무엇을 의미하고 있는 걸까. 홀쭉한 형상이 남근을 떠올리게 하고, 탈피를 반복하며, 때

호조가北條家 카몬家紋 ·
미츠우로코三つ鱗

로는 맹독을 가지는 것에서 뱀이 생명의 탄생, 불사, 힘을 나타내는 존재로서 다민족에게 숭상되어왔다는 문화인류학의 설명에 접해도, 그것만으로는 납득이 가지 않는 뭔가가 남는다.

나는 뱀이 자연의 한없이 풍부하고 복잡한 세계가 문자 그대로 몸에 밴, 자유자재로 변환 가능한, 살아 있는 척도인 것이 인간의 마음을 끌어온 것 같은 생각이 든다.

고대, 삼각형에 진좌하는 미와야마를 토지의 사람들은 똬리를 튼 뱀의 형상으로 파악했다. 중세 무사의 시대에 들어 가마쿠라바쿠후鎌倉幕府를 계승한 호조씨北條氏는 삼각형을 세 개 겹친 독특한 카몬家紋을 이용했다.

호조 도키마사가 에노시마江ノ島에 일정 기간 머물며 기도를 올리며 자손 번영을 빌었을 때, 귀족 의복을 몸에 걸친 아름답고 근엄한 여신이 나타나 전생에 『법화경』을 열심히 신봉하였다며 그를 칭송하고, 호조가北條家 일족의 융성을 보장했다. 여신은 불교의 수호신 벤자이텐弁財天으로 60미터의 대사大蛇가 되어 바닷속으로 사라지며, 증거로 미츠우로코三つ鱗를 남겼다. 도키마사는 초대 장군 미나모토노요리토모源賴朝의 아내 마사코政子의 아버지로, 바쿠후가 삼대로 끊어진 후, 호조씨北條氏가 집권하여 정권을 계승하게 되었다. 『태평기』에 기록된 전설이다. 실제로 뱀의 비늘은 삼각형보다는 능형에 가깝기 때문에, 미츠우로코도 똬리를 튼 뱀 자체를 상징한다고 할 수 있을지도 모른다.

이 카몬家紋은 폴란드의 수학자 시에르핀스키가 고안한 유명한 프랙탈 이론 도형의 기본형과 같다. 프랙탈 이론 도형과는 자기상사自己相似적인

시에르핀스키의 개스킷

특징을 가진 도형으로, '시에르핀스키의 개스킷'(개스킷은 구멍이 빈 패킹)은 그림과 같이 삼각형 속을 도려내는 작업을 반복하는 것으로 만들 수 있어 동형의 무한히 작은 삼각형이 나타난다.

이 도형을 반대로 삼각형을 겹쳐 쌓아 올리면 동형의 무한하게 큰 삼각형이 출현한다.

사신蛇神은 빗 상자에 들어간 작은 뱀에서부터 산 자체, 또는 산하를 넘는 대자연까지 그 크기를 자유자재로 바꿀 수 있다. 미츠우로코는 본래는 정적인 것이 아닌, 현대 수학이 간신히 도시圖示할 수 있었던 동적인 잠재력을 나타내었던 것이 아닐까.

뱀은 인류의 20배 가까운 기간, 1억3천만 년의 세월을 자연에 적응하며 살아왔다. 자연의 지형을 독자적인 능력으로 연구하여, 보행 수단으로써 다리를 버리고 사행을 선택하여 육지에, 강에, 연못에, 나무 위에, 바다에, 지중에 어디든지 진출해왔다. 뱀이라는 생명체에는 그 자연 연구의 역사가 응축되어 있다.

따라서 태고의 인류가 뱀을 자연신이나 조상신으로서 모시며, 그 생태

이시카와켄石川縣 시라미네무라의 峰村에서 발견된 1억3천만 년 전의 최고의 뱀 조상 화석
출전: 2004년 7월 2일자 아사히신문

에 주목해온 것에는 깊은 의미가 담겨져 있다.

일본에서도 사신蛇神은 전지전능하여 오모노누시 같은 남성 신으로도 벤자이텐과 같은 여신으로도 받아들여져, 야마타노오로치와 같은 대지의 신으로도, 오모노누시 같은 수륙양용의 신으로도, 벤자이텐과 같은 물의 여신으로도 신봉되었다.

일본의 뱀 신앙은 조몬 시대로 거슬러 올라간다. 무엇보다도 세계 최고의 뱀 조상의 화석이 일본에서 발견되고 있다. 그때까지 유럽의 얕은 바다의 지층에서만 발견되었던 뱀의 조상이, 시대를 3천만 년 더 거슬러 올라간, 유라시아 대륙과 육지가 연결되어 있던 담수 지역의 지층에서 발견됨으로써 뱀의 기원설에 아시아의 육지가 부상하게 되었다.

산이든 강이든 해안선이든, 그리고 수목들의 가지나 초목의 덩굴이든, 가끔 하늘에 걸리는 무지개이든, 자연은 온갖 곡선으로 가득 차 있다. 그런 크고 작은 자연물의 형상을 서로 이어주는 것이 있다고 한다면, 그것은 자유자재로 구부러져 여러 가지 곡선을 이루고, 때로는 직선, 소용돌이, 나선, 원추로도 될 수 있는 살아 있는 척도일 것이다. 손발이 있는 동물은 상상의 용을 포함해 그 책임을 다할 수 없다.

척추동물 중에서 뱀 만이 긴 하나의 끈 같은 구조에 의해 복잡한 지세나 식물을 모사할 뿐만 아니라, 그러한 형태를 연관시키는 것을 가능하게 했다. 그것도 뱀이 온갖 환경에 적응해올 수 있었던 이유인 것이다.

산을 오르며 풀숲에서 뱀을 발견한 듯한 느낌이 들어 멈춰 섰을 때, 우리는 아마 태고의 인류로부터 계승한 자연의 식별력을 발휘한 것이다. 홀쭉하고 자유자재로 구부러져 움직이는 것에 민감하게 반응한다는 것은, 자연에 적응해 살아가는 데 적절한 능력이다. 산이나 강이나 바다도, 물의 흐름에 의해서 서로 연결되어 있다. 뱀이라는 하나의 살아 있는 척도가 그것들을 식별하여 연관시켜주는 것이다.


## 미래의 뱀 신화

뱀의 신화 · 전설은 미래 진행형이다. 도쿄 공업대학의 로봇 공학자 히로세시게오広瀬 茂男는 연구실에서 뱀을 기르며, 그 주행 메커니즘을 연구해 '사행蛇行 곡선Serpenoid curve'으로서 정식화해 세계에서 첫 수륙양용 뱀형 로봇을 개발했다.

'우아한 인체란 머리를 쳐든 뱀이나 타오르는 불길 같지 않으면 안 된다' 라는 미켈란젤로도, 시스티나 예배당의 「마지막 심판」에 보듯이 구부러진 인체 표현을 다용하는데, 그 수법을 흉내 내는 것으로 전성기 르네상스 이후 매너리즘Mannerism이 발전하고 전 유럽의 예술 양식에 영향을 주었다. 그러나 그 '사장 곡선Serpentine line'은 움직임 자체를 파악하는 개념은 아니었다. 사행 곡선은 그런 의미에서 획기적이다.

다리나 차바퀴에 의한 주행으로는 접근할 수 없는 장소에 도달하는 능력을 살려, 첨단에 텔레비전 카메라나 센서를 붙임으로써 이재민의 발견이나 원자로 내의 조사 등에 활약할 수 있도록 구조 로봇으로서의 개발이 진행되고 있다.

사행 곡선
히로세 시게오에 의해 '곡률이 곡선에 따라서 정현 파장으로 변화하는 곡선' 이라고 정의되어 뱀이 움직일
수 있는 관절 두 점 A, B를 연결하는 각도의 변화가 만들어내는 곡선이, 시간과 함께 정현 파장으로 추이
해간다.
출전: 아즈마도시아키(東利明), 「뱀을 본뜬 로봇의 운동 제어에 관한 연구(ヘビを模したロボットの運動制御に關する研究)」

　　인류 최고의 조상 화석을 7백만 년 전의 투마이(Toumai)로 한다면, 뱀은 인류보다 20배 가깝게 지구상을 살아온 것이 된다. 뱀이 우리에게 가르쳐주는 지혜는 아마 끝이 없을 것이다. 야마타노오로치의 근사함이나 오모노누시의 프라이드도 당연하다. 조부가 다정한 소리로 들려준 야마타노오로치 전설은 조부가 돌아가신 후에도, 내가 없어진 후에도, 일본의 대표적 신화로서 존재할 것이다. 그리고 뱀이라고 하는 생명체의 가능성을 깊게 인식한 동아시아나 온 세상의 신화·전설과 함께 인류에게 중요한 메시지를 계속 전해줄 것이다.

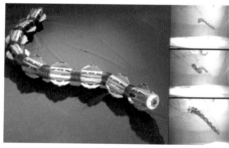

수륙양용 뱀형 로봇 'ACM-R5'
출전: 도쿄 공업대학 기계우주시스템 전공 '히로세·후쿠시마(福島) 연구실' 홈페이지

**하마다 요 지음 | 이향숙 옮김**

참고 문헌

中村禎里, 『動物たちの靈力』(筑摩書房, 一九八九)

笠間良彦, 『蛇物語 その神秘と伝說』(第一書房, 一九九一)

小島瓔禮, 『蛇の宇宙誌－蛇をめぐる民俗自然誌』(東京美術, 一九九
一)

荒俣宏, 『世界大博物圖鑑』(第三卷, '兩生・爬蟲類', 平凡社, 一九九〇)

南方熊楠, 『十二支考』(上, 岩波文庫, 一九九四)

吉野裕子, 『十二支 易・五行と日本の民俗』(人文書院, 一九九四)

谷川健一編, 『蛇(ハブ)の民俗』(日本民俗資料集成 第二〇券, 三一書房,
一九九八)

鄭高詠, 『中國の十二支動物誌』(白帝社, 二〇〇五)

東利明, 「ヘビを模したロボットの運動制御に關する研究」(東京工科
大學工學部 卒業論文, 二〇〇六)

伊藤亞人監譯, 『韓國文化シンボル事典』(平凡社, 二〇〇六)


Webページ

東京工業大學 機械宇宙システム專攻 '広瀬・福島・究室' 홈페이지

제
2
부

# 회화 속의 뱀

총론: 한중일 회화 속의 뱀 이원복

한국 회화 속의 뱀 이원복

중국 회화 속의 뱀 이원복

일본 미술 표현으로 보는 뱀 이나가 시게미

# 총론:
# 한중일 회화 속의 뱀

**동아시아 조형미술에 등장한 뱀**

　"너무 빨리 내닫거나 느리지도 않고, '모든 것은 다 허망하다' 고 알아 헤매임迷妄에서 떠난 수행자는 이 세상도 저세상도 다 버린다. 뱀이 묵은 허물을 벗어버리듯이."

『수타니파타』「사품蛇品」 중에서

　리듬 있는 시구詩句로 표현된 원시 불경 『수타니파타』의 한 구절은 우리 인간들이 뱀에게서 무엇을 배울 것인가를 극명히 알려준다. 잔잔하면서도 명상을 통한 깨달음의 외침, 그 자체로 타종打鐘이 미명微明을 깨우듯 사자후獅子吼인 양 강한 울림으로 다가온다.

빛과 그늘은 공존한다. 빛이 있기에 어둠이 있고 어둠으로 해서 빛은 그 존재가 더 선명해진다. 소금과 솜을 파는 두 장사꾼 아들을 둔 부모에게 비雨처럼, 득실得失은 때로는 상대적이 아닐 수 없다. 우리들에게 개인적인 약점이 때론 장점으로 작용하는 것과도 통하는 논리이다. 모든 존재는 나름의 역할과 의미를 지니니 쓸모없는 존재란 없다. 이를 제대로 모르는 무지無知나 선입견이 문제가 될 뿐이다. 쓰임새所用를 모르면 약초藥草도 단순한 풀이나 잡초雜草 취급을 당한다.

뱀에 대한 상징도 마찬가지이다. 신성神聖과 사악邪惡은 종이 한 장 차이에 불과하다. 지구 내 동서東西가 같은 양상이니 외모가 주는 혐오와 달리 매력魅力까지는 아니어도 마력魔力과 통하는 일종의 신비감이 깃들 소지가 충분하다 하겠다. 어느 정도의 거리감은 친숙하지 않음에서 나타난 실체에 대한 명확치 않은 흐릿함으로 이는 상상이 깃들 빈틈이기도 하다.

특히 뱀의 종류 중 살모사속과 무자치는 난태생卵胎生으로 수란관輸卵管에서 발생되어 새끼로 탄생하기도 하나, 대부분 알로 태어나는 난생卵生에서 다른 형태로 바뀐다. 긴 몸에 다리도 없이 몸을 이동시키는 점, 매년 1회 이상 글자 그대로 탈피脫皮, 즉 허물을 벗는 점은 다른 동물에서 찾기 힘든 특징이다. 탈피 못한 뱀은 생명을 잃는다.

뱀탕집과 전문으로 뱀을 잡는 직업인 땅꾼의 존재는 식용食用과 약재藥材 두 측면도 간과될 수 없다. 정력강정제精力强精劑로 인식되어 오늘날까지 떠돌이 약장수들의 호객 행위에 뱀이 동원되어 그들 특유의 말투와 볼거리로 사람들의 시선을 끌기도 한다. 우리나라에서 약재로 사용하는 뱀은 살모사 몇 종류와 구렁이, 능구렁이에 한정되었으나 점차 모든 종류의 뱀이 뱀탕의 재료가 되었고, 늘어난 수요로 동남아 지역에서 뱀을 수입한다.

## 양면성兩面性－생과 사의 갈림길

　뱀은 형태나 색깔 등 외모로도 친근함과는 거리가 있으니 만남이나 접근에 유쾌함을 주는 반가운 상대는 결코 아니다. 코브라나 덩치가 유난히 큰 종류를 비롯해 작은 도마뱀까지 아울러도 뱀에게서 친근함을 느끼는 이들은 흔치 않을 것이다. 날름거리는 가늘고 긴 혀, 여러 가지가 섞여 일견 화사함도 감지되는 현란한 색을 지니지만 '독사毒蛇의 눈'으로 지칭되듯 차갑게 느껴지는 매서운 눈매 등이 주는 섬뜩함으로 선뜻 접근이 용이한 동물은 아니다. 반면에 이 점은 경외敬畏의 대상이 되기도 한다.

　한 가지 첨언할 점은 동아시아 삼국에선 뱀이 지닌 속성에다가 수호신守護神으로, 그리고 긍정적인 상징을 부여하며 변형을 거친 용龍의 존재로 인해 뱀이란 존재는 다소 가려졌고, 상대적으로 위축된 점을 고려하지 않을 수 없다. 결국은 용에게 자리를 넘긴 형국이라 하겠다. 용은 뱀에서 비롯했기에 비늘과 몸통 등 형태의 대부분은 닮은 모습임에도 불구하고 여러 요소가 결합함으로써 신성화神聖化에 도달, 그 차원이 달라졌다. 이에 좀처럼 뱀은 찾아보기 힘든 형국이 되고 말았다.

　다른 소재와 달리 동아시아 삼국뿐 아니라 서양 회화에서도 동물 소재 가운데 뱀은 그리 흔한 편은 아니다. 특히 순수 감상화 범주에서 화면 내 한 요소가 아닌 주인공으론 찾아보기 힘들다. 하지만 우리 인류의 손끝에서 태어난 가시적인 조형 속에서 일찍, 그리고 줄기찬 긴 흐름을 살필 수 있다. 혐오스런 외모와 치명적인 독毒이 주는 공포와 교활, 음흉과 불신, 유혹과 타락 등 부정적 의미의 대명사이다. 그러나 이와 별개로 매년

허물을 벗는 뱀은 재생再生과 불사不死, 영생永生 등 영원, 다산多産과 풍요
豊饒 등 양면성兩面性이 인류의 사고 저변에 널리 퍼져 있다.

　동서양 모두에서 독립된 소재로는 잘 그려지지 않았고, 이에 일반적인
감상화鑑賞畫에서 찾아보긴 어렵다. 다만 민족마다 공통점과 차이점이 없
지 않으나, 이 동물이 지닌 여러 상징으로 해서 일찍부터 동아시아 세 나
라 모두의 고분古墳과 사찰寺刹의 벽화壁畫로, 그리고 사경의 변상도 등 불
화佛畫 중에서 찾아볼 수 있다. 여러 동물의 특징을 혼합한 상상적인 용龍
그림 또한 그 연원을 뱀에서 찾게 된다.


## 오랜 소재-이집트와 로마를 비롯한 동서 모든 문명

　서구 열강의 제국주의帝國主義를 등에 업은 서세동점西勢東漸의 강렬한
물결은 한자 문화권에도 사회 전반에 걸쳐 큰 변화를 야기한다. 동아시
아 삼국의 전통 사회는 정도의 차이는 있으나 과학에 힘입어 발전이 가
시화된 서구를 모델로 하지 않을 수 없었으며 세계사世界史는 곧 서양사西
洋史임은 당연한 귀결이다. 서구 문명과 문화의 두 줄기인 기독교와 그리
스·로마에 대한 지식도 크게 주입되기에 이른다. 이는 학교를 세우는
등 선교사의 역할에 힘입은 바 크다.

　이에 성경 내 창조 설화나 인류의 기원에 아담과 이브, 그리고 뱀의 모
습을 취한 마귀의 꼬임에 빠져 교만으로 신권神權에 도전한 인간은 급기
야 선악과善惡果를 따 먹어, 그 결과 인간의 온갖 고통과 범죄의 시작인 원
죄原罪를 얻게 된 사실에 대해서도 인식하게 된다. 이를 다룬 그림들도 원
화는 접하지 못해도 알게 된다. 천사가 붉은 용을 물리치거나 신화에 바
탕을 둔 이런 사실들은 기독교에 앞서 근동에도 존재함을 인식하게 된다.

황금 가면(기원전 14세기)

이에 앞서 바빌론에선 대지의 신 에아가 뱀의 형상이었고, 고대 그리스에서 뱀은 지혜의 신 아테나의 상징물이고, 그리스 신화에선 영생의 사과나무를 지키는 수호자守護者이며 사랑의 신 에로스는 원래 지하의 뱀으로 명부冥府의 신으로 생각했다. 히브리인에겐 뱀은 인간의 친구이자 진리의 옹호자였고, 이집트의 여신 이시스는 올리브 잎 머리 사이에 태양을 상징하는 뱀이 있다. 이집트 신화에는 출생 전 인물을 품고 있는 뱀이 묘사되고 있으며 1922년 영국의 이집트 고고학자 하워드 카터에 의해 발굴된 투탕카멘은 기원전 14세기 어린 나이에 즉위해 18세에 죽은 왕으로 3중으로 안치된 관 안쪽 왕의 머리에 쓰인 찬란한 '황금 가면假面'의 이마에는 고부조高浮彫의 조각된 뱀이 등장한다. 이와 같이 머리에 뱀이 등장함은 투탕카멘 하나만이 아닌 지금까지 발굴된 파라오상의 대부분에서 확인된다. 이외에 벽화 머리에 보주를 올린 코브라나 약간의 요철을 두어 그린 사실적인 뱀들도 이집트 벽화에서 살필 수 있다.

로마 바티칸 미술관에 소장된 「라오콘」은 미켈란젤로(1475~1564)에게 큰 감명과 함께 지대한 영향을 끼친 조각이다. '모든 회화와 조각을 통틀어 가장 감탄할 만한 작품'으로 칭송된다. 기원전 2세기경 로도스 섬 출신 아게산드로스와 폴리도로스, 그리고 아테노도로스 등 3인의 조각가의 합작품으로 알려져 있다. 로마의 산타 마리아 마기오레 부근에서

1506년 발굴된 이 조각은 정확한 인체 비례와 다양한 자세와 표정 등 고통에 짓눌린 처절하고 적나라한 순간이 실감나게 묘사되어 16세기 미술에 지대한 영향을 미쳤다.

「라오콘」(아게산드로스 등 3인 합작, 기원전 2세기경, 대리석 높이 158cm)

트로이 전쟁 때 신관神官인 라오콘은 그리스인들이 놓고 간 목마木馬를 성내에 들여서는 안 된다고 경고했다. 그는 홀로 살겠다는 독신獨身의 맹세를 어기고 쌍둥이 아들을 두어 아폴론 신의 노여움을 샀다. 포세이돈 신의 제단에 황소를 제물로 바치려던 중 아폴론 신이 보낸 두 마리의 큰 바다뱀에 아들들과 함께 희생당했다. 같은 주제를 스페인 화가로서 그리스 크레타에서 태어난 엘 그레코(1541~1614)가 1614년 조각이

「라오콘」(엘 그레코, 1614년, 패널 오일, 137×172cm)

아닌 평면의 화면에 옮긴 「라오콘」도 알려져 있다. 화면 우측에 서 있는 젊은이와 뱀을 두 손에 쥔 라오콘과 두 아들이 큰 비중으로 건조해 보이는 바위에 등장하며 그 뒤로 말 한 마리가 보인다. 그 너머로 연기 같은 흰 구름과 푸른 하늘 아래 폭풍 전야와 같은 곧 멸망할 도시가 유령처럼 우울하게 전개된다.

「원죄를 짓고 에덴동산에서 쫓겨나다」(미켈란젤로, 1508~1512년)

　　로마 바티칸 내 시스틴 성당의 천장화인 「천지창조」는 천장 높이
20m, 면적 약 793㎡에 33주제를 르네상스 시대 이탈리아의 대표적인
거장巨匠 미켈란젤로가 1508년부터 1512년까지 4년 6개월에 걸쳐 완성
했다. 화면 중앙에 「원죄를 짓고 에덴동산에서 쫓겨나다失樂園」는 마귀의
유혹으로 아담과 이브가 선악과를 따는 장면과 이어 낙원에서 쫓겨나는
장면이 동일 평면에 이어진다. 마치 중국의 복희와 여와와 같이 상체는
사람이되 다리부터는 누런 뱀의 형태를 취한人頭蛇身 마귀는 나무를 감은
형태로 등장한다. 미켈란젤로와 동시대를 산 독일의 화가이며 조각가인
알브레히트 뒤러(1471~1528)가 1507년『구약舊約』「창세기」의 같은 내용
을 두 폭에 옮긴 「아담」, 「이브」가 있다. 이들은 각기 보기 좋은 탐스런
사과나무 가지들을 들고 있다. 이브는 이른바 중국의 수하미인樹下美人처
럼 등장하는데 그녀가 잡은 사과는 가지를 뱀이 덥석 물고 있다.

　　하지만 그리스 신화에 있어서 사과나무는 반드시 비극적인 것만은 아
니다. 영웅 헤라클레스는 엄청난 힘의 소유자로 갓난아기 때 자신을 위

협하는 두 마리 뱀의 목을 졸라 죽였다. 그를 묘사한 많은 조각이 전하며, 기원전 6세기경 만든 암포라에는 사자, 멧돼지, 황소, 상반신은 인간이고 하반신이 물고기인 바다 괴물 트리톤 등을 처치하는 12과업을 다룬 내용들이 전한다. 12과업 모두를 마친 헤라클레스를 근육질 몸매로 표현한 청동 조각 중에는 「건장한 남성상」이 있다. '헤스페리데스의 황금 사과' 세 개를 들고 있으며 큰 뱀이 사과나무를 휘감은 채 지키고 있는데, 황금 사과는 마치 동아시아 삼국의 선도仙桃와 같은 의미를 지닌다.

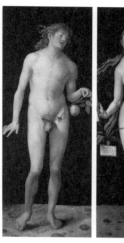

「아담」, 「이브」(알브레히트 뒤러, 1507년, 패널에 오일, 각 209×81cm)

세상 서쪽 끝 님프들이 지키는 축복받은 정원에 있는 황금 사과는 마치 서왕모西王母 거처인 곤륜산 요지瑤池에서 자라는 천도天桃와 유사한 내용이다. 신들에게 영원한 젊음의 원천이며, 헤라클레스도 이 황금 사과를 통해 불멸의 삶을 획득해 불사신不死身이 된다. 그리스 신화에서는 뱀은

「건장한 남성상」(1세기, 높이 104.5cm, 영국박물관)

고통을 주는 존재만이 아닌 진리를 지키는 수호자守護者로도 등장한다. 이 또한 동아시아 삼국과 유사한 양상이다.

　민족 나름의 신화이건, 기독교 문명권에서 뱀은 고통과 비극으로 직결되기도 하니 이 점은 불교의 전생담이나 감로탱甘露幀 등 동아시아 삼국에서도 마찬가지이다.

### 긴 생명력을 지닌 소재 – 현대와도 소통疏通

　화사花蛇

　–서정주


　사향麝香 박하薄荷의 뒤안길이다. / 아름다운 배암…… / 얼마나 커다란 슬픔으로 태어났기에, 저리도 징그러운 몸뚱어리냐.


　꽃대님 같다.


　너의 할아버지가 이브를 꼬여내던 달변達辯의 혓바닥이 / 소리 잃은 채 날름거리는 붉은 아가리로 / 푸른 하늘이다…… 물어뜯어라, 원통히 물어뜯어,


　달아나거라, 저놈의 대가리!


　돌팔매를 쏘면서, 쏘면서, 사향 방초芳草길 / 저놈의 뒤를 따르는 것은 / 우리 할아버지의 아내가 이브라서 그러는 게 아니라 / 석유 먹은 듯…… 석

유 먹은 듯…… 가쁜 숨결이야.

바늘에 꼬여 두를까 보다. 꽃대님보다도 아름다운 빛……

클레오파트라의 피 먹은 양 붉게 타오르는 / 고운 입술이다…… 스며라!
배암.

우리 순네는 스물 난 색시, 고양이같이 고운 입술…… / 스며라! 배암.

『시인부락』 2호, 1936. 12.

동과 서, 과거와 현재, 기독교와 토속적土俗的 미감이 뱀처럼 엉킨, 이
토록 처절한 뱀을 주제로 한 시는 찾아보기 어렵다. 생명파 시인으로 지
칭되기도 하는 서정주徐廷柱(1915~2000)가 풋풋한 22세 젊은 나이에
「벽」이란 시로 동아일보를 통해 등단登壇한 같은 해 『시인부락』에 발표한
「화사花蛇」가 있다. 무리를 이룬 뱀 그림을 보는 듯 그 묘사가 매우 시각
적이 아닐 수 없다. 천경자千鏡子(1924~)는 20대 후반 매우 충격적인 소
재로 30여 마리의 뱀이 뒤엉킨 「생태生態」를 발표했다. 이 소재를 통해 고
통과 질곡桎梏의 인생 역경에서 이탈할 수 있었다고 화가 자신이 밝힌 바
있다.

그로부터 20여 성상을 보내고 중단했던 뱀 소재가 다시 화면에 등장한
다. 사실적 묘사보다는 왜곡된 형태로 40대 후반인 1969년 훨씬 곱고 장

「뱀 무리」(천경자, 1969년, 종이에 채색, 198×
136.5cm, 삼성미술관 리움 소장)

「해와 뱀」(이중섭, 1954년, 종이에 유채, 24×
17.5cm, 개인 소장)

식적이며 화사하게 그린 「뱀 무리蛇群」는 서정주의 시에 걸맞은 분위기라 하겠다. 오늘날 충격적 요소라면 모를까 좀처럼 손대기 쉽지 아니한 소재이나 이와 별개로 이를 그린 화가들도 없지 않다. 아주 드문 예이나 이중섭李仲燮(1916~1956)이 1954년에 그린 「해와 뱀」도 시선이 끌린다. 짧은 두 선으로 그은 눈, 삼각형 코에 이어 긴 입 등 동화적이며 아동화 같은 익살스런 얼굴로 묘사한 해와 녹색 뱀이 상하로 접근하고 있다. 일견 고구려 고분벽화 내 현무玄武를 연상케 하는 장면이나 게와 함께 춤추는 형태로 보이기도 한다. 누런 태양과 푸른 대지가 손잡거나 하늘과 땅이 합치듯 자연이란 범주 내 동화同和로 하나 됨으로 읽기도 한다. 여하튼 뱀의 특징인 소름 끼친다든가 혐오와는 사뭇 멀어진 따뜻한 내용이다.

현란한 색채와 뱀들이 취한 자유분방한 장면은 오히려 벽화의 선구자인 중국보다 고구려 고분벽화에서 진일보한 양상을 엿보게 된다. 뱀이 분명한 삼실총을 비롯해 용과 뱀을 넘나드는 오회분이나 통구 사신총이나 강서대묘의 현무와 청룡은 현란한 색채 감각과 통하며 넘치는 활력과 강한 생동감으로 다가온다.

## 예술의 오랜 주제 - 이른 문명의 탄생에서부터 지구 전체로

살무사의 한자 표기는 살모사殺母蛇다. 단어 자체가 주는 거부 반응과 종류에 따라서는 큰 덩치 코브라 등 독사를 아름답다고 하면 정상인 취급을 받기 어려울 것이다. 현대를 사는 우리들에게 있어 뱀에 관한 느낌은 대체로 비슷하다 하겠다. 오늘날 콘크리트 숲으로 이루어진 도심에선 동물원에나 가야 만나게 되는 존재로 좀처럼 접하기 힘들어진, 별로 호감好感이 들지 않는 존재의 하나이다. 우선은 차갑고 소름이 돋는 섬뜩함으로 다가오나 한편 태초의 싱그러움이나 일종의 주술呪術과 통하는 신비로움과 더불어 원시의 싱그러움이 주는 힘과 생명력이 감지되기도 한다.

편한 아름다움의 예술 소재는 못 되나 우리는 영화 속에서 잔인하며 무서운 장면을 접할 때 경악과 함께 눈을 가리나 공포를 뛰어넘는 호기심으로 손가락 사이로 화면을 보게 된다. 야릇함과 충격衝擊과 통하는 또다른 쾌감快感 요소를 지닌 동물의 하나가 아닐 수 없다. 문명의 손때가 타기 전 원시에 대한 동경憧憬과 궤를 같이하는 것인지도 모른다. 자연에 대한 목마름으로 해서 기이한 곤충이나 여러 외지 생물을 애완으로 키우는 것인지도 모른다.

뱀 자체가 주인공은 아니나 인물과 함께 등장한 시대가 올라가는 것으로 먼저 여인 토기상을 들게 된다. 머리에는 한 마리의 사자가, 그리고 양손에는 뱀을 쥔 큰 유방을 드러낸 풍만한 왕비 복색을 한 기원전 1500년 경 뱀의 신巳神으로 지칭되기도 하는 대모신상大母神像의 전통을 이은 조형물이다. 미노스 문명을 잘 전하는 크레타 섬 크노소스 궁전에서 출토되었다. 여기 등장된 뱀은 생명의 상징으로 봄이 일반적이다. 영국 대영박물관 소장인 그리스 로도스 섬에서 출토된 용기(높이 29cm, 기원전 7세기 후반) 표면에는 2단 구조로, 상단에는 좌우에 큰 뱀 네 마리가 두 마리의 사자와 함께 있고, 하단에는 환상적인 새가 등장한다.

고르곤은 그리스 신화에 나오는 지하 세계에 사는 한 마리 괴물에서 점차 강한 자, 뛰는 자, 불사의 능력이 없는 여왕 메두사 등 셋으로 바뀐다. 또한 뱀으로 달린 머리카락의 여성으로 묘사된다.

이탈리아 남부 감파니아 지방에서 기원전 5세기경부터 번성한 고대 도시인 폼페이는 79년에 일어난 베수비오 화산의 폭발로 묻혀버렸다가 16세기 말 그 존재가 확인되고, 18세기부터 20세기에 이르기까지 발굴이 이어졌다. 성문과 신전, 별장과 공장 등 다양한 건물과 그 벽면에 그려진 그림과 모자이크 등 다양한 내용이 역사와 예술에 대해 시사하는 바 크다. 건물 내 벽화인 「바카스와 베수비오 산」은 이탈리아 나폴리 만에 위치한 활화산인 베수비오 산을 화면 중앙에 삼각형으로 등장시키고

「바카스와 베수비오 산」

나일 강의 동물상

산 아래 옷 표면에 포도송이를 매단 술의 신 바카스와 줄기에 앉거나 나는 새와 풀과 함께 누런 뱀 한 마리가 큰 비중으로 등장한다.

'나일 강의 동물상'은 연꽃 등 수초들이 자란 나일 강에 여섯 마리 오리와 연밥에 앉은 작은 새, 하마와 악어, 몽구스와 코브라, 쌍을 이룬 따오기가 세트로 하단에 등장한다. 뱀은 죽음의 정령精靈으로 보이기도 하지만 코브라는 고집 센 몽구스를 방어하려는 자세로 등장한다. 로마나 이집트인들은 뱀을 적대시하지 않았다. 금으로 만든 팔찌 또한 이를 말해준다. 이외에도 오늘날 여전히 존재하는 문어와 바닷가재를 중심으로 오징어와 홍어를 비롯한 각종 어족魚族을 빼곡히 등장시킨 모자이크도 있다. 이 중에는 장어나 물뱀으로 보이는 존재도 등장한다.

화려한 색채로 세부를 꼼꼼하게 표현한 프랑스 출신 화가 루소(1844~1910)는 4년 동안의 군 복무 동안 멕시코 원정에 참가한 사실이 그의 그림에 적지 않은 영향을 끼쳤다. 이국적異國的인 경험을 바탕으로 그림에 숲과 야생동물을 즐겨 그렸다. 원시림을 배경으로 등장한 건강한 원주민과 맹금猛禽들을 그렸으며 그 안에 뱀도 별로 혐오감 없이 싱그럽게 등장시킨다.

## 인도와 뱀─불교와 힌두교

불교가 탄생한 국가인 인도에서 뱀은 그 의미가 각별하다. 불교의 전파와 함께 이에서 연유된 동물들, 이를테면 원숭이나 사자와 코끼리를 비롯해 뱀은 불교 국가의 종교미술 속에 똬리를 틀어 긴 흐름으로 이어진다.

터번을 두른 인물이 피리를 불면 코브라가 춤을 추고, 이 동작에서 연유한 두 손과 더불어 고개를 좌우로 흔드는 인도의 춤이 연상된다. 인도 콜카타 미술관에 소장된 「이라발용왕귀불도伊羅鉢龍王歸佛圖」(적색 사암, 57×56cm, 기원전 2세기경)는 바르후트 대탑의 남문 기둥에 장식된 불전도佛傳圖의 한 장면이다. 예배상으로 불상을 만들기 전인 불상 시대 조각으로 바르후트에서 출토되었다. 돌로 건립한 거대한 탑인 스투파에는 부처의 전생사와 본생담, 그리고 현생사를 담은 불전도가 부조로 장식되어 있다. 흔히 용두龍頭로 지칭되나 코브라에서 형태의 원형을 찾게 되는 것이 있다.

이라발용왕이 전생에 비구니로 이라수라는 나무를 꺾은 죄로 용왕이 되었다. 무수한 시간이 흐른 뒤 부처의 성불 소식을 듣고 다시 사람으로 태어나려고 급히 달려오다가 오두용五頭龍이 수면 위로 보이듯 먼저 머리만 도착한다. 시계 방향의 진행 순서대로 동일 인물이 등장하니 수중에서 얼굴을 내밀고, 무릎 꿇는 순서나 용족임을 터번의 장식으로 알려주니 이는 용녀의 머리에서도 살필 수 있다.

전남 보성의 대원사 티벳 박물관 소장 「피리 부는 어린 크리슈나」에 선 연꽃 위에 서서 피리를 부는 모습인데 마치 두광의 형태로 다섯 마리 코브라가 등장한다. 이들 코브라는 불교의 구룡토수九龍吐水같이 주인공을 보호하는 동물이다. 크리슈나Krishna는 '검은 사람' 이란 의미로 힌두 신화에 있어 유지와 보존의 신인 비슈누Vishnu의 여덟 번째 현신現身으로 인격 면에서 가장 인기가 높은

「피리 부는 어린 크리슈나」(상아에 채색, 33×22cm, 대원사 티벳 박물관 소장)

신이다. 악마 완 캄사를 물리치기 위해 완 캄사의 누이 데비카의 여덟째 아들로 태어난다. 푸른색 피부에 공작의 깃털을 달고 피리 부는 모습으로 많은 여인들이 그의 피리 소리를 듣고 마음이 설레며 그와 춤을 추는 등 다소 호색적인 면모로 등장한다. 아울러 파괴와 전쟁의 신인 시바Shiva는 역동적이면서도 정적이고 금욕적이면서도 에로틱하니 호랑이 가죽을 입고 흔히 뱀을 목에 두른 형태로 묘사된다.


## 불화 속의 뱀-『법화경』 사경변상도와 시왕탱十王幀

뱀은 차가운 지역이나 온대보다 열대熱帶에 다양한 종류가 서식한다. 조형예술에 있어서도 긍정과 부정 양 측면의 상징성과 함께 국제적이며 범세계적인 분포를 보인다. 열대나 사막은 절체절명의 장소로 종교가 탄생한 곳이기도 하다. 한자 문화권인 극동의 세 나라에서도 이 같은 양상

을 살필 수 있다. 감상화로는 찾아보기 힘들며 종교와 신화의 영역에서 대체로 두 부류로 나뉘니 하나는 중국 설화에 바탕을 둔 것이며, 아울러 불교에 연원이 있는 것으로 수월관음도水月觀音圖나 변상도, 감로탱, 시왕도 등 불화에 속한 것들이 또 한 축을 이룬다. 변상도를 비롯해 대체로 호환虎患처럼 뱀에게 쫓겨 도망가거나 물리는 등 부정적인 의미가 짙다.

고려 사경변상도를 보면 먼저 『화엄경華嚴經』 변상도 제37십지품十地品 중 우측의 비로자나불의 설법 장면에 대해 왼쪽은 큰 원판을 4단으로 구획해 그 중앙에 7처 9회 중 6회인 타화자재천궁他化自在天宮의 설법 장면인데 바로 아래 돼지와 조류 사이 똬리를 튼 뱀이 등장한다. 원판은 크게 등장한 원숭이가 돌리고 있다. 도상 형식을 살필 때 중국과 일본도 마찬가지 양상으로 사료된다.

고려 말 『법화경法華經』의 내용을 감색 종이에 금으로 그린 『묘법연화경妙法蓮華經』의 고통에 빠진 중생이 관세음보살을 부르면 해탈할 수 있다는 '관세음보문품25'이다. 1340년 제작된 「법화경 그림」에는 세상사에서 겪는 각종 재난인 화재, 맹수와 독사, 도둑, 감옥 등 갖가지 위험한 일들이 전개되는데 뱀과 전갈이나 살진 지네처럼 발이 많은 곤충도 등장한다. 뱀이 다가오나 관세음보살을 불렀기에 겁 없이 사뭇 태연한 모습도 보인다. 이와 달리 호랑이도 함께 등장하며 다소 놀란 자세를 보이는 시대가 내려오는 조선 시대 1442년에 그려진 「법화경 그림」도 있다.


조선 초 비단에 금니로 그린 일본 사이후쿠지西福寺 소장 「수월관음도」 오른쪽 하단에 다가오는 호랑이와 뱀을 격파하는 인물이 보인다. 또한 일본 지온인知恩院 소장 「도갑사관음삼십이응신도觀音三十二應身圖」를 들게

「법화경 그림」(고려, 1340년, 감색 종이에 금 그림, 20.2x43.6cm, 일본 나베시마 보효회 소장)

「법화경 그림」(조선, 1442년, 감색 종이에 금 그림, 29.2x57.4cm, 국립중앙박물관 소장)

된다. 31세로 타계한 조선왕조 12대 인종仁宗(1515~1545)의 명복을 빌기 위해 그가 죽은 5년 뒤에 인종 비인 공의대왕비恭懿大王妃가 화원 이자실李自實에 의뢰해 명종 5년인 1550년에 그린 그림의 하단 우측에도 뱀과 지네가 등장한다.

『시왕경十王經』에 의하면 죽은 사람들은 7일에서 49일까지의 7일마다 와 백 일, 1년, 3년 등 열 차례에 걸쳐 지옥을 관장하는 10대왕 앞에 나아가 심판을 받는다. 이 3년 동안 머무는 곳이 명부冥府이다. 흔히 시왕도로 불리는 불화는 이를 다루어 교육적인 성격이 짙다. 상하 이단 구조로 이루어지며, 상단에는 업경대業鏡臺에 비친 죄과에 따라 명왕과 판관이 심판하는 내용이, 하단에는 각종 지옥에서 고통 받은 군상들이 등장하며 지옥에서 중생을 구제하려는 지장보살의 모습이 보인다. 우리나라는 명부전冥府殿이나 시왕전에 벽화나 탱화로 그려져 걸리며 일본에서는 염마단閻魔壇에 걸고 있다. 염라대왕 신앙은 본래 인도의 토속신앙에서 비롯한다. 불교 탄생으로 신중신앙과 섞였으며, 불교가 중국에 전파되어 도교의 시왕신앙과 다시 재결합하여 독립된 신앙으로 변모한다.

시왕도는 당唐나라 때 장과張果가 최초로 그린 것으로 전하며, 중국 천불동 돈황 출토 「지장시왕도」에는 중앙의 왼손에 석장을, 오른손은 무릎 위에 얹은 지장보살이, 그 앞으로 흰 사자가 옆의 한 비구보살을 향해 합장하는 모습으로 등장한다. 지옥을 관장하는 열 명의 왕을 한 폭에 한 명씩 묘사하는 형식의 시왕도는 남송南宋 때 중국 영파에서 대규모 공방을 운영한 김처사, 육신충의 작품 등이 일본에 많이 남

「제1진광왕」(고려, 13세기, 비단에 채색, 61.5×45cm, 하버드 아서 새클러 박물관 소장)

아 있다. 「제1진광왕秦廣王」 등 현재 여러 곳에 분산된 아홉 점의 시왕도
는 영파에서 제작된 시왕도와는 달리 10세기경 돈황의 수권 형식 시왕도
도상을 짙게 반영하며 이와 달리 자극적이고 처절한 지옥 장면이 크게
완화된 점 등에서 학계에선 고려 불화일 가능성이 제시되기도 했다.

현존하는 조선 시대 시왕도에서는 상단에 책상에 앉은 염라대왕을 중
심으로 명부시왕이 있고, 그 주위에 18옥왕獄王 · 24판관 · 36귀왕 · 삼원
장군 · 이부동자 · 아귀 등이 하단에는 구름 아래로 지옥에서 벌을 받고
있는 여러 정경이 전개된다. 지장보살은 윗부분에 도명존자道明尊子와 무
독귀왕無毒鬼王을 거느리고 있다.

## 복희伏羲와 여와女媧의 탄생—사람과 뱀의 합체

고구려 고분벽화를 비롯해 중앙아시아 등에서도 확인되는 복희와 여
와는 중국의 역사시대에 앞선 신화神話 단계부터 등장한다. 이 두 존재는
별개로 탄생에 합치게 된다. 『역경易經』 「계사전繫辭傳」에는 삼황三皇에 한
위位로 복희는 역의 팔괘八卦를 만들고 어망漁網을 발명해 어렵을 가르친
것으로 나타나 있다. 『열자列子』에 인두사신人頭蛇身으로 복희와 여와에
대한 형상이 묘사되고 있다. 이외에도 『초사楚辭』와 『회남자淮南子』 등 중
국의 여러 고전에 산견된다. 사람의 형상은 아니나 동물과의 합체는 성
인의 덕을 지닌 것으로 간주되니 개벽과 창조의 역할을 담당했다.

이를 도상화한 구체적인 유물로는 최근 발굴된 서한西漢 낙양洛陽 「복
천추묘벽화卜千秋墓壁畵」 내 승선 장면에 등장한다. 아울러 국립중앙박물

「무량사화상석」

「기남한묘묘문동립주화상」

관에도 탁본을 소장한 유명한 화상석은 산동성山東省 가상현嘉祥縣 남쪽 무씨 묘지에서 발견된 것들이다. 148년 제작 연대가 분명한 「무량사화상석武梁祠畵像石」은 여섯 개가 알려져 있다. 지역별로 살필 때 한대 화상석 내 등장한 복희와 여와는 몇 가지 유형으로 분류가 가능하니 「기남한묘묘문동립주화상沂南漢墓墓門東立柱畵像」처럼 동왕공東王公과 함께 마치 3존尊처럼 등장시킨 것과 각기 별도의 독상으로 이루어진 것 등 다양하다.

이들은 고구려 고분벽화 및 북위北魏 (535~557) 때 제작된 돈황석굴 285호 천장벽화를 비롯해 당에 의한 서역 무역과 경영이 절정기를 맞은 고창국高昌國 고지를 중심으로 중국과 서역의 공존한 독특한 문화를 창출했다. 국립중앙박물관 소장 등 투르판 아스타나 고분 출토 「복희여와도」가 이를 알려준다.

### 수호신-불사불멸不死不滅, 재생再生

뱀은 비록 그 외모나 행동거지가 아름답지는 못하나, 시대에 따라 달리 서로 부정과 긍정의 반복과 혼효 등 다른 상징으로 여러 다양한 의미를 아우르며 조형 미술 속에 등장한다. 오랜 세월 열두 띠 동물의 하나로도 한자 문화권 나름의 의미를 이어왔다. 조형미술로는 다른 동물에 비해 비중이 큰 소재는 아니어도 상상적인 동물인 용의 형성 과정에 선사시대부터 조형을 보인다. 고대 유물 중에서 조각과 공예, 회화에 이르기까지 그 자취를 두루 살필 수 있다.

일본의 경우는 뱀에 대한 인식이 희생의 제물이 된 여인을 구하기 위한 큰 뱀 퇴치의 영웅담으로 나타나며 이는 세계 도처에서 살필 수 있는 것으로, 인류의 보편성에 바탕을 둔 공통점이라 하겠다. 더불어 조몽 토기繩文土器에 등장한 뱀 등은 이른 시기부터 조형미술에서 가시적인 유사성이 감지되니 문화 전파에서 우리와 친연성이 적지 않다.

굽이굽이 흐르는 큰 강물은 뱀과 유사하니 중국 황화 등 큰 강가 주변 사람들이 강의 신河神으로 여긴 것과 마찬가지로 일본에 있어 농경의 시작과 더불어 물을 다스리는 수신水神과 농업 생산의 신으로 풍요의 상징으로 보았다. 점차 음양오행陰陽五行의 12지, 고대의 신앙에서 숭배된 뱀은 불교 전래 이후의 의미 변화를 엿보게 된다. 점점 좋지 않은 엄청난 마력을 가진 마왕과 같은 괴물이나 요괴로 변모된다. 중국 송대 민간 전기 소설인 「백사전白蛇傳」과 비슷한 내용의 승려와 여인으로 변한 뱀과의 사랑을 담은 민담이나 설화는 한·중·일 모두에서 찾아볼 수 있다.

고구려 고분벽화에서 무덤을 지키는 수호자로 등장한 삼국시대의 이른 회화는 신라 고분에서 무덤 주위를 두른 당당한 12지十二支 호석護石에서 환형環形과 요철凹凸로 된 신라 고분 봉분 주변을 두른 석물 조각들과 조선 시대 경복궁 근정전勤政殿의 난간 호석으로 이어진다. 신라 경주의

「조원도」(월패, 66×57cm)

미추왕릉 지구 등 일정 지역에 제한된 감은 없지 않으나 손가락만 한 작은 크기로 토기 뚜껑이나 몸통에 부착된 토우들도 있다.

아직은 이렇다 할 구체적인 예가 보고된 것은 아니나, 산서山西 예성芮城 영락궁永樂宮 삼청전三淸殿 북편 동측 「조원도朝元圖」 중 월패月孛의 예처럼 도교 도량인 사관寺觀 내 벽화 등 건축물에서도 뱀을 찾아볼 수 있다. 목도리처럼 목에 굵은 뱀을 감고 뱀 머리는 부리부리한 두 눈에 입을 벌린 짙은 갈색 피부로 서역인西域人 같은 이국적인 풍모의 주인공 머리 위에서 앞을 향하고 있다. 이는 동아시아 삼국이 대체로 비슷한 양상일 것으로 생각된다.

이원복 지음

참고 문헌

김종대, 『우리문화의 상징세계』(다른세상, 2001)

이원복, 『다정한 벗 · 든든한 수호신』(보림출판사, 2007)

權寧弼, 『실크로드 미술』(열화당,1997)

윌리암스 C.A.S. WILLIAMS 저, 이용찬 외 역, 『중국문화 중국정신』(대원사, 1989)

干寶 저, 전병구 역, 『수신기搜神記』(자유문고, 1997)

『中國美術全集』繪畫編 1. 原始社會至南北朝繪畫, 2. 隋唐五代繪畫, 3 · 4. 兩宋繪畫, 5. 元代繪畫, 6 · 7 · 8. 明代繪畫, 9 · 10 · 11. 淸代繪畫, 12. 墓室壁畫(1989), 13. 寺觀壁畫(1988), 18. 畫像石畫像磚 (1988)(文物出版社, 1986~1989)

『高麗, 永遠한 美, 高麗佛畫特別展』(삼성미술문화재단, 1993)

『영혼의 여정, 조선시대 불교회화와의 만남』(국립중앙박물관, 2003)

『사경변상도의 세계, 부처, 그리고 마음』(국립중앙박물관, 2007)

『高麗佛畫』(중앙일보사, 1981)

『朝鮮佛畫』(중앙일보사, 1984)

『日本美術名品』(국립중앙박물관, 2002)

『中央아시아美術, 國立中央博物館所藏』(국립중앙박물관, 1986)

『국립중앙박물관 소장 西域美術』(국립중앙박물관, 2003)

『新羅土偶, 新羅人의 삶, 그 永遠한 現在』(국립경주박물관, 1997)

『花卉草蟲』(高麗美術館, 2011)

# 한국
# 회화 속의 뱀

## 뱀 그림의 보고인 고분벽화와 불화

우리의 옛 그림에 앞서 「산광수색山光水色」 넉 자로 된 서예 한 점을 잠시 살피면 매우 흥미로운 점이 감지된다. 내용은 '산은 높고 물은 맑음'으로 '풍광이 빼어나게 좋은 아름다운 경치'를 지칭하는 것이다. 유수체流水體로 이름난 서예가 이삼만李三晚(1770~1847)의 작품으로, 그의 부친이 뱀에 물려 타계하자 뱀을 보는 대로 잡아 뱀들이 그를 몹시 두려워했고 그의 글씨는 바야흐로 뱀막이 부적符籍이 되었다고 한다. 끝 자 '색色'은 눈까지 보이는 틀

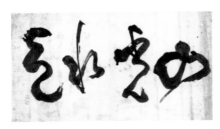

「산광수색」(종이에 먹, 57.5×87.8cm, 개인 소장)

림없는 뱀의 형상이다. 이는 우리나라에도 뱀이 적지 않음을 의미하기도 한다.

선조들이 한반도에 정착한 후 남긴 오랜 삶의 자취는 유적과 유물로 보다 선명히 드러나게 된다. 지금까지 알려진 조형미술 가운데서 뱀을 소재로 한 가장 시대가 올라가는 것은 조그마한 '뱀 머리' 조각이다. 선사시대 신석기인들이 남긴 유물로, 짐승의 뼈에 당시 조형 감각을 불어 넣은 작은 크기의 골제骨制이다. 일찍이 함경북도 굴포리 서포항 유적 신석기시대층(기원전 5천에서 3천5백 년경)에서 흙으로 만든 여성 및 망아지와 뱀 형태가 발굴되어 학계에 보고된 지 반세기가 넘었다.

신석기 뼛조각에 이어 시대가 한참 내려와 기원 후 5세기경에 비로소 뱀 조형을 만나게 된다. 고구려 고분벽화와 이들 그림에 앞서 엇비슷한 시기 신라와 가야 지역에서 출토된 흙으로 빚은 부장용 토기에서 뱀을 살필 수 있다. 대부분 고만고만한 크기로 뚜껑과 몸통 등 토기 표면에 부착한 것들로 공예로 간주되기 쉬우나 하나하나를 살필 때 조각의 범주에 속한다 하겠다. 김유신12지상金庾信十二支像 탁본 중 '뱀상' 등 통일신라의 능묘를 두룬 십이지 호석護石에서 환조丸彫 내지 부조浮彫로 된 본격적인 조각을 만나게 된다. 회화로는 종교적 성격의 그림으로 일반 감상화는 아니나 변상도 등 고려와 조선 시대 불화佛畵 속에서 찾게 된다.

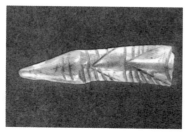

'뱀 머리' [골제骨制, 신석기(기원전 5천에서 3천 5백 년), 함경북도 굴포리 서포항 출토]

'뱀상' [김유신12지상金庾信十二支像, 탁본,
통일신라(7세기), 83×47.4cm]

　　우리 민족에 있어서도 뱀의 상징은 풍
요豊饒와 다산多産 등 정도의 차이는 있으
나 인류의 보편적인 뱀이 지니는 생태적生
態的 특징에서 연유한 것으로 본다. 뱀은
동서양 모두가 그러하듯 부정과 긍정의
대조적인 상징을 공유하니 우리도 예외가
아니다. 조형미술에선 미적 대상으로 감
상에 앞서 미술의 탄생이 그러하듯 인간
생존의 궁극과 통하는 보다 절실한 문제
로 주술呪術과 신앙信仰, 점차 신화神話 및
종교미술에서 일찍 등장해 긴 생명력으로
지속된다. 한편 감상화로는 신사임당申師
任堂(1504~1551)을 비롯한 일련의 초충도草蟲圖 중 땅바닥을 기거나 식물
에 올라간 모습들이 보이는데 이는 동아시아 삼국 초충도에서 두루 살필
수 있는 보편적인 양상이다.

### 신라 토우土偶－다산과 풍요

　　중국과 마찬가지로 우리나라에서도 각 집마다 집을 지키는 구렁이가
있어 집을 보호한다는 믿음이 있었다. 업이라 지칭되며 구렁이 외에 족
제비 등도 이에 해당되니 제주도에선 뱀을 주로 모신다. 재물을 관장하
며 복을 주는 일종의 가신家神이자 지역에 따라서는 마을신으로도 모신
다. 다리가 없는 동물인 뱀은 부정적인 의미가 전부는 아니니 12띠 동물
에도 포함되어 우리와는 친숙한 동물인 듯하다. 『삼국사기三國史記』나 『삼

국유사三國遺事』에도 왕의 죽음과 관련해 나
해 이사금과 박혁거세朴赫居世, 그리고 뱀
없이는 잠을 이루지 못해 뱀과 같이 생활한
경문왕 등 뱀이 관련된 내용들을 찾아볼 수
있다. 뱀들이 왕의 죽음을 예견하며 신의
뜻을 알리고 이를 수행하는 신탁神託을 전
하는 존재로 나타난다.

'토우 장식 항아리' (경주 계림로 30호분
에서 출토, 국립경주박물관 소장)

고구려와 달리 그림의 전래가 드문 신라
는 토기로 만든 항아리 표면에 붙인 손가락
크기의 토우 가운데 뱀을 찾아볼 수 있다.
비록 일제강점기 정식 발굴이 아닌 일정 지
역에 치중된 감이 없지 않으나 경주 계림로
30호분에서 출토된 국보 195호 두 '토우
장식 항아리'에서는 뱀이 개구리 다리를 덥
석 문 모습으로 등장한다. 그 집을 지키고
보호해주는 구렁이가 있다고 믿어 비라도
내리는 날이면 구렁이가 건물 밖 마당에 나
와도 잡지 않았다. 특히 제주도에서는 뱀을
마을의 신으로 모시기까지 했다.

'그릇받침' (가야 5세기, 높이 64.7cm, 계
명대 소장)

신라 영토 밖의 유물로는 흔한 예는 아니
나 대가야 지역인 고령 지산동 32호 제사
유구에서 출토된 '그릇받침器臺'은 상부의

'연적' (통일신라, 높이 3.9cm, 경기도 양주
대모산성 출토)

세 방향에 수직으로 길게 머리를 둔 뱀을 도드라지게 부착하고 있다. 한림대학교에서 발굴한 경기도 양주 대모산성의 통일신라 유적에서도 환형環形으로 된 토기로 몸통의 비늘을 비롯해 주구注ロ에 뱀 머리가 분명한 '연적硯滴'이 출토되었다.

## 고분벽화古墳壁畵 ─ 세 칸 무덤三室塚 등, 수호신

한자 문화권에서 용의 탄생으로 뱀은 그 도상이 마치 '뱀 꼬리 감추듯' 사라지게 된다. 그러나 고구려 고분벽화 중에는 용이 아닌 뱀이 등장한 드문 예도 알려져 있다. 헤아려보면 사실 사신四神 중 청룡 또한 다리가 있어서 그렇지 몸통은 뱀이며, 북벽에 그려진 현무玄武도 거북과 더불어 머리 모습을 살필 때 하나는 분명히 뱀이다.

뱀 그림으로 가장 주목되는 벽화고분은 세 칸 무덤三室塚이다. 매사냥, 여러 복색이 등장하는 행렬, 악기, 궁성과 건축 등의 그림 소재로 잘 알려져 있다. 5세기 후반 축조한 것으로 보는 이 고분은 만주 통구 우산禹山 남록南麓 끝 들판에 위치한다. 원형 봉분 안에 세 방으로 구성되어 입구 연도까지를 포함하면 ㄷ 자형이며, 세 방이 품자형品字形을 이룬다. 1914년 세키노 다다스關野貞에 의해 묘실 안 벽화가 확인된 이래 1930년대와 1970년대 등 몇 차례 조사가 이루어졌다. 1실에서 북쪽으로 좁은 통로로 이어져 있는 2실 네 벽면에는 들보를 받치고 있는 장사가 그려져 있다. 다리에 뱀을 감은 근육질의 장수이나 표정은 비교적 온화하다. 3실로 이어지는 연도에는 2실과 같은 수문장이 있고, 들보를 떠받치는 역사力士가 연꽃 위에 굳건히 버티며 벽 속에서 고구려 역사를 함께 떠받치고 있다. 서북벽 역사의 위에 두 뱀이 합치는 모습이 그려져 있는데 이를 우주의 탄생이나 창조로 이해한다.

고구려인의 현실적인 삶의 여정도 보이나, 무덤 입구를 지키는 역사力士의 경우 2실 서쪽 입구에는 갑옷으로 무장하고 환두대도環豆大刀를 든 무인이 등장한다. 3실 동쪽 입구는 평상복 차림에 상투를 튼 역사가 목에 뱀을 감고 있으며, 큰 눈을 부라린 매우 위협적인 자세를 취하고 있다. 이뿐 아니라 기마형騎馬形 자세로 천장을 받친 역사들이 벽마다 등장하는데 그들의 몸에도 뱀이 감겨져 혀를 날름대고 있다. 인물 곁에 마치 뱀 소굴처럼 두 마리가 뒤엉킨 것 등 여러 마리의 뱀이 등장한다.

'역사' (세 칸 무덤 3실 동쪽 입구)

'역사' (세 칸 무덤 내)

같은 성격의 유물로는 1985년 대구대학교가 발견한 사적 313호로 지정된 경북 영주시 순흥順興 벽화가 있다. 1971년 이화여자대학교 박물관 조사단에 의해 발굴된 어숙술간묘於宿述干墓와 가까운 거리에 위치한다. 몇 안 되는 신라 영역의 벽화무

'역사' (6세기, 경북 영주시 순흥 벽화)

'천왕지신상' (모사도, 5세기, 평안남도 순천시 소재 천왕지신총 내)

덤으로 묵서에 의해 535년이나 그보다 60년 뒤로 시기가 비정된다. 서벽의 남쪽에는 상의를 벗은 짧은 잠방이 차림의 인물로 두 손에 뱀의 목과 꼬리를 쥔 역사가 앞을 향하여 막 달려 나가려는 자세를 취하고 있다. 이 역시 무덤 수호의 의미로 해석된다. 5세기 무렵 건립되어 생활상과 장식 문양이 돋보이는 평안남도 순천시 소재 천왕지신총天王地神塚 내 '천왕지신상天王地神像'은 한 몸에 쌍두雙頭로 각기 남녀의 얼굴 모습이다.

### 불화佛畵 속의 뱀 – 열반도를 제외하곤 고통苦痛 그 자체

불교에서 뱀은 허물을 벗는 생태적 특징을 윤회에 빗대어 교육적인 의미를 지닌다. '경문經文의 집성'이란 의미를 지닌 『수타니파타』는 불교 초기에 이루어진 경전으로 시와 같은 짧은 글귀이며 모두 5장으로 이루어졌다. 그 첫 번째 장이 바로 「사품蛇品」이다. 여기에는 "수행을 행하는 자는 뱀이 묵은 허물을 벗어버리듯이 이 세상도 저세상도 다 버린다"는 매번 후렴조로 반복되는 구절이 있어 그와 같은 명칭이 붙은 것이다. 인류를 죄의 구렁텅이로 떨어지게 한 성경과는 전혀 다른 배경이라 하겠다.

불화에 있어 뱀의 등장은 달이 비친 바다 가운데 남인도 보타락가산에 앉아 있는 재난과 질병을 막아주는 관음보살로 지혜를 구하는 '수월관음도水月觀音圖', 부처가 타계하자 온갖 중생이 슬퍼하며 모여든 '불열반도佛

涅槃圖', 고통에 허덕이는 죄지은 중생의 괴로워하는 모습을 담은 '감로탱甘露幀', '시왕도十王圖' 세 불화에서 집중적으로 찾아볼 수 있다.

'수월관음도'는 고려 불화 가운데 명품이 여러 점 그려진 대표적인 그림이다. 주인공인 관음보살은 푸른 물로 둘러싸인 암굴 속 바위에 금니로 다양한 무늬가 수놓아진 속살이 드러나 비치는 얇은 옷에 한쪽 발만 늘어뜨린 반가부좌半跏趺坐 형태로 앉아 있다. 우리나라 조선 시대 초상화가 그러하듯 왼뺨을 중심으로 그린 7분상이며 그를 방문한 선재동자仙才童子에게 설법하는 장면이 일반적인 형식이다. 버들을 꽂은 정병, 배경에 푸른 대나무 등이 함께 그려진다. 매우 화려하고 섬세한 필치와 채색이 두드러진다.

용왕龍王과 그 권속을 포함하거나 둥근 달을 함께 그린 것, 이 두 가지가 모두 추가된 것, 고난을 구제하는 내용이 포함된 그림들도 있다. 마지막 형식은 흔하진 않으나 일본 나라에 위치한 단잔진자談山神社 것을 들 수 있다(비단에 채색, 109.2×56.7cm). 여러 어려움과 고난에서의 구제 모습을 담은 것으로 이 가운데 호랑이와 뱀에게 쫓기는 인물이 등장한다. 초록색만은 아니지만 초록에 붉은색 혀를 날름거리는 뱀과 시선이라도 마주치게 되면 소름이 끼치며 등골이 오싹해진다.

내용은 하나같이 호랑이에 물리는 호환虎患처럼 뱀에게 물리거나 다가오는 뱀을 피해 도망가는 모습이다. 호랑이와 뱀, 이 두 가지 어려움이 함께 그려지기도 한다. 이런 모습을 담은 불화 중 고려 시대에 그려진 고려 불화는 대부분 국내가 아닌 일본에 유출되어 있고, 국내에 남아 있는 것은 조선 시대 18세기 이후 제작된 불화 가운데서 찾아볼 수 있다.

열반도로는 일본 두 사찰(香川縣 常德寺와 長崎縣 最教寺)에 소장된 것이 잘 알려져 있다. 두 '열반도涅槃圖'는 나무며 길, 그리고 옷에 이르기까지 옥색이 많이 칠해져서 화면에 푸른색이 돋보인다. 일본의 중요문화재로 지정된 전자의 「열반도」는 규모가 조금 더 크며 나무에 핀 꽃을 비롯해 전체적으로 붉은색이 돈다. 화면 중앙에는 여러 그루의 키 큰 나무 아래 단 위에 옆으로 누운 부처 주위에 많은 인물들이 모여 있다. 이들은 하나같이 부처의 타계에 슬픔을 참지 못하고 침통한 표정을 짓고 있다. 하지만 부처의 표정은 마치 어린 아기가 깊은 잠에 빠진 양 매우 편한 모습이다.

삼라만상森羅萬象은 비통함에 잠겨 있으니 조문弔問하러 모인 듯 인간만이 아닌 지구 도처의 각종 동물들도 모여들었다. 화면 아래 일정 부분은 기린이나 용 같은 상상의 동물 외에도 사자나 호랑이와 표범 등 맹금류 외에 가축 등 지구 도처의 길짐승, 아름다운 깃을 지닌 크고 작은 날짐승, 벌과 잠자리 같은 곤충들도 먹이사슬로는 이해하기 힘든 상태로 평화롭게 공존한 모습으로 마치 노아의 방주方舟 안의 여러 동물의 군상들처럼 함께 그려졌다. 이 그림 안의 뱀은 뱀의 특징인 똬리를 튼 모습으로 화면 아랫부분에 하얀 백사白蛇나 푸른 청사靑蛇도 등장한다.

사람은 살면서 전쟁, 천재지변, 화재, 병, 그리고 사나운 동물에게 당하는 재난 등 여러 어려움을 겪는다. 살면서 겪는 이런 인간의 온갖 고통을 감로탱의 아랫부분에서 볼 수 있다. 감로탱은 비교적 큰 대형의 걸개그림으로 한 화면에 사람의 현재와 과거, 그리고 미래를 보여주는 세 가지 내용을 상중하로 구분하여 담았다. 특히 아랫부분은 삶의 여러 모습을 그려놓아 일종의 풍속화를 보는 것 같기도 하다. 대체로 18세기에 그려진 것들이 주로 전해지는데 사람들의 놀이 장면도 보이며 임진왜란의

왜병도 등장하는 등 시대성을 반영한다. 인간의 온갖 고통 중에 인물이 호랑이와 뱀에 쫓기고 물리는 모습이 등장한다.

경상남도 상주에 위치한 「남장사 감로탱」(1701)을 보면 산 아래 호랑이에 물려 죽은 듯 보이는 녹색 옷을 입은 사람이 눈을 감고 있는 모습과 붉은 웃옷을 입은 어린 동자가 겁도 없이 무언가의 꼬리를 자르려 하고 있다. 그 뒤를 보니 다름 아닌 큰 구렁이 두 마리가 머리를 동자 쪽으로 향해 혀를 널름거린다.

이와 비슷한 구렁이가 등장한 불화인 「해인사 감로탱」(1723)은 뛰어난 붓 솜씨로 그림 아래 인물들이 비교적 크게 등장하며 붉은 옷을 입은 사람의 뒷모습만 보이는데 그의 오른쪽 다리를 누런 굵은 구렁이가 물고 있고, 「직지사 감로탱」(1724)은 녹색 옷을 입은 인물의 오른쪽 다리를 무는 모습으로 나타나기도 한다. 약이 없던 시절에 뱀에 물리는 고통이야말로 사람이 살면서 당하는 어려움 중 하나였을 것이다.

명부전에 모신 시왕도는 시왕이 주인공으로 크게 등장하나 중생들이 사후 열 차례 재판을 받는 각 과정에서 받는 고통을 묘사한 장면들을 포함한다. 해서 꽤나 교육적이다. 열 명의 저승 세계 왕 중 마지막인 오도전륜대왕五道轉輪大王은 죽은 지 3년 된 죄인을 심판해 다시 태어날 곳을 정한다. 이를 그린 「오도전륜대왕」(18세기, 비단에 채색, 144.8×

'육도윤회' 「오도전륜대왕」(부분)

121.8cm, 국립중앙박물관 소장)에는 법륜대에 앉은 악귀 정수리로 두 줄기 빛이 올라간다. 부분도에 이 빛에 연결된 육도에는 '육도윤회六道輪廻'로 다시 태어나는 중생이 등장하는데 맨 아래에 몇 마리 뱀이 등장한다. 하단 왼쪽에 법륜대를 휘감은 뱀도 보인다.

현재 염라대왕을 빼고 아홉 폭이 전해지는 국립중앙박물관 소장 19세기 시왕도 중에는 여러 폭에 뱀이 등장한다. 이 가운데 첫 폭인 「제1진광대왕秦廣大王」은 죽은 이의 처음 7일을 관장하며 검수지옥劍樹地獄을 관장하는데 옥졸이 죄인을 들어 날카로운 칼들을 꽂아 산을 이룬 검산劍山에 던져진다. 이 검산에서도 죄인을 휘감은 독사가 보인다. 죽은 이의 여섯 번째 7일(42일)을 관장하는 「제6변성대왕變成大王」은 화면 상단 중앙에 비중 있게 두 손을 가슴 부분에 모아 홀笏을 쥐었으나 일견 불상의 설법인과 같은 수인이다. 시선은 정면을 응시한 엄정한 모습으로 관복 차림 및 동자 등 많은 무리를 거느리고 등장한다. 이 대왕은 제4오관대왕과 제5염라대왕 앞에서 재판을 받고도 남은 죄가 있으면 지옥 형벌을 받게 된

'독사지옥' 「제6변성대왕」(부분, 19세기, 비단에 채색 156.1×113cm, 국립중앙박물관 소장)

다. 지옥 가운데 뱀에게 잡아먹히는 '독사지옥毒蛇地獄' 장면이 묘사된다. 굵고 긴 초록에 검은색 등 여러 뱀들에게 감겨 물리고 먹히는 처절한 장면이 교화적인 목적으로 부합해 생생하며 실감나는 묘사로

표현된다. 죽은 지 3년이
되면 시왕 중 마지막 왕에
의해 다시 태어날 곳을 결
정받는다.

이상에서 살폈듯이 우리
나라 회화 속 뱀은 일반 감
상화에서는 극히 드물다.

'윤회를 받는 장면' 「제10오도전륜대왕」(부분, 19세기, 비단에 채
색, 156.1×113cm, 국립중앙박물관)

이를 위한 사자死者를 위한 미술인 고분벽화가 고대에, 중세 이후는 조선
말까지 종교미술인 불화에서 주로 등장한다. 이들의 성격은 무덤을 지
키는 수호와 죄에 따른 벌로 응징膺懲과 고통이란 상반된 의미를 지닌다.

**이원복 지음**

# 중국
# 회화 속의 뱀

**바위에서 화면으로 옮겨진 「복희여와도」**

천 년 묵은 꿩은 바다에 들어가 조개가 되고, 천 년 묵은 거북과 자라는 사람과 말을 할 수 있고, 천 년 묵은 여우는 일어서서 미녀가 될 수 있고, 천 년 묵은 뱀은 목이 잘려도 다시 이를 수 있고, 백 년 묵은 쥐는 관상 보고 점칠 수 있으니 이는 연수의 지극함이 만들어낸 소치이다.

                            – 간보干寶의 『수신기搜神記』에서

**고전古典에 등장한 뱀–뱀에 얽힌 사연과 사건**

상형문자인 한자에서 뱀蛇은 '파충류爬蟲類나 벌레를 칭하는 충蟲에 곱사등을 뜻하는 타它 자의 합성어'이다. 목을 길게 빼고 혀를 날름거리며

112

꼬리로 곧추선 코브라 형상에서 유래된 것으로 본다. 코브라는 주로 아프리카 지역에서 분포하나 일부는 아시아의 아열대 지역에서도 산다. 세계에서 가장 독성이 강한 뱀인 킹코브라Ophiophagus hannah는 중국 남부 지역에서부터 필리핀과 인도네시아에 걸쳐 분포하며 주로 크기가 3.6미터 이상이며 5.6미터에 이르는 대형들도 알려져 있다. 코브라는 위협을 느끼고 흥분하면 머리를 들어 올리며 목의 뒷부분을 넓게 펴는 특징이 있다.

한국과 마찬가지로 중국도 뱀은 공포와 존경의 대상으로 양면성을 지니며 독이 없는 구렁이가 집 안에 사는데, 집을 지키는 수호신처럼 여긴다. 중국의 지리와 의학, 그리고 역술과 신화의 오랜 보고寶庫로 전국시대 중기에서 한대(기원전 3~4세기경)에 걸쳐 저술된 『산해경山海經』에는 기이奇異한 동물이 많이 등장한다. 반인반수는 신성한 존재로 육ㆍ해ㆍ공을 무시한 혼합형이 나타난다. 이 가운데 뱀 관련된 존재로 먼저 촉음燭陰은 뱀의 모습에 인간의 얼굴을 한 먹지도 마시지도 않고 눈을 뜨면 낮이고 감으면 밤이 되며 입김을 토하면 겨울이고 내쉬면 여름이 되게 한다. 이를 그린 명明 호문환胡文煥의 그림이 전한다. 육어鯥魚는 뱀의 꼬리에 날개가 있으며 가슴지느러미를 달고 있는 소처럼 생긴 동물이며, 선구旋龜는 새의 머리에 살모사 꼬리를 지닌 거북으로 사신도의 현무玄武 형상이 선구인 점에서도 주목된다.

동진東晉 간보干寶가 지은 『수신기搜神記』는 책 제목이 알려주듯 신기하고 괴이한 것을 찾은 짤막한 단편 글들로 지괴소설志怪小說 범주로 분류된다. 신선과 도사며 세외고인과 술객, 괴물과 귀신, 각종 동물을 통해 경계와 교훈, 감동을 준다. 요괴나 도깨비가 뱀으로 둔갑하니 우화나 신화 등 괴기담怪奇談의 주인공으로 등장한다.

이 저술에선 노魯나라 정공定公 원년 아홉 마리 뱀이 기둥을 감싸고, 성곽 안팎의 뱀들이 효문제 사당 아래서 싸우다 안쪽 뱀이 죽고 큰 뱀이 궁전에 나타난 사실 등을 전하며 이에 따른 의미도 밝히고 있다. 점을 쳐 9세 조상들에게 사당 제사를 지내지 않았기에 곧 양궁楊宮을 세웠고, 뱀이 죽은 2년 뒤 조趙 땅 강충江充이 일으킨 위태자 사건, 후한 환제 때 덕양전 위에 나타난 뱀은 비늘이 있으니 갑옷과 병기를 상징해 황후 편의 대신이 군에 의해 죽임 당함을 예견해 미리 물러난 신하 등 예언적 존재로 뱀이 부각된다.

여러 대에 걸쳐 집에 큰 항아리 속에 뱀蠱을 키워 부자가 되었으나 새로 들어온 신부가 항아리를 열고 그 안에 큰 뱀을 보고 뜨거운 물로 죽이자 집안의 가세가 기운 사실, 사람이 뱀을 낳은 사실과 도마뱀이 배 속으로, 뱀이 코를 통해 머리로 들락날락한 이야기, 관청에 사는 두 큰 뱀이 무수한 인명을 살생한 것, 관청서 산지를 다투는 두 노인으로 변모한 뱀, 자신을 죽인 인물에 앙갚음한 뱀 이야기 등도 나타나 있다.

송宋나라 때 완성된 이야기인 「백사전白蛇傳」은 절강성 항주抗州 서호西湖를 배경으로 흰 뱀이 여인으로 변한 백소정白素貞과 선비 허선許仙의 애정을 담은 것으로 1736년에 경극京劇으로도 만들어졌다. 경극과 월극 등에서 가장 인기 있는 소재로 중국에서 영화로도 여러 차례 제작되었다. 북경 이화원 벽화에 이를 주제로 한 후대의 그림이 있다. 백소정은 미인형 얼굴을 제외하곤 온몸이 굵은 백사 형태로 변한 모습으로 두 여인과 함께 도술 높은 노승 법해法海 등도 함께 등장한다.

하지만 다른 나라와 마찬가지로 중국도 조형미술의 소재로는 몹시 드무니 현존하는 그림의 예도 드물다. 십이지十二支의 여섯 번째로 상징의 측면

에서도 문헌에 의할 때 길조吉兆보다는 흉조凶兆에 속한다. 이는 조형미술
가운데 뱀이 드문 이유 중에 하나이며 용龍이란 존재 때문이기도 하다.

「수산도搜山圖」 - 다른 동물들과 함께 등장

 사실적인 뱀이 비중 있게 등장되고 있어 주목되는 그림으로 「수산도搜
山圖」를 꼽게 된다. 뱀만 그린 것은 아니나 호랑이며 매 등 맹금猛禽을 비
롯한 각종 동물이 등장하며 뱀이 비중 있게, 매우 사실적으로 그려진 점
에서 시선을 모은다. 실존 인물이 신격화된 내용으로 이랑신二郎神이 신
장 무리를 거느리고 여러 마귀를 찾아 굴복시키는降魔 일련의 내용을 긴
두루마리에 옮긴 그림이다. 화면 내 붉은색이 돋보이나 대체로 정돈된
색채며 대상 소재들의 묘사에서 비록 이를 그린 화가는 알려져 있지 않
으나 원대元代로 비정되며 기량 있는 화가의 솜씨로 사료된다.

 이랑신은 몇 인물이 전국시대戰國時代(기원전 475~221) 말 이빙李氷이
치수治水에 공을 세우니 촉蜀 사람이 이를 기려 사당을 세우고 제사를 지

「수산도」(부분, 비단에 채색, 53.4×533.4cm, 베이징 國立故宮博物院 소장)

냈다. 그의 둘째 아들 이이랑李二郎이 치수를 하면서 교룡蛟龍의 목을 베어 이랑신에 봉해진 것으로 전한다. 한편 도교의 이랑신은 수대隋代(581~618) 인물인 조욱趙昱으로 그 또한 물에 들어가 교룡의 목을 베었으며 죽은 뒤 신이 되었다. 이에 '관구灌口의 이랑신'으로 불리게 되었다. 『서유기西遊記』에 등장하는 이랑신은 양전楊戩으로 눈이 셋으로 갑옷에 삼첨양인도三尖兩刃刀를 지녔고 신견神犬을 끌고 다녔다.

이 그림을 살필 때 여인 복색의 아름다운 여성들과 얼굴이 괴이하고 이국적인 인물, 몸은 사람인데 얼굴은 돼지나 원숭이 등이 보여 이들 세 요소가 섞인 것으로도 생각되나 조욱으로 봄이 일반적이다. 처음에는 얼굴은 여인이나 몸이 뱀인 존재, 군상 속에 일부만 보이거나 특히 끝 부분에 뒤엉킨 두 마리 큰 뱀은 화면 전체에서도 큰 비중으로 등장한다.

### 복희伏羲와 여와女媧 — 천지개벽天地開闢

포희庖犧로도 불리는 복희의 원이름은 태호太昊이다. 그의 도상을 살필 때 뱀의 몸이거나 산에서 나온 모습, 또는 가죽옷을 입은 사람의 모습으로 묘사된다. 8괘卦를 만들어서 문자의 발전에 이바지했고 가축, 화식, 그물로 낚시하는 법, 철로 만든 무기로 사냥하는 법 등을 가르쳤다. 또한 결혼 규범을 만든 여와는 복희의 아내 또는 누이로 알려져 있다. 조형예술에서 이들은 동반자인 양 함께 등장된다. 여와는 창조의 신으로 반역자 공공共工이 화가 나 파괴한 하늘의 기둥과 땅끝의 갈라진 틈을 거북의 다리와 5색 돌을 함께 녹여 메웠다고 한다. 또한 산신령들이 하룻밤 사이에 준비한 재료로 아름다운 궁전을 짓고 성벽을 두른 중국 도시들의 원형이 되었다.

선사시대 토기 무늬 중에도 마치 인어人魚처럼 보이는 것들이 등장해 이들을 물고기로 봄이 일반적이나 뱀처럼 보이기도 한다. 인두사신人頭蛇身 형태로 중국에서 가장 주목되는 것은 다름 아닌 복희와 여와의 탄생이다. 기원 후 동한東漢 시대가 주류이나 현존하는 것 중 가장 오랜 것은 1976년 발굴된 하남성 낙양시 복천추묘이다. 조성 시기는 서한西漢 소선昭宣 시기이며 고분 내 주실「승선벽화昇仙壁畵」안에 등장한다. 묵선으로 구획된 공간에 3, 4구획을 차지한 청룡과 백호가 큰 비중으로, 중앙부에 각각의 원 안에 까마귀와 두꺼비가 자리 잡은 일상日像과 월상月像을 앞에 둔 복희와 여와가 등장한다.

국립중앙박물관에 오타니 컬렉션 중 7세기경 제작된 쿠차 키질 석굴사원 제206굴 「본생도本生圖」 단편이 알려져 있다. 이 중에는 두 인물이 긴 꼬리의 생물을 나무 막대로 물리치는 장면으로 일견 머리며 온몸에 검은 점으로 뱀처럼 보인다. 하지만 등에 지느러미가 있어 큰 뱀장어 같아 보이기도 한다. 왕이 전생에 큰 물고기로 변해 굶주린 사람들의 식량이 되었다는 참페이야 본생도에 연원을

「승선벽화」(부분, 서한, 각 52×24cm)

「본생도」(부분, 쿠차 키질 석굴사원 제206굴, 25×39cm, 국립중앙박물관 소장)

「복희와 여와」(투르판 아스타나, 비단에 채색, 225.5×98.2cm, 7세기, 국립중앙박물관)

두고 있다.

오타니 탐험대가 투르판吐魯番 아스타나阿斯塔那 무덤에서 수습한 마와 비단에 그린 두 점의 「복희와 여와」가 알려져 있다. 주로 천장이나 시신 옆에서 발견된다. 이들은 남녀가 상반신은 사람 모습을 하고, 각각 손에는 창조의 상징물인 곡척曲尺과 컴퍼스를 들고 있다. 뱀과 같이 생긴 하반신은 서로 꼬여 있어 조화로운 결합을 보여준다. 여백에는 당시 우주관을 전하듯 해와 달, 그리고 여러 별자리들이 표현되어 있다. 인물의 얼굴이나 손 등을 음영법陰影法을 사용한 것이 눈에 띈다. 아스타나에서 발견되는 복희와 여와의 그림은 대체로 비단에 그려진다. 선명한 색과 균형 잡힌 구도가 돋보인다. 중국의 전통적인 소재가 중앙아시아에 전해져 이 지역 특유의 표현 방식 속에서 재구성된 예라 하겠다.

## 도마뱀－초충도 중에

뱀 그림 중에는 초충도의 범주에서 화훼와 함께 등장한 도마뱀이 있다. 조선왕조 전체를 통해 초충도의 대명사는 신사임당申師任堂(1504~1551)이다. 그녀의 그림으로 전해오는 일련의 초충도는 독립된 1점이나 대련보다 대개가 8폭 내지 10폭 등 일괄로 이루어진 화첩이나 작은 병풍들이다. 이 가운데는 지면이나 식물 줄기를 타고 오르는 도마뱀이 등장한다. 이러한 예는 중국과 일본에서도 살필 수 있으니 이는 신사임당의 독자적 양식 아닌 한자 문화권의 보편적 양상이다.

신사임당에 앞서 중국 명明 여경보呂敬甫(15세기)의 「초충도」에 질경이 긴 꽃대를 오르는 도마뱀이라든가, 일본의 경우도 화광畵狂이나 화마畵魔로 지칭되듯 소재나 필법에 있어 다양하고 기이한 느낌이 드는 작가로 이토 자쿠추若沖(1716~1800)나 소가 쇼하쿠蕭白(1730~1781) 등의 유작에서도 뱀은 찾아볼 수 없지만 전자의 경우는 초충도 중에서 도마뱀을 살필 수 있다. 이에 동양 삼국의 보편적인 양상임을 짐작하게 한다.

두 폭씩 대칭을 이루는 간일한 구성인 신사임당 전칭 『초충도8폭첩』 중에 「질경이와 도마뱀」(종이에 옻칠과 채색, 30×22cm, 개인 소장)에 적과 녹 및 갈색, 태점과 가는 횡선으로 지면 설정, 식물은 두세 종, 나비와 벌이 등장하지 않은 폭도 있다. 일본 고려미술관高麗美術館 소장으로 '좌부승지신심모左副承旨臣沈慕' 묵서가 있는, 그린 화가가 심씨인 「화훼초충도花卉草蟲圖」 대련은 화려한 설채, 정교한 필치, 짜임새 있는 화면구도와 구성에 꽃대를 타고 올라가는 도마뱀 등 세

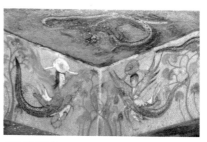

「일상과 월상」(오회분사호묘, 7세기)

「화훼초충도」(여경보, 명, 15세기, 비단에 채색, 각 114.5×55.6cm)

부에 이르기까지 여경보에 훨씬 가깝다. 결국 신사임당의 초충도도 국제적인 흐름과 맥락을 같이 하고 있어 그 배경 속에서 이해가 요구된다.

**이원복 지음**

# 일본 미술
## 표현으로 보는 뱀

　일본 열도에 있어서 뱀 조형을 고찰하려면 전파론인가, 원형론인가의 논의에 입각하여 대체로 세 가지 국면으로 나눌 필요가 있을 것이다. 첫 번째로는 음양오행설이 전파되기 이전의 조형. 구체적으로는 조몬 토기 시대로부터의 토우의 묘사, 그리고 신토神道 의례에 관련된 조형이 문제가 된다. 이어서 십이지의 사변思弁(순수한 논리적 사고만으로 사물을 인식하려는) 속에서의 뱀의 위치 설정. 여기서 동시에 중국 기원의 용이나 인도 기원의 나가뱀과의 혼합이 검토되어야 하겠다. '토착'의 신토도 추상 개념은 불교로부터, 우주론은 『주역』으로부터 참작하고 있기 때문이다. 용과 뱀을 어떻게 변별하느냐는 도상圖像으로는 결코 간단하지 않다. 팔괘에 준거하면 용과 뱀은 함께 손巽, 방위로서는 남동이며, 상징적 기호론상으로도 변별하기 어렵다. 세 번째로는 이러한 사상사적 골조가 나온

후 뱀의 묘사가 세속화와 더불어 어떠한 변용을 이루었는지를 보고자 한다. 구체적으로는 특히 에도 시대 후반의 상상력이 문제가 된다. 전기傳奇적 문학의 삽화에 기원을 가지는 조형이 많지만, 거기에는 동시에 유럽 원산의 외래산 뱀 도상이 유입된다.

본 시리즈의 의도에 비추어 이하에서 일본이라고는 하나 회화와 조형 표현에 초점을 맞추어, 민속이나 문학에 관계하는 화제는 극력 배제한다. 그렇다고 하더라도 그 공통의 뿌리를 지적하는 것은 논술상에서 피할 수 없다. 게다가 뱀의 조형을 추적하는 경우에는 동남아시아로부터 동북아시아에 이르는 지역과의 관련뿐만이 아니라 직접적으로 관련이 없는 고대 지중해권과의 대비나 나아가 서양 세계에서의 뱀이 어떻게 다루어지는가에 대한 비교가 불가결하게 된다.


## 조몬 토기의 뱀, 하니와埴輪의 뱀, 그리고 시메나와注連繩

안도지安道寺 유적 출토의 유공악부토기有孔鍔付土器를 보자. 항아리의 만곡부彎曲部 중앙에 똬리를 튼 뱀이 조형되어 거기에 낫처럼 굽은 겸수鎌首를 쳐든 두부頭部가 얕은 부조로 새겨져 있다. 조몬 시대 중기에는 특히 뱀 조형이 많이 알려져 있다. 카미야마다上山田·텐진야마天神山 양식의 조몬 토기(토야마켄富山県 매장문화재센터)에는 입 가장자리에 새끼줄 문양이 조각되어 있는 것이

'유공막부토기'(안도지 유적, 조몬 중기, 야마나시켄 고고박물관)

빈출하며 거기에는 명확하게 뱀 머리 부분을 분별할 수 있다. 토기의 동체 부분에도 더러는 꾸불꾸불하고, 더러는 소용돌이치며, 더러는 S 자를 그린 문양이 점토를 돋우어 종횡으로 새겨져 있다. 그 모든 것을 뱀이라고 하기는 무리가 있지만 얽히고 이어진 나선운동에서 생명이 탄생하는 모습을 가장 지체 없이 영상으로써 전하는 것

'사체파수부蛇体把手付深鉢'(나가노켄長野県 토가리이시尖石 유적, 조몬 중기, 치노시 토가리이시 고고관茅野市尖石考古館)

이 뱀의 교합交合인 것은 의심할 여지가 없다. 『蛇』(1978)의 저자, 요시노 유코(1916~2008)는 뱀 두부頭部의 형태가 무엇보다도 남근을 연상시키는 것을 강조하며 '조몬 토기의 뱀이 약동하는 것은, 뱀에 의해서 상징되는 조몬인의 성에 대한 정념의 표현과 다름없기 때문'이라며 단언한다.

토기에서 토우로 옮아간다. 조몬 중기 전반, 나가노켄長野県 토나이藤内 16호 주거지에서는 두부頭部에 뱀을 실은 토우가 발견되었다. 머리를 묶은 상태로도 보이지만, 그 다발의 첨단에는 두 개의 낫처럼 굽은 겸수鎌首가 보이므로 뱀을 여성의 머리 부분에 싣는 등의 의례가 존재한 것으로 추정된다. 한층 더 시대를 내려와 고분 시대의 토용, 하니와埴輪를 보자.

군마켄群馬県 미사토마치箕郷町 카미시바上芝 고분으로부터 출토된 토용의 무녀는 연속 삼각문의 어깨띠, 허리띠, 옷 등을 몸에 두르고 있다. 타이완

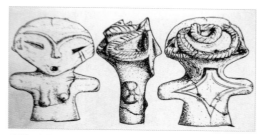

'뱀을 머리에 얹은 토우'(토나이 16호 주거지, 조몬 중기 중엽, 이지리 고고관井尻考古館)

'하니와 무녀'(군마켄 미사토마치 카미시바 고분 출토, 6세기, 도쿄 국립박물관 소장)

'대지모신大地母神'(크노소스 궁전 출토, 이라클리온Heraklion 고고학박물관)

의 파이완족 등에도 똬리를 튼 뱀 같은 삼각문에 의한 조각이 표현되고 있다. 전제의 요시노 유코는 이로부터 유추하여 일본 토용의 무녀도 원래는 뱀을 감고 있었던 것으로 추측한다.

두발頭髮이 뱀에서 생긴 괴물이라면 그리스 신화의 메두사가 연상된다. 게다가 환경고고학자 야스다 요시노리安田喜憲는 『蛇と十字架』(1994)에서 고대 그리스에 선행하는 미노아 문명에 대해 언급한다. 지중해 크레타의 신궁전 시대(기원전 1700~1450년경)의 크노소스 궁전에서는 뱀을 가슴이나 어깨에 걸친 대지모신大地母神, 혹은 양손으로 소형 뱀을 두 마리 거머쥐고 팔을 펼치는 대지모신상이 출토되고 있다. 이라클리온의 고고학박물관의 명품으로, 신궁전 건축군의 터에서 중공中空 기둥의 측면에 구장臼狀의 용기가 세 개정도 튀어나온 기묘한 유물이 발견되고 있다. 아마도 뱀을 길들이기 위한 도구였던 것으로 추정되며, 여기서도 뱀 신앙의 존재가 증명된다. 파르테논 신전에 모셔진 여신 아테네는 메두사의 방패를 손에 쥐고 있다. 그리고 디오니소스의 대제大祭에서 난무하는 여성 무녀巫女 마이나데스가 뱀에 빙의한 것도 잘 알려져 있다. 게다가 의학의 신으로 존숭尊崇되는 아스클레피오스의 지팡이에 두 마리 뱀이 서로 얽혀 있는 것도 유명하다. 고대 에게Aegean 해 세계에 있어서 이러한 뱀 신앙의 편재偏在는 무엇을 의미하는 것일까. 일찍이 삼림森林 시대의 파르테논 신전의 하후破風(합각

'오시메나와大注連縄'(이즈모타이샤出雲大社 배전 입구, 시마네켄島根県 이즈모시出雲市)

머리에 대는 삼각형의 장식판)에는 거대한 대사大蛇가 장식되어 있었는데, 극동의 일본에 있어서는 신토神道의 신사에서 여기에 해당하는 것이 다름 아닌 시메나와注連縄일 것이다.

신토의 배전拜殿에 내걸렸던 시메나와. 이를 교합하는 자웅의 뱀으로 보는 해석은 이와타 준이치岩田準一『鳥羽志摩の民俗』등이 제기하고 있다. 뱀의 교합이 결연과 풍양의 비유인 것은 부정하기 어렵다. 이즈모타이샤出雲大社나 사타진자佐多神社의 용신은 똬리를 튼 뱀이며, 야마토大和의 미와야마三輪山는 신체神体인 미巳, 즉 뱀이 7회전 반 한 모습으로서 신앙되고 있다. 게다가 시가켄滋賀県 히가시아자이군東淺井郡・슈후쿠지集福寺의 오코나이제祭에서 정월의 이와이젠祝膳에 차려지는 하나모치花餅가 뱀알과 아주 비슷하다. 이외의 예를 포함하여 검토한 요시노 유코는, 가가미모치鏡餅가 뱀 의례에 유래한다는 가설을 전개하고 있다. 신사 건축의 원형이 되는 고상식高床式의 건물은 동남아시아에 기원을 찾을 수 있다.

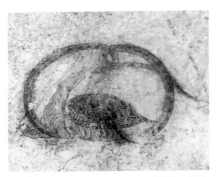

'현무'(키토라 고분, 7세기 말~8세기 초, 나라켄 아스카무라)

같은 동남아시아에 퍼져나간 경작 문화권의 풍양의례 전반과 뱀 신앙의 계보라는 것이 어떤 경위로 폭주하게 되는 것일까. 복희伏羲·여와女媧의 도상에서도 인면人面·사신蛇身의 괴수가 꼬리를 섞는다. 남방의 먀오족 기원과 중국의 혼효混淆인 것으로도 추측되고, 멀게는 은대로 거슬러 올라간다고 하지만, 한대의 작례作例가 남는다. 한편, 중국 기원의 성수聖獸로서는 현무玄武가 알려진다. 동쪽의 청룡, 남쪽의 주작, 서쪽의 백호와 더불어 북쪽의 수호를 맡는다. 거북이와 뱀이 합체한, 혹은 거북이에 뱀이 엉겨 붙은 도상이지만, 나라켄奈良県 아스카무라明日香村의 키토라 고분, 다카마츠즈카高松塚 고분의 현실玄室 북쪽 벽에 선명한 유품이 발견되어 있다.

## 음양오행설·불전위전佛典爲典에서 노멘能面으로

불교 전래(538)와 함께 용이 보급된 헤이안平安 시대(8세기 말~12세기 말) 이후에는 뱀 도상과도 혼효混淆한다. 이윽고 거기에는 불교의 여인 금기가 현저하게 그림자를 떨어뜨리게 된다. 불교 이전의 뱀은 성적인 신앙과 결합되어 다산·풍양 혹은 탈피에 의한 재생을 관장하며 신비로운 신성神性을 발휘하고 있었다. 그런데 이와 같은 뱀은, 불교의 정착과 함께 사악한 원한에 지배된 여성의 죄장罪障을 구현하는 존재로 변질하게 된

다. 여기서는 민속이나 문학은 생략하고 조형미술 표현으로 한정하지만, 무로마치室町기(14, 16세기)에 성립된 요쿄쿠謡曲에도 뱀이 등장한다. 무엇보다 저명한 예는 '도조지道成寺'. 무대 후반에 배우가 종에서 나오는 장면에 쓰는 오모테面는 '자蛇'로 불린다. 바바 아키코馬場あき子의 『鬼の研究』(1971)에 의하면 한냐般若의 오모테가 '한자半蛇'라고 도 칭해지는 데 대하여 '뱀'은 '본성'이며,

'뱀 [노가쿠멘能樂面 요쿄쿠 '도조지'
(무로마치 시대 후기에 성립)에 이용]

연모라는 정념의 격렬한 불길에 의해, 종 속에 숨은 남자를 태워 죽이는 뱀의 본성을 나타낸 것으로 여겨진다. 의상에도 '린형鱗型'이라고 불리는 삼각형의 연속 문양이 선택되지만, 이것은 뱀 비늘 의장이라고 한다.

'도조지道成寺' 설화의 기원은 『大日本國法華驗記』권하 제129에 보이는 '紀伊國牟婁郡惡女', 그리고 『콘자쿠모노가타리슈今昔物語集』각 권14 제3 '紀伊ノ國道成寺ノ僧寫法華救蛇語'에서 찾을 수 있다. 다이고醍醐 천황의 치세에서 일어난 일(926년경)로 여겨져 도사미츠시게土佐光重에 의한 '도조지엔기에마키道成寺緣起繪卷'의 도상이 저명하지만, 타죽은 미남 승려에게는 『겐코샤쿠쇼元亨釋書』에서 '안진安珍'이라는 이름이 주어지고, 연정에 미쳐버린 뱀에게는 아야츠리조루리操淨瑠璃 '道成寺現在蛇鱗'(간포寬保 2년=1742)에서 '기요히메清姬'라는 이름이 주어져, 이후 설화는 '안진 · 기요히메' 전설로 유포된다. 요괴화로 저명한 토리야마세키엔鳥山石燕(1712~1788)의 『今昔百鬼拾遺』에도 「道成寺鐘」이라는 그림이 있다. 일본 전통음악의 일종인 기다유부시義太夫節에서는 '日

(전傳) (토사미츠시게土佐光重 「道成寺緣起繪卷」, 15세기 초)

'양부지옥' 「10계도十界圖」 (부분, 젠린지판본禪林寺本, 16세기)

高川'라는 마이舞로 알려지며, 우키요에浮世繪에도 요슈치카노부楊洲周延에게 「竹のひと節・日高川」, 근대에 들어서도 고바야시고케이小林古徑의 일본화 「日高川」 등으로 계승된다.

호넨法然의 『無量壽經釋』에서도 엿볼 수 있듯이, 고야산高野山, 히에잔比叡山, 소후쿠지崇福寺, 긴푸센지金峰寺, 다이고지醍醐寺 등 모두 여인금제女人禁制였지만 오직 쿠마노熊野만이 여성의 순례를 받아들이고 있었다. '도조지' 설화가 쿠마노고도熊野古道에 연관된 토지를 기원으로 하는 것도 쿠마노으로의 여인 참예와 무관하지 않다. 무로마치 시대 후기부터 근세 전기에 들어서는 쿠마노비구니熊野比丘尼로 불리는 유행遊行의 여성 종교자들이 지옥극락을 그림으로 풀어주는 에토키繪解き를 하고, 권진에 힘썼던 것이 알려져 있다. 그녀들이 이용한 괘도掛圖는 「熊野觀心十界圖」로 불리는데, 그 지옥도는 고대 이래의 『왕생요집往生要集』 등과는 달라 위경僞經 『십왕경十王經』이나 일본에서 작성된 『佛說地藏菩薩 發心因緣十王經』 혹은 『血盆經』 등의 위경의 유행을 배경으로 제작된, 말하자면 '여성 전용' 그림이었다. 거기서 뱀 도상으로 특히 주목을 끄는 것이 '양부지옥兩婦地獄'. 한

남자를 연모하는 두 여자가 뱀으로 화해 엉겨 붙는다. 두 마리 사녀蛇女에게 휘감긴 남자는 엉겨 붙은 뱀에게 몸통과 팔을 빙빙 감기고 단단히 묶인 채 포박되어, 벌을 받고 있는 악인과 같은 모습이며, 그 얼굴을 두 마리 사녀의 혀가 질투의 불길로 책망하고 있다. 한편에서는 경혈의 부정함, 즉 '케가레穢れ'를 응징하는 『게츠본쿄血盆經』 유래의 '혈지지옥血の池地獄' 도상에도 똑같이 뱀으로 화한 여성이 몇 명이나 빠져 있다.


## 우키요에浮世繪 속의 뱀

이러한 중세의 여지옥도女地獄圖에 주목한 인물이 에도 시대의 희극작가로 알려진 산토교덴山東京(1761~1816)이었다. 교덴은 우키요에 스승으로서는 기타오마사노부北尾政演로도 알려져 있고, 교카렌狂歌連으로서도 이름을 남긴다. 당시 희극작가와 우키요에 화가는 밀접하게 분업하며 에혼繪本 작업을 진행시키고 있었다. 동시대인이기도 한 가츠시카 호쿠사이葛飾北齋(1760~1840)에게는 『햐쿠모노가타리百物語』(1830)에 실린 「집념しうねん」이 알려져 있다. 위패에 매달리는 구렁이를 그렸다. 타카다마모루高田衛가 『女と蛇』(1999)에 인용한 나카무라 유키히코中

가츠시카 호쿠사이, 「집념」『百物語』
(1830년 완결)

기타가와우타마로喜多川歌麿, 「뱀蛇」
『畵本蟲撰』(1788)

가츠시카 호쿠사이, 「사와의 원념おさわの想念」
류우테이타네히코柳亭種彦, 『霜夜星』(1807년 출판)

蹄亭北馬, 「藤太の顔を食らう」
교쿠테이바킨曲亭馬琴, 『勸善常世物語』(1806
년 출판)

村幸彦의 표현을 빌린다면, 중세에 있어 성성聖性을 상실한 '뱀'은, 악의 장소惡場所를 중심으로 근세에 강하게 계승되어 '자연적 전질轉質'을 이루었다. 「집념」은 '사신蛇神의 가장 근원적인 위치가 사망자의 수호, 황천국의 수호신이었다'는 것을 그 세속적인 표현 속에서 부활시켜 보여준다.

교덴京傳이나 호쿠사이北齋보다 몇 살 연상으로는 우타마로歌麿(1753~1806)가 있다. 그의 『에혼무시에라미畫本虫撰』(1888)에는 방울벌레나 귀뚜라미 등의 곤충과 함께 도마뱀이나 뱀이 그려져 있다. 호쿠사이는 류우테이다네히코柳亭種彦의 처녀작, 요

미혼讀本 『霜夜星』(1807)에 삽화를 그리고 있는데, 그 뱀은 명확하게 우타마로를 의식하고 있다. 우타마로가 도마뱀을 노리는 구렁이를 난학蘭學 취미의 박물학자도 압도할 묘사력으로 그렸다면, 호쿠사이는 개구리를 삼키려는 율모기를 과장해서 그린다. 연속 삼각문이 특징적인 뱀이 의도적으로 선택되었으나 이 뱀은 권차勸次를 연모하는 오사와お澤의 원한이 변한 것으로, 간사한 꾀를 낸 남자를 원망한 소행으로 알려진다. 특히 19세기에 들어서면 사실적인 것이야말로 초자연적이라는 인상을 풍기는 괴이를, 생생하게 눈앞에 떠오르게 하는 삽화揷繪가 목판을 구사해 경이

130

적인 세밀함으로 복제되게 된다. 희극작가도 화가의 역량에 화답하며 실록에 각색을 더하여 괴담을 엮어낸다. 원래 뱀은 신화시대 이후, 금기를 감추고 있는 존재였기에 금기라는 숨겨진 세계를 상기시키려면, 뱀은 그럴듯한 주제가 되었다. 분카文化 5년(1808)에는 뱀 등을 신체나 손발에 감는 '蛇など身體手足に巻く' 취향을 금지하는 명령이 책방이나 도매상을 통하여 희극작가들에게도 전해졌다. 여기에서도 뱀을 그리는 요미혼讀本이 얼마나 위협이 될 수 있는지를 추측할 수 있다.

이러한 금지령 직전의 작품으로 다키자와바킨瀧澤馬琴의 『勸善常世物語』가 있다(초판 간기는 1805년). 미모의 악역, 겐토타源藤太는 인과응보로 뱀에게 시달리게 된다는 이야기다. 겐토타는 벌레에게 목을 물린다. 그 상처 자국이 부어 화농하게 된다. 낫지 않아 거울을 통해 보니, 상처는 작은 뱀의 소굴이 되어 있다. 아무리 없애려고 해도 뱀이 뇌 골수 근처에 숨어, 틈을 타 나타나서는 얼굴을 핥는다. 점차 뱀은 퍼진 상처를 핥기만 하는 게 아니라 농혈을 다 빨아 먹고는 상처와 함께 남자의 얼굴 살을 먹기 시작한다. 마침내 남자의 목에 몇 겹이나 얽힌 뱀은 토타를 호흡 곤란에 빠뜨리고, 그 두엽頭蓋을 물어뜯고, 왼쪽 눈을 파기 시작하는데, 오른쪽 눈을 파먹으려는 찰나에 마침내 토타는 숨이 끊어진다. 아마도 진행성 매독을 묘사한 것이겠지만, 이 처참한 장면을 그린 화가는 테사이호쿠바蹄齋北馬. 교훈 이야기를 구실로써 무참한 잔학 취미를 전개하는 취향이라고 할 수 있다. 뱀이 촉루에 들러붙는 의장은 유럽에도 볼 수 있는 괴기 취미지만, 호쿠사이나 호쿠바 등도 도해圖解하게 된다.

**이나가 시게미 지음 | 이향숙 옮김**

제
3
부

# 문학 속의
# 뱀 이야기와
# 서사 구조

**총론: 한중일 뱀 이야기의 서사 구조** 최인학

**한국의 뱀 이야기의 서사 구조** 최원오

**중국의 뱀 이야기의 서사 구조** 최원오

**일본의 뱀 이야기의 서사 구조** 카미가이토 켄이치

# 총론:
# 한중일 뱀 이야기의 서사 구조

## 한국의 뱀 이야기의 서사 구조

한국의 뱀 이야기로 대표적인 것은 「구렁덩덩 신 선비」가 있다. 토템 신앙이 원조가 된 이 설화는 시대가 지날수록 여러 문화적 요소가 가미되어 드디어 오늘날 설화문학으로 등장하게 되었다. 「구렁덩덩 신 선비」는 '구렁이 신랑', '뱀 신랑 신 선비', '구렁덩덩 시선비' 등 여러 이름으로 전승되고 있는데 분류상 신이담神異譚에 속하며 전설적인 견훤 설화로 알려진 야래자담夜來者譚과도 관련이 있다.

## 구렁덩덩 신 선비

옛날, 아주 옛날…… 어떤 곳에 나이 많은 부부가 살고 있었습니다. 이 부부는 아이가 하나도 없어서 늘 쓸쓸하게 지내고 있었습니다. 나이가 많아 이제는 아이를 가질 수도 없었지만, 마음만은 언제나 아이가 하나 생겼으면 하고 바라고 있었습니다. 어느 날, 부인이 남편에게 말하였습니다. "여보, 내가 아이를 낳지 못해 참으로 미안해요" 하고는, '구렁이라도 좋으니 아이를 하나 낳아봤으면……' 하고 마음속으로 간절히 바랐습니다. 그런데 부인의 이러한 소원이 이루어졌는지 그 후 부인은 정말 아이를 갖게 되고, 달이 차서 아이를 낳았습니다. 그런데 낳고 보니 그것은 사람이 아니라 구렁이였습니다. 부인은 남 보기에 민망하고 부끄러워서 구렁이를 항아리에다 넣고 뚜껑을 덮어버렸습니다.

어느 날, 이웃에 사는 부잣집 세 딸이 소문을 듣고 아이를 보러 왔습니다. "아주머니, 아이를 낳았다면서요? 어디 얼마나 잘생겼는지 구경 좀 시켜주세요." 부인은 부끄럽기는 했지만 할 수 없이, "저기 항아리 안에 있으니 가보아요" 하였습니다. 부잣집 첫째 딸이 뚜껑을 열어보더니, "아이고머니! 징그럽게도 구렁이를 낳았군!" 하고 뚜껑을 쾅 닫고 가버렸습니다. 부잣집 둘째 딸도 그와 같이 해서 가버렸습니다. 그런데 부잣집 셋째 딸은 뚜껑을 열어보더니, "구렁덩덩 신 선비를 낳아놨군!" 하고 뚜껑을 가만히 닫고 돌아갔습니다. 그 후 여러 해가 지났습니다. 구렁이는 어머니에게 말했습니다. "어머니, 나도 장가를 들어야 될 테니 신붓감을 골라주세요." 아들의 말에 어머니는 너무도 어이가 없어 말이 나오지 않았습니다. 구렁이 아들에게 시집올 며느리가 세상에 어디 있을까 하고 생각하니 앞이 캄캄했습니다. 그러나 구렁이 아들은 어머니의 마음은 아랑곳없이 자꾸만 졸랐습니다. "왜 가만히 계셔요? 나에게도 시집을 여자가 있을걸요." "너도 참 답답하구나. 네 처지도 좀 알아야 하지 않겠니?" "원, 어머니도. 내가 뭐가 어째서요? 어쨌든 부잣집 셋째 딸에게 장가들 테니 가서 의향을 물어봐주셔요." 이 말을 듣고 어머니는 너무 기가 막혔습니다. 겨우 정신을 차린 어머니는, "애, 너 도대체 정신 나갔니? 그 부잣집이 어떤 집이라고 감히 그런 말을 하니? 다신 그런 말 하지 말아라!" 하고 타일렀습니다. 그러나 구렁이 아들은 막무가내였습니다. 제 처지는 조금도 생각하지 않고 우격다짐으로 나갔습니다. "어머니, 내 말을 들어주지 않으시면 나는 바른손에 칼을 들고 왼손에 불을 들고 어머니 배 속으로 도로 들어가겠어요" 하면서 마구 떼를 썼습니다. 이 말을 들은 어머니는 가슴이 덜컥했습니다. 그래서 할 수 없이 부잣집을 찾아갔습니다. 그러나 막상 부잣집 대문 앞에 이르니 용기가 나지 않았습니다. 어떻게 할까 망설이고 있는데, 마침 부잣집 주인이 집으로 돌아오다가 이 부인의 모습을 보았습니다. "웬일이시오? 무슨 용건이 있어 온 모양인데, 어째서 대문 밖에서 서성거리시오?" "예, 예." 부인은 굽실거리기만 하였습니다. 그리고 용기를 내어 주인을 따라 집 안으로 들어갔습니다. "자, 우리 집에 온 목적이 무엇인지 어서 말해보십시오!" 주인이 말하자, 부인은 망설이다가 마지못해 입을 열었습니다. "저어, 저에게 구렁이 아들놈이 하나 있습니다. 그런데 아, 그놈이 미쳤지, 장가를 들겠다고 하질 않겠어요. 글쎄, 그게 될 법이나 한 말입니까? 그놈이 정신이 나간 놈이지, 이 댁의 따님을 신부로 맞이하겠다는군요. 하도 어이가 없어 들은 체도 하지 않고 있었더니, 글쎄, 그놈이 이렇게 말합니다그려. 오른손엔 칼을 들고 왼손에 불을 들고 어머니 배 속으로 도로 들어가겠다고 말입니다." "으음……" 주인은 잠자코 듣고만 있더니, "그럼 한번 물어나 봅시다" 하고 의외로 부드럽게 대해주었습니다. 황송하여 어쩔 줄 모르던 부인은 그제야 마음이 조금 놓였습니다. 부잣집 주인은 첫째 딸을 불렀습니다. "저 아랫집 구렁이가 우리 집에 장가들고 싶다고 한다는데 네 생각은 어떠냐?" 아버지의 말에 첫째 딸은, "원 아버지도, 내가 미쳤나요? 구렁이한테 시집가게요" 하고 펄쩍 뛰었습니다. 둘째 딸도 첫째 딸과 같은 대답이었습니다. 그런데, 셋째 딸은 아버지 말을 듣고 나더니, "결혼이란 것은 인생에 있어 가장 중요한 일인데, 어찌 제가 좋다 나쁘다 말하겠습니까? 저는 오직 부모님의 뜻을 따르겠습니다" 하고 대답했습니다. 이리하여 부잣집 셋째 딸은 구렁이와 결혼하게 되었습니다. 그래서 얼마 후 좋은 날을 받아 결혼식이 베풀어졌습니다.

결혼식 날은 두 언니를 비롯해서 온 동네 사람들이 구름같이 몰려왔습니다. 사람들은 모두 부잣집 셋째 딸을 비웃었습니다. 결혼식이 끝나고, 첫날밤이 되었습니다. 구렁이 신랑은 신부와 함께 신방에 앉아 시간이 가기를 기다렸습니다. 드디어 밤이 깊어 한밤중이 되자, 구렁이 신랑은 그 흉한 허물을 벗기 시작했습니다. 신부는 깜짝 놀랐습니다. 구렁이 허물을 벗은 신랑의 모습은 세상에 둘도 없는 미남자였습니다. 이때 마침 부잣집 첫째 딸과 둘째 딸이 첫날밤 치르는 것을 보려고 옛날 풍습대로 문구멍을 뚫고 방 안을 들여다보았습니다. "앗!" 둘은 숨을 죽였습니다. 구렁이는 온데간데없고, 그 대신 세상에 둘도 없는 미남자가 앉아 있었습니다. "저럴 줄 알았으면 내가 시집갈걸 그랬지." 둘은 무척 억울해하였습니다. 그러면서 둘은 방 안을 또 엿보았습니다. 마침 신랑은 구렁이 허물을 신부에게 맡기면서, "이건 절대로 사람들에게 보여서도 안 되고, 불에 태워도 안 되오. 만일 약속을 어길 때는 당신과 나는 다시 만날 수 없을 것이오” 하고 단단히 타일렀습니다. 이 말을 밖에서 엿들은 두 언니들은 심술이 가득 찬 눈을 하고 그곳을 떠났습니다. 날이 밝자, 신랑은 먼 곳으로 여행을 떠났습니다. 두 언니가 동생네 집에 자주 놀러 왔습니다. 언니들은 동생의 옷고름에 매달려 있는 조그마한 주머니를 보고 자꾸만 보여달라고 졸랐습니다. 그 주머니에는 신랑의 허물이 들어 있었습니다. 처음에는 안 된다고 거절했지만, “언니들에게까지 못 보여줄 게 뭐 있느냐”고 하는 바람에 동생은 할 수 없이 보여주고 말았습니다. 언니들은 그것을 받아 들자마자 이내 불에 태워 버렸습니다. 그 연기는 하늘 높이 떠올라 타는 냄새가 멀리 신랑에게까지 전해졌습니다.

그 후 신부는 집을 떠난 신랑을 애타게 기다렸으나, 하루, 이틀…… 1년, 2년이 지나도록 신랑은 돌아오지 않았습니다. 신부는 자기가 약속을 어긴 탓으로 신랑이 못 온다는 것을 깨닫자 한없이 슬퍼 울었습니다. 그러던 어느 날, 마침내 신부는 신랑을 찾아 나서기로 결심했습니다. 신랑을 찾으러 길을 나선 신부는 험한 길을 걷고 걸어서 지칠 대로 지쳤습니다. 그런데 어느 곳에 다다르자, 밭을 가는 노인이 있었습니다. 그래서 신부는, “여보셔요, 여보셔요, 혹시 우리 서방님 구렁덩덩 신 선비를 보시지 않았습니까?” 하고 노인에게 물었습니다. 그러자 밭을 갈던 노인은, “이 밭을 다 갈아주면 가르쳐주지요” 하고 대꾸를 하였습니다. 신부는 너무나 반가워 두말 않고 열심히 밭을 갈기 시작하였습니다. 그래서 겨우 밭을 다 갈고 나니, 노인은, “저어기 보이는 저 고개를 넘으면 빨래하는 여인이 있을 테니 거기 가서 물어보시오!” 하고 가르쳐주었습니다. 신부는 다시 길을 떠났습니다. 노인이 가르쳐준 대로 고개를 하나 넘으니 늙은 할머니가 개울가에서 빨래를 하고 있었습니다. 이번에도 신부는, "할머니, 혹시 구렁덩덩 신 선비가 지나가는 것을 보시지 않았습니까?" 하고 할머니에게 물었습니다. 할머니는 신부의 얼굴을 한번 힐끔 쳐다보더니, "이 옷을 빨아서 하얀 것은 까맣게, 까만 것은 하얗게 되도록 해주면 가르쳐주지요" 하고 말하였습니다. 신부는 열심히 빨래를 하여 하얀 것은 까맣게, 까만 것은 하얗게 되도록 해주었습니다. 그랬더니 할머니는 신부에게, "저 고개를 넘어가면 알게 될 거요" 하고 말했습니다. 신부는 다시 기운을 내어 걸음을 재촉하였습니다. 그리하여 죽을힘을 다하여 고개를 넘었습니다. 그곳에는 수염을 길게 기른 한 노인이 하얀 강아지를 안고 있었습니다. 신부는 그 노인을 향해, "할아버지, 혹시 구렁덩덩 신 선비가 지나가는 것을 보지 못하였습니까?" 하고 묻자, 노인은 안고 있던 강아지를 놓아주며, "그야 어렵지 않소. 이 강아지가 가는 데로만 따라가면 알게 될 것이오!" 하였습니다. 신부는 고맙다는 인사를 하고 강아지를 따라갔습니다. 얼마만큼 가니, 냇가에 이르렀습니다. 그곳에는 하얀 대야가 하나 놓여 있었습니다. 강아지는 냉큼 대야에 올라탔습니다. 신부도 강아지를 따라 그 대야에 올라탔습니다. 그러자 강아지와 신부를 태운 대야는 물 위를 둥둥 떠가는 듯하더니 어느새 물속으로 가라앉기 시작했습니다.

신부가 눈을 감고 있으려니까, 물속으로 한참이나 가라앉는 듯싶던 대야가 어느새 물 위로 떠 올라와 있는 것을 느꼈습니다. 그래서 눈을 떠보니, 눈앞에는 이제까지 보지 못했던 세계가 펼쳐져 있었습니다. 한곳에 이르니, 대궐 같은 큰 기와집이 있어 신부는 그 집으로 들어가 동냥을 달라고 하였습니다. 그 집에서는 백미(흰쌀)를 한 되 떠다주었습니다. 신부는 일부러 밑이 터진 자루에다 그 쌀을 받았습니다. 그러자 쌀은 자루의 터진 밑으로 흘러 바닥에 쏟아졌습니다. 신부는 허리를 구부려 쌀알을 한 알 한 알 주워 자루에 담았습니다. 그러는 사이에 시간이 흘러 사방에 어둑어둑 땅거미가 깔렸습니다. 그러자 신부는 그 집 사람에게 하룻밤만 재워달라고 부탁하였습니다. 그 집 사람은 처음에는 재울 방이 없다고 딱 잘라 거절했습니다. 신부는 외양간이라도 좋으니 재워달라고 사정을 하여 겨우 허락을 받았습니다. 밤이 깊자, 늠름한 풍채의 선비 한 사람이 마당으로 걸어 나왔습니다. 신부가 자세히 보니, 그것은 틀림없는 자기 신랑이었습니다. 신부는 너무 반가워 꿈만 같았습니다. 그래서 신부는 부리나케, "여보!" 하고 소리를 질렀습니다. 선비도 갑자기 나타난 신부를 바라보고는, "아니, 당신이 여길 어찌 찾아왔소?" 하며 놀라워했습니다. 신부는 눈물을 흘리며 지금까지 고생하며 신랑을 찾아온 경위를 자세히 들려주었습니다. 이야기를 다 듣고 난 구렁덩덩 신 선비 신랑은 신부의 애처로운 모습을 보자 견딜 수가 없었습니다. "그런데 난 이미 아내가 둘이나 있소." 이런 말을 하며 신랑은, 신부가 자기의 허물을 잘 간수하라고 한 약속을 어긴 것을 나무랐습니다. 그러나 그것도 이미 지나간 일이고 보니, 신랑은 어떻게 하면 신부를 다시 맞이할 수 있을까 하고 밤새도록 한숨도 못 자고 궁리를 하였습니다. 날이 밝자, 신랑은 두 여인을 불렀습니다. 그리고 신부까지 세 여인을 앞에 두고, "이제부터 내기를 해서, 내기에 이긴 여인을 나의 진짜 부인으로 삼겠소!" 하고는 문제를 내놓았습니다. 신 선비가 내놓은 문제는, 석 자 세 치나 되는 굽 높은 나막신을 신고 30리 밖에 있는 산에 가서 은 동이에 약수를 가득 길어 오라는 것이었습니다. 두 여인은 신이 나서 뛰어가 물을 길어가지고는 쏜살같이 달려왔습니다. 물은 은 동이에 찰랑찰랑 넘쳐흘러 목적지에 이르렀을 때는 밑바닥에 조금 남아 있을 뿐이었습니다. 그런데 신부는 처음부터 조심조심 걸어왔기 때문에 물동이에 물이 가득 차 있었습니다. 두 번째 내기는, 산에 가서 사나운 호랑이의 눈썹을 세 개 뽑아 오라는 것이었습니다. 신부는 산속 깊이 들어갔습니다. 어느 곳에 다다르자 산속에 집이 한 채 있었습니다. 신부는 너무나 피곤해서 쉬고 갈 셈으로 문을 두드렸습니다. 그랬더니 한 노파가 나타나서 반가이 맞아들였습니다. 신부는 지금까지 자기가 겪어온 일들을 그 노파에게 들려주었습니다. 노파는 신부의 이야기를 다 듣고 나더니, "그간 매우 고생이 많았군. 그렇지만 염려할 건 없어. 내 자식들이 돌아오면 호랑이 눈썹쯤 문제없지. 참, 지금 막 자식들이 돌아올 시간이야. 잠깐만 벽장에 들어가 기다리게"라고 말하였습니다. 신부는 노파의 말에 따라 벽장에 들어가 숨을 죽이고 있었습니다. 그런지 얼마 안 되어 말발굽 소리가 요란히 들리더니, "엄마, 이제 돌아왔어!" 하며 커다란 호랑이 세 마리가 나타났습니다. 그러더니 호랑이들은, "참, 이상하다. 우리 집에서 사람 냄새가 나는데! 틀림없는 사람 냄새야" 하고는 한 놈이 코를 킁킁거리며 냄새를 맡았습니다. 그러자 노파는 태연하게, "냄새는 무슨 냄새냐. 너희들이 사람을 잡아먹고 왔으니 그 냄새일 테지" 하고 말하였습니다. 그리고 계속해서, "잔말 말고 피곤할 테니 어서 자거라" 하였습니다. 호랑이들은 이내 잠이 들었습니다. 노파는 큰놈부터 차례로 눈썹 한 개씩을 뽑았습니다. 그러고는 그 눈썹을 신부에게 주면서 어서 돌아가라고 재촉하였습니다. 무사히 돌아온 신부는 가지고 온 호랑이 눈썹 세 개를 신랑에게 주었습니다. 그러나 호랑이 눈썹을 구하지 못한 두 여인은 고양이 눈썹을 뽑아다가 호랑이 눈썹이라고 속여서 신랑에게 주었습니다. 마지막 세 번째 내기는, 이 추운 겨울에 산딸기를 따 오라는 것이었습니다. 신부는 산속 깊이 들어갔습니다. 산속은 너무 추워 몸이 꽁꽁 얼어붙어 금방 죽을 것만 같았습니다. 그런데 갑자기 눈앞에 한 백발노인이 나타나더니, 신부를 안내하여 굴 안으로 들어갔습니다. 굴속은 바깥과는 다른 세계였습니다. 마치 봄날같이 따스한 기운이 가득하고, 여기저기 꽃이 피어 있고, 한 옆에는 딸기밭도 있었습니다. 신부는 노인이 시키는 대로 딸기를 한 움큼 따서 바구니에 담았습니다. 신부는 집으로 돌아왔습니다. 그리고 싱싱한 딸기를 신랑에게 꺼내주었습니다. 한편, 함께 딸기를 따러 나섰던 두 여인은 하루가 지나고 이틀이 지나도 돌아오지 않았습니다. 신랑은 돌아오지 않는 두 여인이 오히려 잘되었다고 생각했습니다. 신랑은 신부를 용서하고 아내로 맞이하여 행복하게 살았다고 합니다.

충남 청양, 황씨 (여) 93세, 1973

## 이 설화의 서사 구조를 살펴보면,

1. 한 여인이 구렁이 아들을 낳았다
   ① 가난한 여인이 구렁이 아들을 낳아 굴뚝에 넣어 덮어놓았다.
   ② 이웃에 사는 부잣집 딸 셋이 구렁이를 보고 각각 다음과 같이 대꾸한다.
   첫째와 둘째는 "아이! 징그러워 저 할멈 구렁이를 낳았다".
   셋째 딸은 "구렁덩덩 신 선비를 낳았구면".
   ③ 구렁이 아들이 크자 부잣집 셋째 딸에게 장가보내달라고 조른다.
2. 결혼식과 금기를 어김
   ① 부잣집 주인이 딸들에게 결혼 중매가 있음을 알린다.
   ② 첫째, 둘째 딸은 반대하지만 셋째 딸은 승낙한다.

③ 결혼식 첫날밤에 허물을 벗고 신부에게 맡기면서 타인에게 보여서도 안 되고, 태워서도 안 된다고 말하고 다음 날 일찍 밖으로 나간다.

④ 언니들이 와서 강제로 허물을 빼앗아 불에 태운다.

⑤ 신랑이 와서 금기를 어겼으니 이제 다시는 만나지 못하리라 하고 떠났다.

3. 신부가 신랑을 찾으러 나섬

① 가는 도중에 밭 가는 노인을 만나 밭을 갈아주고 길을 가르쳐 받는다.

② 빨래하는 여인을 만나 빨래를 해주고 길을 가르쳐 받는다.

③ 용궁으로 들어가 신랑을 만나게 되나 벌써 신랑에게는 두 처가 있다.

4. 신랑의 난제難題

① 산 호랑이 눈썹 셋을 가져오면 정식 부인으로 한다.

② 두 처는 고양이 눈썹을 가지고 왔지만 신부는 산속에 들어가 노파의 도움으로 그의 호랑이 아들의 눈썹을 가져와 성공을 한다.

③ 추운 겨울인데도 딸기를 따 오라고 하기에 두 처는 실패했지만 신부는 역시 성공하여 결국 신랑과 재회에 상공하여 행복하게 살았다.

이 설화는 내용이 매우 복잡하여 구비 전승물이 다 그렇듯이 다양한 변화가 인정된다. 첫째는 발단 부분에서 "어느 늙은 내외가 아들이 없어서 구렁이라도 좋으니 아들을 낳게 해달라"고 기원한다. 그리고 결혼식 첫날밤에 "나는 천상의 선관인데 당신과 인연이 있어 하느님의 명에 의해 지상으로 내려왔다. 그러나 이 허물을 절대 타인에게 보여서는 안 된다"고 다짐한다. 세 번째는 후반부의 신랑을 찾으러 가는 과정인데 이는 설화의 흥미와 갈등을 주는 묘사로 여러 방법이 동원된다.

## 중국의 뱀 이야기와 서사 구조

중국의 뱀 이야기는 땅이 넓고 여러 민족이 혼재하기 때문에 이야기 자체도 다양하다. 그리고 뱀을 신성시하여 신앙으로부터 부정적인 뱀에 이르기까지 복잡하다. 그러나 뱀을 수신水神으로 숭배하는 것은 널리 분포되어 있다.

중국에서 뱀은 강의 신으로 숭배한다. 중국인들은 황하의 신이 네모진 얼굴에 황금색을 띤 작은 뱀으로 그 눈 밑에 붉은 점이 있다고 여겼다. 중국에서 뱀은 총명하고 간사, 음흉하며 집념이 강한 동물로 알려져 있다. 꿈에 뱀이 따라오면 행운이 있다고 하는데 검은 뱀이 오면 딸을 낳게 되고, 흰 뱀을 보면 아들을 낳게 된다. 또 뱀이 자기를 에워싸는 꿈을 꾸면 생활에 큰 변화가 있을 것이라고 한다. 남자가 꿈에 뱀을 보면 여인을 만나게 된다고 한다.

뱀은 종종 여자들의 속옷 냄새를 맡고 나타난다고 한다. 그래서 뱀을 남근의 상징으로 생각한다. 머리가 삼각형인 뱀은 여근을 상징한다고 한다.

중국 운남성에 전승되고 있는 '사골탑蛇骨塔'이라고 하는 전설은 뱀을 부정적인 동물로 묘사하고 있는데 우리의 제주도 '김녕굴 전설'과 같은 모티프를 가지고 있다.

대리大理 삼탑사三塔寺의 뒤편에 작은 마을이 있다. 이곳에 단段이라고 하는 사람이 살고 있는 집이 있었다. 가족은 모두 셋인데 늙은 농부 부부와 딸이다. 농부 부부는 지주의 농토를 조금 가지고 있을 뿐, 돌을 운반하는 일을 주로 하고 살았다. 딸은 집에서 취사를 하거나 집안일을 도와 잡일을 맡았다.

하루는 이 딸이 혼자서 시내에 빨래를 하러 갔었다. 빨래를 하고 있는데 시내 위쪽에서부터 커다란 복숭아가 두 개 떠내려왔다. 딸은 급히 복숭아를 건져내어 한 개를 먹었다. 바로 그때, 멀리서 암퇘지 한 마리가 달려와 바로 앞을 스쳐 지나가려고 했다. 딸은 이내 남은 한 개의 복숭아를 암퇘지를 향해 던졌다. 암퇘지는 그걸 먹자마자 한 마리 용이 되어 산속 깊은 밀림으로 달아나버렸다.

딸은 복숭아를 먹고 나서 임신을 했다. 이웃 집 사람들은 딸이 나쁜 짓을 했다고 소문을 내어 늙은 농부의 딸을 멀리 내쫓으라고 했다. 그러나 농부는 딸을 믿기 때문에 사람들이 무어라 말해도 듣지 않았다.

딸은 3년간 몸을 간추리고 있었다. 4년째 겨우 아들을 낳았다. 아이는 나오자마자 이미 일고여덟 살이 돼 보이게 컸다. 튼튼한 몸매에 금빛의 머리카락이 번쩍이는 것이 건강해 보였다. 할아버지는 마음 깊이 이 아이를 사랑했으며 자기의 성을 따서 단적성段赤城이란 이름을 주었다.

단적성은 5, 6세가 되자 할아버지와 같이 돌을 나르는 석공이 되었다. 여섯 살밖에 안 된 아이가 무거운 돌을 옮기는데 마치 가벼운 돌을 운반하듯이 해치우고 있는 것이다. 할아버지보다도 몇 배나 힘이 있는 듯했다. 사람들은 이 아이가 대단히 힘이 센 장사라고 말하며 무척 기뻐했다.

그 후 단적성의 할아버지는 갑자기 중병에 걸려 죽었다. 이때부터 단적성은 집안의 기둥이 되어 집안의 일이나 밖의 일까지도 혼자서 도맡아 하지 않으면 안 되었다.

어느 해, 대리의 용왕묘의 부근에서 갑자기 한 마리의 구렁이가 나타났다. 그때부터 매년 봄이 되면 구렁이는 호수에 잠겨서 한 쌍의 소년 소녀를 먹으려고 기다리고 있었다. 토지의 사람들이 만일 정해진 날에 아이를 헌납하지 않으면 구렁이는 이내 물속에서 바람을 일으켜 파도를 일게 하고, 대리 일대에 사는 사람들과 논밭을 홍수로 잠기게 해버린다. 아이를 호수에 바치기만 하면 즉시 파도는 잠잠해진다. 매년 아이를 바치지 않으면 안되는데 대리 인근의 사람들은 쓸쓸한 나날을 보내고 있었다.

어느 날, 단적성이 창산蒼山으로 돌을 운반하러 가는 도중 이해洱海의 해변에 이르자 어른들이 수군거리는 소리와 아이들의 울음소리가 들려왔다. 소리 나는 쪽으로 가보니까 사람들이 아이를 호수 가운데로 던지려고 하는 것이었다. 두 아이는 낯선 사람이 다가오는 것을 보자 마치 구원해달라는 눈으로 바라보았다.

사람들은 "이처럼 건강한 아이들을 죽이다니 있을 수 있는 일이냐" 하면서 수군거렸다. 단적성은 사람들이 하는 이야기를 듣고 떨고 있는 두 아이를 보자 도저히 견딜 수 없었다. 그래서 "빨리 이 아이를 놓아주게, 내가 그 구렁이를 처치할 테니" 하고 외쳤다. 그리고 사람들에게 밧줄 한 묶음과 일곱 자루의 검을 준비해달라고 요청했다. 사람들은 서둘러 그것들을 사서 모두 갖추어 호숫가로 가져왔다. 단적성은 두 자루의 검을 등에 꽂고, 입에는 한 자루 검을 물고 양손에 각각 한 자루씩 검을 들었더니 온몸이 마치 검으로 꽉 찬 것 같았다. 준비가 끝나자 둘레에 서 있는 사람들에게 향하여 이렇게 말했다.

"이번 구렁이 퇴치는 아마도 구사일생의 위험한 일이다. 만일 내가 정말 죽으면 나의 어머니는 의지할 곳이 없다. 그것이 걱정이다."

그러자 사람들은,

"제발 그건 걱정하지 마시오. 구렁이만 퇴치시켜주면 어머니는 우리가 책임지고 돌보아드리겠소."

단적성은 몇 번이나 주저하더니 이윽고 말하기를,

"내가 구렁이 배 속에 들어가 결판을 낼 셈이다. 만일 구렁이가 누런빛의 배를 보이며 물 위에 뜨거든 즉시 구렁이의 배를 잘라 나를 구출해내야 한다. 만일 찢는 것이 늦어지면 나는 죽을 목숨이다."

그는 말을 꺼내기가 무섭게 이해洱海가 부글부글 끓는 소리가 나는가 하더니 하늘로 물방울이 솟구치는 것이었다. 사람들의 눈에 구렁이의 붉게 물든 입안이 보였다. 마치 먹이를 찾는 듯 물방울 속을 찾고 있었다. 단적성은 재빨리 그것이 적수임을 알자 구렁이의 입을 향해 몸을 비틀며 입안으로 들어가는 것이었다.

검을 온몸에 둘렀기 때문에 배 속을 향해 들어가는 순간 구렁이는 피투성이가 되는 바람에 푸른 바다는 피로 물들었다. 계속해서 바다는 진붉은 빛으로 변해가는 것이었다. 구렁이는 드디어 누런 배를 위로 향해 물 위로 뜨기 시작했다. 물결은 잠잠해졌다. 구렁이는 호수가 흐르는 남쪽으로 밀려나기 시작한다.

해변에서 응원하던 사람들은 구렁이가 물 위로 떠오르는 것을 보자 손뼉을 치며 기뻐했다. 순간 목선을 한 척 젓기 시작하여 구렁이가 있는 곳으로 갔다. 그리고 영웅인 단적성을 구출해내기로 했다.

구렁이 시체는 호수 중앙으로부터 해변가로 표류했다. 모두는 힘을 합해 구렁이를 모래사장으로 잡아당겼다. 날카로운 칼로 조심조심 구렁이의 배를 갈랐다. 열어보니까, 이미 단적성은 숨이 끊겨 있었다. 구출이 늦었다는 것을 알자 사람들은 울기 시작했다. 우는 소리는 창산과 이해를 진동시키는 듯했다.

구렁이의 배 속에는 금은세공으로 장식되어 있었다. 사람들은 단적성을 관에 넣어 양비촌羊皮村의 사양봉斜陽峰에 매장했다. 사람들은 구렁이를 퇴치한 영웅을 영원히 기념하기 위하여 구렁이의 뼈를 태워 그 재로 구렁이 몸속에 있던 금은세공을 새하얀 은으로 고쳐 양피촌의 사양봉의 언덕에 사골탑蛇骨塔을 세웠다. 이리하여 단적성은 양비촌의 본주本主가 되어 존경의 대상이 된 것이다.

사양봉의 언덕에 있는 이 사골탑은 이해의 호수로 둘러싸여 멀리서 바라보면 지금 막 떠오른 흐릿한 초승달과 같다. 유람 온 사람들은 영웅 단적성을 기억하며 이 아름다운 훌륭한 사골탑을 향해 추억을 더듬는 것이었다.

李星華 編著,『白族民間故事傳說集』

**이 설화의 서사 구조를 살펴보면,**

① 늙은 노부부가 딸 하나를 데리고 산다.

② 하루는 딸이 빨래를 하러 시내로 가서 위쪽에서 떠내려오는 복숭아 두 개를 건졌다.

③ 하나는 딸이 먹고 또 하나는 암퇘지가 먹자마자 용이 되어 달아났다.

④ 딸은 임신이 되었다. 3년간 몸을 간추리고 4년째 아들을 낳았다.

⑤ 이름을 아버지의 성을 따라 단적성段赤城이라 하고 아들은 힘 센 장사가 되었다.

⑥ 하루는 이해(호수지만 워낙 커서 이곳 사람들은 바다로 부른다)에서 큰 구렁이에게 아이를 희생 제물로 바치는 것을 보고 구렁이를 퇴치하겠다고 결

심한다.

⑦ 부근 사람들은 단적성의 말대로 검을 준비해주었다.

⑧ 드디어 구렁이를 퇴치했지만 사람들이 늦게 배 속에서 꺼냈기 때문에 단적성은 죽었다.

⑨ 비록 죽었지만 단적성은 영웅이 되어 사람들의 존경하는 신이 되었다.

이 밖에도 여러 형태의 뱀 이야기가 전개되는데 미인이 사람을 유혹하는 이야기도 있다. 송대 『태평광기太平廣記』 제458권의 「이황李黃」 중에 이러한 이야기가 나온다.

당 헌종 원화原和 2년, 농서隴西에 사는 이황李黃은 장안에서 흰옷을 입은 아름답고 젊은 여인을 만나게 된다. 그녀에게 이끌린 그는 그녀의 집에서 3일간 머무르며 최고의 즐거움을 누렸다. 나흘째 되는 날, 집에 돌아오니 몸이 무겁고 머리가 어지러운 듯하더니 바로 앓아누웠다. 그런데 이불 속의 몸이 점점 작아지더니 결국 한 방울의 피만 남게 되었다. 그래서 그 집안사람들이 그 흰옷 입은 미녀의 집을 찾아보았으나 빈 뜰과 쥐엄나무 한 그루만이 있을 뿐이었다. 그 나무에는 종종 커다란 흰 뱀이 똬리를 튼다는 이웃 사람들의 말을 듣고는 그제야 그 미녀가 뱀 요괴가 변한 것이었음을 알았다.

당 원화 연간에 봉상鳳翔절도사 이총李聰의 조카 이관李琯은 안화문安化門 밖에서 아주 화려한 우마차 행렬을 만나게 되는데, 그 우마차 옆에는 흰옷에 백마를 탄 아름다운 계집종이 수행하고 있었다. 그 모습에 반한 이관은 그 행렬의 뒤를 따라 봉성원奉誠園에까지 따라갔다. 이튿날 아침, 집에 돌아오는데 참기 힘들 정도로 머리가 아파오기 시작하는데 오래지 않아 머리가 깨져 죽었다. 그래서 가족들이 봉성원을 찾아가보니 원내는 황량할 뿐이었고, 말라 죽은 홰나무 하나가 있었는데 거기에는 큰 뱀이 똬리를 틀던 자리가 있었다. 그것을 본 가족들은 비로소 이관이 뱀 요괴의 해를 입어 죽었음을 알았다.

두 번째 유형은 뱀이 미녀로 변해 사람과 결혼하는 이야기로, 바로 뱀 신부 이야기이다. 예로 송 홍매洪邁 『이견지무권이夷堅志戊卷二』의 '손지현 처孫知縣妻' 이야기를 보자.

단양현丹陽縣 성 밖 10리 되는 곳에 보통 백성 손지현孫知縣이란 사람이 있었다. 그는 그곳의 한 여자와 결혼하였는데, 아주 아름다웠고 흰옷을 즐겨 입는 여자였다. 그런데 그녀는 목욕할 때마다 두꺼운 휘장으로 가리웠고, 몸종도 시중들지 못하게 하는 것이었다. 10년이 지난 어느 날, 손지현은 술에 취해 몰래 아내가 목욕하는 모습을 보았는데, 아내는 없고 무섭게 생긴 커다란 흰 뱀만이 목욕통 속에 있었다. 그것을 본 그는 그날로부터 마음에 병을 얻게 되었다. 아내는 이미 발각된 것을 알고 남편과 이전처럼 잘 지내보고자 하였으나 손지현은 좀처럼 편안해하지를 못하더니 결국 그것이 병이 되어 1년도 되지 않아 죽고 말았다.

## 일본의 뱀 신앙과 설화

일본도 뱀은 수신水神과 관련이 있는 신앙의 대상이다. 따라서 그 유형도 많다. 우리의 「구렁덩덩 신 선비」와 견훤 설화의 야래자담과도 같은 모티프가 인정되며 보다 다양하게 구전되어 있다.

### 뱀 신랑針絲型

①딸이 있는 방에 매일 밤 알지 못하는 젊은이가 왔다가 새벽에 돌아간다. 딸은 허약해진다.

②걱정한 부모가 딸에게 실을 꿴 바늘을 젊은이 옷단에 꽂으라 한다. 다음 날 아침 실을 따라가보니 산속 동굴까지 계속되어 바늘에 찔린 뱀이 있었다.

바늘에 찔린 뱀은 상처를 입어 죽는 수가 많지만 도착한 곳에서 신성을 나타내어 신사나 우다키獄의 주신이 된 곳이 있다. 딸이 임신한 뱀의 자식을 낙태하는 수도 많으며 특히 도카이東海, 시코쿠四國, 오키나와沖縄에서는 그렇다. 오키나와에서는 3월 3일의 하마오리浜下 행사의 유래로 되어 있다. 인간의 여자가 변신하지 않은 뱀에게 속아 그의 자식을 임신한다는 이야기도 민담으로 전승하는 곳이 많다.

### 뱀 신랑-시집가기형型

①아저씨가 가뭄으로 걱정이 되어 논에 물을 넣어주는 자에게 세 딸 중에 하나를 시집보내겠다고 혼잣말을 하자 뱀이 이내 물을 넣어준다.

②아저씨가 딸들에게 말하자 위의 두 딸은 거절하지만 막내딸은 승낙했다.
　바늘 천 개와 표주박 천 개를 가지고 마중 온 젊은이를 따라갔다.

③깊은 산속 연못에 다다르자 젊은이는 "함께 물속 집으로 들어갑시다"라
　고 권했다. 딸은 표주박을 모두 던져 "이것을 가라앉히면 물속으로 들어
　가겠다"고 한다.

④딸은 젊은이가 뱀의 모습이 되어 표주박을 가라앉히려고 할 때 바늘 천
　개를 모두 던져 뱀을 퇴치시켰다.

　'바늘과 실형型'은 널리 분포되어 있지만 유구권에서는 거의 전승이
없다. 발단 부분은 '물 채우는'의 모티프에 이어 '개구리 구출'의 모티
프, '밭 치기' 등 도와주는 모티프가 사용된다. 뱀 대신 갑바河童, 우렁이,
개구리 등이 긴키近畿 서쪽 각지에 분포되고 있지만 모티프의 구성은 거
의 일치하다.

## 뱀 신랑 - 노파의 탈형型

①아저씨가 개구리를 삼키려고 하는 뱀에게 세 딸 중에 하나를 색시로 줄
　테니 개구리를 놓아달라고 사정하니까 뱀은 개구리를 놓아주었다.

②아저씨가 딸들에게 부탁하자 위의 두 딸은 거절하지만 막내딸은 승낙한
　다. 바늘 천 개와 표주박 천 개를 가지고 마중 온 젊은이를 따라나선다.

③산속 깊이 연못에 다다른 젊은이는 함께 물속으로 들어가기를 권했다.
　딸은 이때 표주박을 모두 던졌다. 이것을 전부 물밑으로 가라앉게 해주
　면 시키는 대로 하겠다고 했다.

④딸은 젊은이가 뱀의 모습이 되어 표주박을 가라앉히려고 하는 곳에 바늘

천 개를 던져 뱀을 죽였다.

⑤ 딸이 산속 노파의 집에 머물게 됐는데 노파는 아저씨로부터 도움을 받은 개구리였다. 딸에게 노파의 탈을 주면서 부잣집 불때기가 되라고 했다.

⑥ 딸은 노파로 변신하여 부잣집에 불때기로 채용되어 밤에는 처녀로 변신하는데, 부잣집 막내아들이 그녀를 보고 첫눈에 반했다.

⑦ 막내아들은 상사병이 들어, 점쟁이로 변신한 개구리의 음모로 막내아들은 밥상을 가져오는 여인을 색시로 맞이하기로 했다.

⑧ 막내아들은 최후로 노파로부터 밥상을 받아 노파의 탈을 벗은 딸을 색시로 맞이하게 된다.

⑨ 부자가 후계자를 정하고자 세 아들의 며느리들에게 짚신을 신겨 솜 위를 걷게 하자, 막내아들의 며느리만이 솜을 묻히지 않고 걸었다. 결국 막내아들이 후계자가 되었다.

'노파의 탈姥皮'의 모티프는 독립 타이프로서 계자담繼子譚에 속하나 '원숭이 신랑'의 '불때기 처녀형型', 계자담繼子譚의 '부엌때기灰坊'와도 유사점이 많다. 어느 것이나 주인공(또는 여주인공)은 자기 집으로부터 가출하여 유랑의 길에서 만난 원조자에 의해 새 인생의 전기를 부여받는다. 특히 본토의 남북단에서 독립적 모티프가 갖추어지고 있는 것은 주목된다.

## 뱀의 아들형

① 아이가 없는 여인이 뱀이라도 좋으니 아이가 필요하다고 소원한다.

② 소원이 이루어져 뱀 모양의 아이를 낳는다.

③그 아이를 혼인시켰지만 밤에만 사람 모양이 된다.

④여인은 뱀의 허물을 태워 없앤다. 그로부터 이 아들은 뱀의 모습을 피할
  수가 없다.


## 뱀을 모티프로 한 문학

  뱀은 문학작품에도 여러 형태로 동원되었다. 고려 시대에 여러 노래들
이 한역漢譯되었는데 그중에「사룡蛇龍」이란 것이 있다.

> 유사함룡미有蛇含龍尾 배암이 용의 꼬리를 물고
> 문과태산잠聞過太山岑 태산이 봉우리를 넘어간단 말을 들었네
> 만인각일어萬人各一語 만 사람이 제각기 딴소리를 할지라도
> 짐작재량심斟酌在兩心 우리 두 사람은 짐작해 들으세

  이 노래는 삼장三藏의 쌍화점 2절과 더불어 충렬왕 때 궁중에서 기생들
에 의해서 성행하던 무가舞歌이다.

  서정주 시인의「화사花蛇」가 있다. 원초적 생명력의 상징적 존재로서의
'배암'을 통해 그의 '화사집 시대'라는 문학기가 전개된 시다. 그는 이
「화사」를 통해 한국의 서사시에서 일찍이 찾아볼 수 없는 미적 세계를 확
대 구축하기에 이른다.

사향麝香 박하薄荷의 뒤안길이다.

아름다운 배암……

얼마나 커다란 슬픔으로 태어났기에,

저리도 징그러운 몸뚱어리냐.


꽃대님 같다.


너의 할아버지가 이브를 꼬여내던 달변의 혓바닥이

소리 잃은 채 낼름거리는 붉은 아가리로

푸른 하늘이다…… 물어뜯어라, 원통히 물어뜯어.


달아나거라, 저놈의 대가리!


돌팔매를 쏘면서, 쏘면서, 사향 방초길 저놈의

뒤를 따르는 것은

우리 할아버지의 아내가 이브라서 그러는 게 아니라

석유 먹은 듯…… 석유 먹은 듯…… 가쁜 숨결이야.


바늘에 꼬여 두를까 보다. 꽃대님보다도 아름다운 빛……


클레오파트라의 피 먹은 양 붉게 타오르는

고운 입술이다…… 스며라, 배암!

우리 순네는 스물 난 색시, 고양이같이 고운 입술……

스며라 배암!


특히 이 시의 마지막 6, 7연과 8연에서 작가는 뱀의 관능적인 아름다움을 생명력의 관능적 아름다움으로 변이시킴으로써 순네의 아름다움으로 표현했다. 뱀의 매력이 전이되어 나타난 것은 뱀이 한낱 저주의 대상이 아니라 인간의 탈피로 인해 원죄로부터 새로운 생명력으로 거듭난다는 작가의 생명력을 넘볼 수 있는 작품이라고 생각한다.


일본의 소설, 미우라 시온三浦しをん의 『백사도白蛇島』가 있다.

『백사도』는 토속적인 소재를 가지고 현대의 판타지 기법으로 쓴 작품이다. 작가는 백사白蛇를 신으로 받들고 있는 사신蛇神 신앙을 소재로 하여 이 외딴 오가미 섬拜島을 필드로 삼았다. 울창한 고도孤島에 사는 폐쇄적인 주민들, 그들이 숭배하는 백사신白蛇様과 더불어 신사를 계승하는 신궁 집안神宮家의 형제에게 비밀의 열쇠가 있을 것을 주민들은 안다.

지념석持念石이라고 하는 특별한 돌을 둘로 나누어 한쪽씩 가진 형제라고 하는 데서부터 탐색전은 시작된다. 신궁집의 차남인 보오와 그의 친구인 미우라 월드라고도 부르는 사나이의 우정은 결연적이라 할 수 있다. 누구도 이 비밀을 본 사람은 없다. 세상은 이유가 분명치 않는 규칙들로 이루어져 있는 거다 하면서 오늘의 세계에도 이 원초적인 신앙이 지배하고 있음을 작가는 암시하고 있다.


뱀에 대한 이미지는 다양하게 활용되고 있다. 시나 문학에서 뱀은 긍정적인 면과 부정적인 면이 동시에 동원된다. 상사뱀은 부정적인 면으로, 서정주의 「화사花蛇」는 긍정적인 면으로 묘사되었다. 그러나 일본의 『백사도白蛇島』 소설은 백사의 신앙을 신비에 쌓인 수수께끼로 처리하려는 작가의 심리가 드러난다.

**최인학 지음**

# 한국의 뱀 이야기의
# 서사 구조

## 영물靈物 또는 사물邪物로서의 뱀

　호랑이나 여우에는 미치지 못하지만, 한국의 서사문학에서 뱀은 보편적으로 등장하는 동물 중의 하나이다. 그리고 대다수의 동물이 그렇듯이, 긍정적 문화 이미지와 부정적 문화 이미지가 함께 투사되어 있다. 그러나 부정적 문화 이미지가 더 강하게 투사되어 있다는 점에서 볼 때, 한국의 서사문학에서 뱀은 그리 환대를 받지 못한 동물이었다고 하겠다. 왜 그러한가에 대해서는 여러 가지 관념적 추측을 보탤 수 있겠지만, 대개는 인간의 체험적 인식에서 비롯된 것으로 이해할 수 있을 것이다.

　뱀이 영물로서 이미지화되어 있는 경우를 예로 들어보자. 인간은 뱀이 허물을 벗는 데서 부활과 불멸이 가능한 동물로서의 뱀을 일차적으로 인식하게 된다. 이것으로부터 여기에 신성한 동물로서의 존재론적 지위가 부여되는데, 그것은 뱀이 갖고 있는 영속성을 인간 존재가 결여하고 있는 데서 기원하는 욕망 때문이다. 인간의 근원적 욕망 중의 하나가 불멸, 불사, 영생이라는 점을 떠올려본다면, 주기적으로 허물을 벗는 뱀의 속성은 인간의 그러한 욕망을 투사하기에 매우 적합한 것이었다고 할 수 있다. 제주도의 구전신화 「차사본풀이」에서는 이를 다음과 같이 설명하고 있다. 강임이 저승차사가 되어 "여자는 일흔, 남자는 여든이 되거든 차례차례 저승으로 오라"는 내용이 적혀 있는 적패지를 인간 세상에 붙여두고 오라는, 염라대왕의 명령을 받들어 인간 세상에 내려오다가 길이 험해서 길옆에 앉아 쉬고 있는데, 까마귀가 나타나 자신의 앞날개에 적패지를 붙여주면 인간 세상에 적패지를 붙여두고 오겠다고 말한다. 앞날개에 적패지를 달고 인간 세상으로 날아가던 까마귀는 어떤 밭에서 말을 잡고 있는 광경을 보고, 말고기 한 점을 얻어먹겠다고 하다가 적패지를 담 구멍에 있던 백구렁이에게 떨어트리게 된다. 그런데 백구렁이가 그 적패지를 먹어버렸기 때문에 뱀은 죽는 법이 없이 아홉 번 죽어도 열 번 환생하게 되었다고 한다. 이것은 순전히 신화적 설명이다. 이 세상에 죽지 않는 뱀은 없기 때문이다. 그러나 허물을 주기적으로 벗는 뱀의 속성이야말로 인간의 영생불멸의 욕망을 투사하기에 더없이 적합한 동물이었음을, 신화는 여실히 보여주고 있다.

뱀이 알을 많이 낳는 것도 마찬가지다. 알은 곡물로 치자면 씨앗과 같다. 따라서 알을 많이 낳는다는 것은 생산력이 높다는 점을 말해준다. 뱀이 다산을 상징하는 동물로 일찍부터 신성시되어왔던 것은 바로 이러한 점 때문일 것이다. 제주도의 구전신화 「칠성본풀이」는 이를 다음과 같이 설명하고 있다. 장나라 장설룡과 송나라 송설룡의 딸이 어린 나이에 임신을 하자, 화가 난 부모는 아기를 무쇠 석함에 넣고 자물쇠를 채워 동해 바다에 버린다. 무쇠 석함은 제주도 함덕 신흥에 표착하여 그곳 사람들에 의해 열리게 되는데, 무쇠 석함에는 이미 뱀으로 변한 아기와 새끼 뱀 일곱 마리가 있었다. 그때부터 어머니 뱀과 아기 뱀 일곱 마리를 잘 모신 마을은 부자가 된다. 그리고 종국에는 이들 뱀 여덟 마리가 과수원, 창고 등에 좌정하여, 여러 가지 곡식을 거둬 지켜주는 칠성신이 된다. 일곱 마리의 새끼를 낳는 것, 곡식을 지켜주는 칠성신이 되었다는 것 등에서 뱀이 풍요를 보장해주는 동물로서 신성시되었음을 알 수 있다.

그러나 뱀이 영물로서 이미지화되어 있는 서사는 신화에서만 볼 수 있을 뿐이고, 그 외의 서사에서는 철저하게 사물로서 이미지화되어 있다. 이 또한 앞서 말했듯이, 인간의 경험 속에서 뱀이 그리 이로운 동물로서 인식되지 못했음을 알려준다.

그런데 이와 관련하여서는 장을 달리하여 구체적으로 살펴보기로 한다. 본 글은 뱀의 이러한 부정적 문화 이미지가 한국 뱀 서사 속의 독특한 캐릭터 유형이라고 할 수 있는 '상사뱀'의 창출 과정에 어떻게 맞닿아 있는가를 설명하는 데 초점을 맞출 것이기 때문이다.


## 퇴치되는 뱀 : 허용되지 않은 포식성의 종말

상당수의 설화문학에서 뱀은 포식자로서 등장한다. 동물의 세계에서 포식자가 아닌 것이 없지만, 한 동물이 다른 동물을 잡아먹는 서사적 설정에서 뱀이 포식자로서 다수 등장한다는 것은 뱀의 포식성이 매우 부정적으로 인식되었음을 말해준다. 호식虎食 설화에서 보듯, 호랑이와 같은 맹수는 그 사나운 속성 때문에 두려우면서도 부정적 존재로 자리매김되는 것이지만, 맹수도 아닌 뱀이 그와 유사하게 인식된 것은 동물적 존재로서의 뱀의 위치마저도 부정하려는 인간 심리의 소산일 것이다.

조선 시대 문헌설화 중의 하나인 『어우야담』에 이러한 인간 심리를 잘 보여주는 얘기가 하나 소개되어 있다. 뱀이 산노루를 감고서 놓아주지를 않고 있었다. 한 승려가 이를 불쌍하게 여겨 지팡이를 휘둘러서 노루를 풀어주었다. 승려가 문을 나서다가 뱀에 물려 거의 죽게 되었는데, 노루가 풀을 물고 나타나 문질러 소생시켜주었다. 동물들이 상처를 낫게 하는 지혜는 놀라운 것이라는 내용으로 끝맺고 있는 이 얘기에서 우리는 자연계에서 벌어지는 포식 경쟁에 인간의 편향된 시선이 작동되어 있음을 본다. 뱀이 노루를 감고서 놓아주지 않은 것은, 뱀이 노루를 못살게 하자는 게 아니라 자신의 생존을 위한 먹이를 포획한 것이다. 말 그대로 노루는 뱀의 포획물일 뿐인 것이다. 그렇지만 승려는 생존을 위해 먹잇감을 포획한 뱀보다는 뱀에게 잡아먹힐 위기에 처해 있는 노루를 불쌍하게 여긴다. 뱀의 입장에서 보자면 억울하기 짝이 없는 처사이다.

사람이 개입되지 않은 상태에서의 포식 경쟁에서도 인간의 부정적 시선은 뱀에 집중되어 있다. 역시 『어우야담』에 기록되어 있는 한 편의 얘기이다. 큰 뱀이 절벽을 올라 매의 새끼들을 다 먹어버렸다. 매들이 하늘에 가득히 모여들었다. 뱀이 워낙 커서 감히 덤벼들지 못하고 서로 대치하게만 되었는데, 그때 푸른 새가 날아와서 뱀의 머리를 공격하여 죽였다. 그러고는 푸른 새는 동쪽으로 날아가버렸는데, 이 새가 바로 '해동

청'이었다는 것이다. '해동청'의 용맹무쌍함을 소개하기 위한 것이겠지만, 하필이면 그 단죄의 대상이 뱀이었다는 점은 뱀의 포식성에 대한 인간의 부정적 인식을 다시 한 번 확인시켜주기에 충분하다. 『어우야담』에 실려 있는 또 다른 얘기에서도 이 점은 재차 확인된다. 족제비가 굴에서 살고 있었는데, 어느 날 암수가 먹을 것을 구하러 간 사이에 뱀이 그 새끼들을 먹어치웠다. 족제비가 슬피 울더니 두꺼비를 잡아 뱀에게 갔다. 족제비는 두꺼비를 뱀에게 먹여 뱀을 잡고는 그 새끼들을 뱀의 배에서 꺼냈다. 이 얘기에 대해 "하늘만이 생물의 이치를 아는 것이다"라고 덧붙인, 편찬자의 평설評說에서 알 수 있듯이 뱀의 포식성은 '하늘만이 아는 생물의 이치'에 의해서도 정당성을 얻지 못하고 있다.

이처럼 뱀의 포식성에 대한 인간 인식의 단죄는 뱀이 인간과 더불어 살아가는 생물적 존재성을 부정하는 것이기도 하다. 포식은 생물의 기본적 생존 조건이기 때문이다. 그러나 설화문학에 등장하는 뱀의 존재성은 포식의 상황이 아님에도 불구하고, 무조건 퇴치되어야 할 해충에 불과할 뿐이다.

조선 시대 문헌설화집 중의 하나인 『청구야담』의 얘기다. 판서 이복영李復永은 대대로, 해변가인 결성結城 삼산三山에 살았다. 이공은 삼산의 꼭대기에 정자를 짓고 살았는데, 그 앞에 큰 괴목槐木이 있어 매일 아침이면 거기서 안개가 피어올라 뜰을 덮었다. 어느 날 아침에 그 괴목의 구멍에서 무엇인가가 머리를 드는 것이 있기에 마상총馬上銃으로 쏘았더니 벼락치는 소리가 나고 나무가 부러지면서 큰 뱀 한 마리가 피를 흘리고 죽었다. 이어서 그 나무 구멍에서 크고 작은 뱀들이 무수히 기어 나와 정자를 향해 달려들므로 한나절 내내 뱀들을 죽였다. 집안사람들이 이공이 산에서 내려오지 않음을 이상히 여겨 와보고는 종들을 동원하여 그 죽은 뱀들을 바다에 내던졌다. 이 얘기에 의하면, 괴목에서 안개가 피어올랐다는 것은 무수한 뱀들이 뿜어내는 독기毒氣였을 것이다. 그것을 이공이 알고서 '괴목의 구멍에서 머리를 들고 나오는 것'에 총을 쏜 것은 아니겠지만, 그것에 총을 쏘았다는 것은 '괴목에서 피어오른 안개'가 이공에게는 정상적인 것으로 보이지 않았음을 말해준다. 무수한 뱀의 학살이 정당하다는 것, 말하자면 뱀의 생물학적 존재 자체가 부정되었음을 보여주기에 충분한 전조 현상인 셈이다.

## 물러서지 않는 뱀 : 허용되지 않은 반격, 또는 복수의 종말

우리는 2장에서 허용되지 않은 뱀의 포식성이 그 생물적 존재의 가치를 부정하는 것으로까지 진전되었음을 확인하였다. 그렇다면 이에 더하여 생각해볼 것이 있다. 인간은 물론이겠지만, 어떤 개체가 자신의 존재가 폐기되는 위협에 처했을 때, 어떠한 반응을 보일 것인가 하는 문제다. 이와 관련하여 우리는 당연히 반격하거나 복수의 행동을 취할 것이라는 가정을 하게 될 것이다.

노루를 잡아먹으려던 뱀이 중의 방해로 먹잇감을 놓치고 나서 중에게 복수하려는 서사적 상황을 떠올려보자.

이 얘기에서 뱀은 생존의 수단으로 노루를 포획하지만, 중의 개입으로 뱀의 행위는 무산된다. 그러니 중을 향한 뱀의 복수는 지극히 정상적이라고 할 수 있다. 그러나 노루의 보은으로 뱀의 복수는 다시 무산된다. 생존하기 위한 포획 행위, 복수하기 위한 반격 행위가 모두 무산되고 있는 셈이다. 그 생물적 존재 자체까지 부정되는 상황에서 볼 때, 뱀의 복수는 애초부터 어떠한 의미도 갖기 어려운 행위라는 인식이 작동한 결과일 것이다.

그런데 자신을 부정하려는 외부의 힘이 강하면 강할수록 그에 대한 반격의 강도도 강해질 것임은 물론이다. 이때 떠올려볼 수 있는 문제가 이른바 집착이다. 복수도 그러한 집착 행위의 하나이기 때문이다. 그리고 집착이 얼마나 집요하게 유지되는가에 따라 복수의 행위는 파괴력이 커지거나 깜짝 놀랄 만한 게 될 것이다. 『어우야담』에 기록되어 있는 얘기 한 편을 다시 거론해본다. 박명현朴命賢이라는 무부武夫가 큰 못가에서 놀다가 검은 물고기를 발견하고 작은 칼을 장대에 매어 던져서 찔렀는데, 고기가 칼을 꽂은 채 사라졌다. 17년 후 명현이 다시 그 못가에서 쉬고 있을 때, 갑자기 큰 뱀이 달려들므로 돌로 때려잡았다. 뱀의 배를 갈라보니 옛날에 자기가 던진 칼이 들어 있었다. 17년이 지났음에도, 뱀이 칼의 임자를 알아보고 복수하려고 한 것이다. 여기서 17년은 말 그대로 뱀의 집념이 얼마나 지독한 것인가를 시간적으로 말해준다.

조선 시대 문헌설화집 『천예록』에 실려 있는 다음 얘기는 그러한 집념의 강도가 더 강할 수 있음을 보여준다. 옛날에 한 무인武人이 수구문水口門 안에 살았다. 수구문은 성에 구멍을 내 광통교廣通橋로 흘러가게 한 것으로써 구멍에 나무와 창살이 박혀 있었다. 하루는 무인이 수구문으로 들어오려다 쇠창살에 끼여 있는 뱀을 보고 작살로 쳐 죽였다. 후에 무인의 부인이 아들을 낳았는데, 어릴 때부터 아버지를 미워하더니 클수록 점점 심해져서 어찌할 수가 없었다. 하루는 무인이 낮잠을 자려고 하는

데 아들이 칼로 자신을 찌르려고 하므로, 무인이 놀라 아들을 죽여버렸다. 그 처가 불쌍히 여겨 죽은 아들을 이불로 덮어놓으니, 이불이 꿈틀거리며 죽은 아들이 뱀으로 변하였는데, 뱀의 이마에 작살을 맞은 흔적이 있었다. 그 말을 들은 무인이 와서, 내가 우연히 너를 죽였으나 이렇게 원수를 갚아서는 안 되니 잊어버리자고 간곡히 타일렀다. 뱀이 말귀를 알아들은 듯 수구문 창살 틈으로 나갔는데, 간 곳은 알 수 없다. 이에 대해 편찬자는 "가장 신령스러운 인간이 미천한 동물에게 보복을 받을 리가 있겠느냐고 여겼는데, 이야기를 들어보니 신기하다"는 평설을 덧붙였다. 복수가 단지 몇 년간의 기다림으로써 해결되는 것이 아니라, 아예 복수하려는 대상의 아들로 태어나는, 소위 환생幻生의 문제를 통해 전개되고 있는 것에 대해, 편찬자는 그저 '신기한 일'로 치부하고 있다. 뱀은 미천한 동물이기 때문에, 복수 같은 행위를 아예 시도할 수조차 없다고 판단한 인식의 표명이다. 뱀처럼 미천한 동물에게 복수는 금기 행위였음을 분명히 하고 있는 것이다.


**맺음말 : 미천한 동물과 미천한 신분의 조합이 만들어낸 상상 동물, 상사뱀**

뱀의 포식성 및 복수에 대한 부정적 인식의 저변에는 공통적인 기조가 자리하고 있다. 바로 뱀이 갖고 있는 결핍, 결여 등은 결코 채워질 수 없다는 점이다. 생물학적 존재로서 살아가기 위해서는 먹잇감을 포획하여 굶주림을 채워야 하고, 그러한 행위를 방해한 자에 대해서는 복수를 해야 하는데, 우리가 이제까지 살펴본 서사 속에서는 그 어느 것도 제대로 해결되지 못하고 있는 것이다.

그런데 이러한 결핍과 결여가 만들어낸 특별한 뱀 캐릭터가 있으니, 바로 상사뱀이다. '사랑에 빠진 뱀', 어딘가 매혹적인 캐릭터라는 느낌을 주기에 충분하지 않은가. 뱀이 사랑을 할 수 있다니 말이다. 그러나 뱀이 인간에게 복수를 하기 위해 인간의 몸으로 환생할 수 있다고 생각하였듯이, 인간 또한 인간에게 복수하기 위해 뱀의 몸으로 환생할 수 있다고 생각하였는데, 후자의 생각이 만들어낸 구체적 캐릭터가 상사뱀이라는 점에 유의할 필요가 있다. 상사뱀은 뱀이기 전에 인간이었다는 점에서 우리가 3장에서 봤던 환생의 양상과는 질적 차이를 갖기 때문이다.

상사뱀의 주체는 대개 신분이 낮다는 것을 특징으로 한다. 구전설화 「조월천과 상사뱀」이 대표적 예다. 조월천이 오성대감 밑에서 글을 배우러 다니고 있었다. 그러다가 이방의 딸이 조월천을 보고 흠모하게 되었다. 하루는 이방의 딸이 조월천이 오가는 길에 편지를 써서 두었는데, 조월천이 그 편지를 읽은 후 낱낱이 찢어서 하인에게 우물에 던져버리라고 하였다. 이를 지켜본 이방의 딸이 병이 나서 죽기 일보 직전이 되자, 이방이 오성대감을 찾아가서 자기 딸이 조월천을 한 번만 만날 수 있게 해달라고 부탁했다. 오성대감이 조월천에게 그 얘기를 전하자, 조월천이 내일 저녁에 찾아뵙겠다고 말했다. 조월천이 집으로 돌아가던 중에 갑자기 뇌성벽력이 치면서 소나기가 오자, 하는 수 없이 그 이방의 집에 가게 되었다. 이방 집에서 저녁을 진수성찬으로 대접받은 뒤, 그날 밤 조월천이 이방의 딸 방에 들어갔다. 조월천이 오른손에 명주 수건을 감은 뒤 이방 딸의 얼굴을 쓰다듬자, 양반이어서 내 살점에 손을 대는 것도 싫어서 저러는가 하는 서운한 마음에 그만 상사뱀이 되었다. 조월천이 오성대감한테 글을 배우러 가자, 오성대감이 호령을 해서 조월천을 쫓아오던 상사뱀을 물리쳤다. 이튿날 오성대감한테 글을 배우러 가, 오성대감이 붓 뚜껑에 상사뱀을 담은 뒤 다른 형제들이 보게 되면 조월천네 집이 망할 거라면서 절대로 보여주지 말라고 당부했다. 조월천의 만류에도 불구하고 동생이 붓 뚜껑을 여는 바람에 이방의 딸이 도로 상사뱀이 되어 형제들을 모두 감아 죽였다. 이 일로 그 집이 전부 멸족하게 되었다.

「조월천과 상사뱀」에서 상사뱀의 주체는 이방의 딸로서, 조월천에 비하면 신분이 미천하기 그지없다. 또한 조선 시대의 법률상 양반과 상민의 결혼을 금하였다는 것에서 알 수 있듯이, 이방 딸의 사랑은 애초부터 성사되기가 어려운 것이었다. 즉 본질적 결여를 내포하고 있었던 것이다. 그러나 상사뱀이 되었다고 해서 그러한 본질적 결여가 충족될 리 만무하다. 앞서 보았듯이, 서사 속의 뱀은 미천한 동물일 뿐만 아니라, 존재론적 결여를 내포하고 있는 동물이다.

이방의 딸이라는 미천한 신분, 신분적 한계로 인한 이뤄질 수 없는 사랑은 사회적 결여를 의미한다. 자연적 존재로서의 뱀이 안고 있는 동물적 결여와 연관을 지어볼 때, 둘은 상동 관계에 있음을 알 수 있다. 따라서 현실에서 사랑을 이루지 못한 이방의 딸이 죽어 상사뱀이 되는 것은 지극히 자연스러운 과정으로 이해된다. 그러나 인간이 안고 있는 사회적 결여가 동물이 안고 있는 동물적 결여와 자연스럽게 합치될 수는 없다. 사회적 결여는 근본적으로 동물적 결여와는 질적 차이가 있기 때문이다.

물론 '상사풀이'를 통해 상사뱀의 소원이 해결되는 경우를 말하고 있는 서사도 있다. 그러나 이것을 근본적 해결이 이뤄진 상황으로 이해할 수는 없다. 인간 대 인간의 관계에서 촉발된 사랑이 인간 대 상사뱀의 관계를 통해 해결될 수는 없기 때문이다. 그럼에도 자연적 동물로서의 뱀의 복수가 거의 의미 없는 반격으로 이해됨에 비해, 상사뱀의 복수는 때론 잔혹할 만큼 폭력의 결과를 낳기도 한다. 왜 그러한가? 상사뱀은 동물적 존재도 인간적 존재도 아닌, 둘의 결합체가 만들어낸 상상의 동물이기 때문이다. 그 점에서 상사뱀의 무자비한 복수의 폭력성은 인간 사회가 안고 있는 사회적 문제를 상징한다. 상사뱀의 잔혹한 복수가 가능한 이유다.

**최원오 지음**

**참고 문헌**

서대석 편저, 『조선조문헌설화집요 Ⅰ』(집문당, 1991)

서대석 편저, 『조선조문헌설화집요 Ⅱ』(집문당, 1992)

최원오, 『인간적인 너무나 인간적인 한국신화 2』(여름언덕, 2005)

최정여, 『한국구비문학대계 7~11』(한국정신문화연구원, 1984)

# 중국의 뱀 이야기의
# 서사 구조

## 뱀 서사의 고전, 「백사전白蛇傳」

'뱀의 몸에 사람 얼굴, 소의 머리에 호랑이 코.' 바로 중국 신화에서 인류 시조로 등장하는 복희의 형상이다. 한대漢代의 화상석畵像石이나 당대唐代의 비단 그림에 의하면, 복희는 여와와 함께 등장하고 있는데, 허리 위로는 사람의 모습이지만, 허리 아래로는 뱀의 모습을 하고 있다. 이처럼 중국의 서사문학에서 뱀은 인류의 시조신과 연관되어 '상서로움과 풍요로움'의 상징 동물로 등장하고 있을 만큼 그 문화적 위상이 높다. 그러나 중국 동물 문화에서 뱀은 전갈, 도마뱀붙이, 지네, 두꺼비와 함께 오독五毒, 즉 다섯 가지 해충의 하나로 분류되기도 한다. 이처럼 중국 동물 문화에서의 뱀은 긍정적 형상으로서 인식되기도 하지만, 부정적 형상으로서 인식되기도 한 동물이다.

뱀의 이중적 형상은 문인들의 문학에서도 보편적으로 확인되고 있다. 초楚의 굴원屈原은 『초사招辭』「천문天文」에서 "머리가 아홉 개인 무서운 살무사, 어디로 재빨리 사라졌는가?", "뱀 한 마리가 코끼리를 삼켰으니, 대체 그건 얼마나 큰 것인가?"라고 부정적으로 읊고 있다. 이에 비해 진秦 부현傅玄은 「영사명靈蛇銘」에서 "아름다운 영험한 뱀이여, 끊어져도 다시 이어질 수 있구나. 날 때도 날개가 필요하지 않고, 걸을 때도 발을 빌리지 않는다네. 위로는 하늘 높이 오르고, 아래로는 산악에서 노니니, 이 명주明珠를 만나면 그 몸이 용의 무리에 들겠지"라고, 거의 용에 가깝게 뱀을 긍정적으로 노래하고 있다. 그렇지만 시문학에서와는 달리 서사문학에 등장하는 뱀은 대부분 부정적이다. 예컨대, 『삼국연의三國演義』제1회에서 한 영제靈帝가 크고 푸른 뱀에 깜짝 놀라는 장면, 『수호전水滸傳』제1회에서 홍태위洪太衛가 길에서 뱀을 맞닥뜨리는 장면, 『서유기西遊記』제67회에서 타라장駝羅莊에서 당승唐僧 일행이 요괴 뱀과 싸워 이기는 장면 등이 그것이다.

그러나 뱀을 소재로 한 중국 문학에서 단연 주목되는 것은 소위 '백사고사白蛇故事'로 불리는 일군의 서사 작품인데, 문학적 형태를 갖추기 시작한 당唐나라 때로부터 시작하여 송宋, 명明을 거치면서 서사적 완성도를 높여간 것으로 평가받고 있다. 청대淸代에는 희곡 작품으로도 각색되어 공연되었을 만큼 인기를 얻었다. 1950년대에 들어서도 전한田漢의 「백사전」과 같은 희곡 작품이 계속해서 출현하였고, 공연 또한 계속해서 이뤄졌다. 지금도 공연이 지속되고 있는 것으로 미루어 볼 때, 백사고사는 천 년 이상 중국인들의 사랑을 받아온 대표적 서사라고 할 수 있을 것이다.

　따라서 여기서는 '백사고사'를 중심으로 중국 뱀 이야기의 서사 구조와 의미를 살피되, 서사 내용의 확연한 분기가 청대 이후에 시도되었다는 점에서 청대 이전과 이후로 나눠 살펴보기로 한다.


## 청대 이전 : 요괴로서의 백사

　「백사전」의 원형이라고 할 수 있는 내용이 처음 소개되어 있는 곳은 『태평광기太平廣記』 권458에서이다. 이황李黃과 이관李琯의 이야기가 그것인데, 먼저 이황의 이야기를 정리해보면 이렇다. 이황이 장안 거리에서 흰색 상복을 입은 미모의 여인을 만난다. 그녀는 복상服喪 기간이 지났음에도 불구하고 갈아입을 옷이 없다. 이황은 그녀에게 돈을 빌려준다. 이황이 돈을 받으러 오라는 소식을 받고 여자의 집에 갔더니, 여자가 당분간 자기 집에 묵으라고 권한다. 그런데 푸른 옷을 입은 노파가 이황에게 와서는 여자의 이모라고 자신을 소개하면서, 만약에 이황이 여자의 빚을 대신 갚아주면 그녀가 이황과 결혼해줄 것이라고 말한다. 이에 이황은 노파의 말에 동의하고 3일 동안 여자의 집에서 머문다. 그러나 집에 돌아온 이황은 병이 들어 죽는다. 가족들이 이를 놀랍고 이상하게 생각하여, 흰색 옷을 입은 여자의 집을 찾아갔지만 그곳에는 빈집과 쥐엄나무 한 그루밖에 없었다. 근처 사람들에게 물으니, "나무 밑에 항상 큰 백사가 있었고, 다른 것은 없었다"라고 대답한다. 백사를 정욕의 화신으로 묘사하고 있음을 볼 수 있다. 이관의 이야기 또한 이에서 멀지 않다. 이관은 당나라 절도사 이씨李氏의 아들이다. 이관이 장안의 안화문安華門에서 두 명의 여자를 만났는데, 그중 미모가 신선처럼 아름다운 소녀와 서로 알게 되어 정을 통한다. 그러나 이관은 집에 온 후 "머리가 아프고, 몸이 허약해지며, 며칠 지나지 않아" 죽는다. 가족들이 이관이 어제 간 곳을 찾아가보니, 나무 밑에 큰 뱀의 흔적이 있었다. 그래서 나무를 뿌리째로 뽑았더니 큰 뱀은 없고 작은 뱀만 여러 마리 있어서 모두 죽였다는 것으로 이야기가 끝난다. 이관의 이야기에 등장하는 뱀 또한 정욕의 화신으로 등장하고 있는 것이다.

따라서 『태평광기』권458에 실려 있는 두 편의 이야기는 뱀의 형상에 있어서는 거의 유사한 점을 드러내고 있다고 할 수 있다. 즉 남성을 유혹하여 자신의 정욕을 채운 뒤 그 남성을 죽이고 마는, 소위 팜므파탈의 형상을 읽을 수 있다. 특히 이황의 이야기에 이러한 뱀의 팜므파탈적인 힘이 잘 묘사되어 있다. "이불 아래에 몸이 점차 소멸되어가고 있었으며, 이불을 들춰보니 쏟아진 물뿐이고 오로지 머리만 남아 있었다." 이 대목에서 우리는 철저하게 상대를 파괴하고 마는, 뱀의 파괴적 마력魔力을 느낄 수 있다. 그런데 이러한 파괴적 마력은 항상 거부할 수 없는 것으로 다가온다는 점에서 치명적이다. 백사의 마력은 항상 미모에 가려져 있기 때문이다.

이황과 이관의 이야기에 등장하는 뱀이 정욕을 나눈 상대 남성을 철저하게 파괴해버리는 데서 우리는 그 어떤 인간적 감성도 느낄 수 없다. 단지 동물적 정욕만이 난무하여 있음을 볼 수 있을 뿐이다. 이러한 모습은 명나라 사람 조률晁瑮 의 『보문당서목寶文堂書目』에 기록되어 있는 「서호삼탑기西湖三塔記」에서도 지속되고 있다. 송宋 효종孝宗 순희淳熙 연간에 관리의 아들인 해선찬奚宣贊이라는 사람이 있었다. 해선찬이 청명절淸明節에 서호西湖에 유람하러 갔다가, 길을 잃고 헤매고 있는 백묘노白卯奴라는 어린 여자를 집에 데려온다. 열흘쯤 지나, 한 노파가 백묘노를 찾으러 온다. 그리고 해선찬을 자신의 집으로 초청하여 술상을 차려 답례하겠다고 말한다. 노파의 집에는 흰옷을 입은 미모의 여자가 있었다. 백묘노의 어머니였다. 주인과 객의 예를 갖춰 흰옷을 입은 여자와 해선찬이 술을 마시게 되었는데, 흰옷을 입은 여자가 어떤 젊은이를 데려오게 한 뒤 그 젊은이의 심장과 간을 꺼내 술안주로 해선찬에게 내놓았다. 이에 해선찬은 너무 놀라 혼이 다 나갈 지경이었다. 그러나 해선찬은 여자에게 붙들려 부부 생활을 하며 보름 동안 함께 지내게 된다. 보름이 지나자 흰옷을 입은 여자가 해선찬을 죽이려고 한다. 이에 해선찬의 간청을 들은 백묘노가 해선찬을 몰래 도망시킨다. 집에 돌아온 해선찬은 화를 피하기 위해 이사를 한다. 그다음 해 청명절 되던 날에 노파가 또 해선찬을 찾아와서는 붙잡아 흰옷을 입은 여자에게 다시 데려간다. 두 사람은 보름 동안 다시 부부 생활을 한다. 그러나 부인이 해선찬의 심장과 간을 파내려고 할 때, 백묘노가 또 한 번 해선찬을 구해준다. 그 후 해선찬의 삼촌 해진인奚眞人이 이 일을 알게 된다. 해진인이 노파, 백묘노, 백묘노의 어머니를 붙잡아 본모습을 보이게 하였더니, 백묘노는 닭이고, 흰옷 입은 여자는 백사였다. 해진인은 쇠 항아리에 세 괴물을 잡아서 넣고 밀봉을 한 후 부적을 붙인다. 그리고 석탑 세 개를 만들어 그곳에 세 괴물을 가둔 다음 호수 속에 빠트린다.

이 이야기에서도 뱀은 여전히 정욕의 화신이라는 것을 알 수 있다. 그러나 앞서 보았던 백사에 비해 이 이야기에서의 백사는 정욕에 더하여 식인食人의 모습을 아울러 보여주고 있다는 점이 특이하다. 보름 동안 계속하여 부부 생활을 했다고 한 것은 정욕의 화신다운 모습이며, 그 기간이 끝난 뒤 상대 남성의 심장과 간을 파내어 먹는다고 한 것은 식인의 모습인 것이다. 또한 이 이야기에서의 백사는 먹잇감에 대한 집착이 대단히 강한 것으로 설정되어 있다. 도망간 해선찬을 추적하여 다시 붙잡아 온 데서 그 점을 알 수 있다. 따라서 이 이야기에서의 백사는 정욕, 식인, 집착의 이미지가 복합되어 있는 존재라고 할 수 있을 것이다.

그런데 이러한 복합적 이미지는 결국 백사의 괴물적 성격을 강화하기 위한 장치가 되고 있다. 아울러 괴물적 성격의 강화는 백사가 추구하는 정욕이 극단적으로 부정되는 것을 의미한다. 앞서 보았던 이황과 이관의 이야기에 등장하는 백사가 정욕을 추구하는 동물로 묘사되고 있음에도 불구하고, 인간에 의해 그 정체가 만천하에 드러나지 않는 것과는 상당히 대조적 인식이라고 할 수 있다. 「서호삼탑기」에서의 백사는 그 정체가 복합적으로 드러나고 있기 때문이다. 이런 점들을 고려하면, 이황과 이관의 이야기에서는 백사가 약간은 신비한 동물로 설정되어 있음에 비해, 「서호삼탑기」에서는 백사가 퇴치되어야 마땅할 동물로 설정되어 있다. 이러한 차이는 일차적으로는 백사에 대한 부정적 인식의 강화에 기인하는 것으로 볼 수 있다. 그러나 궁극적으로는 백사가 상징하고 있는 것, 즉 인간의 정욕에 대한 부정적 사회 인식이 더 강렬하게 반영되어 있음을 부정할 수 없다. 다시 말해서 정욕에 대한 부정적 인식 내지는 비판이 백사에 초점화되는 쪽으로 서사가 전개되어갔다고 볼 수 있을 것이다.

그럼에도 인간의 정욕이란, 인간의 본질적 속성이 아니겠는가? 그러니 인간의 정욕에 대한 부정적 비판 의식을 사회적으로 공유한다고 해서 그것이 완전하게 폐기될 리는 만무하다. 그렇다면, 적어도 문학의 관점에서 보자면, 그것을 좀 더 실감나고 흥미 있게 구성하여 인간 정욕의 속성과 문제점을 묘파描破하는 편이 나을 것이다. 명대 풍몽룡馮夢龍의 화본소설話本小說 『경세통언警世通言』 소재 「백낭자가 뇌봉탑에 영원히 묻히다白娘子永鎭雷峰塔」는 문학의 이러한 관점을 잘 보여주는 작품이다. 대체적인 줄거리는 「서호삼탑기」와 흡사하지만, 백사의 형상화인 백낭자白娘子에 있어서만큼은 완연한 인간에 가깝게 묘사하고 있다. 즉 상대 남성을 통한 정욕 추구와 그에 대한 집착과 집요함은 그대로이지만, 적어도 「서호삼탑기」에서의 백사처럼 무차별적으로 인간 남성을 살해하고 있지는 않은 것이다. 괴물로서의 백사 이미지보다는 요녀로서의 백사 이미지를 더 강하게 풍기고 있다고 볼 수 있겠다. 여기서 괴물과 요녀의 거리가 뭐 그리 중요하겠냐는 질문을 던져볼 수 있을 것이다. 모두 상대 남성을 유혹하여 파멸의 나락으로 떨어트리는 역할을 하고 있기 때문이다. 그러나 그렇다 하더라도 「백낭자가 뇌봉탑에 영원히 묻히다」에서의 백낭자는 부부 생활을 상대 남성인 이선과의 관계를 통해서만 유지하려고 하였으니, 스토커라고 비난할 수 있을지는 몰라도 인간의 정욕과 그 문제점의 관점에서 보자면 훨씬 진전된 캐릭터이다. 그 점에서 「백낭자가 뇌봉탑에 영원히 묻히다」는 괴물의 형상화가 아니라 요녀의 형상화를 통한, 인간 정욕의 핍진성과 진실성을 깨닫게 하는 서사라고 할 수 있다.

## 청대 이후 : 인간적 존재로서의 백사

이제까지 보았던 백사고사는 정욕의 화신으로서의 백사, 또는 음탕한 백사에 초점이 맞춰져 있고, 그러한 덫에 한번 걸리면 헤어나기가 어렵다는 것을 경계하고 있다. 물론 「백낭자가 뇌봉탑에 영원히 묻히다」에서 약간의 욕망, 그러니까 요물임에도 불구하고 인간 세상에서 행복하게 살고자 하는 욕망을 나타내고 있지만 말이다. 그래서일까. 청대清代 건륭乾隆 35년에 판각된 『신편동조뇌봉탑백사전新編東調雷峰塔白蛇傳』은 명대의 「백낭자가 뇌봉탑에 영원히 묻히다」와 비교해볼 때, 내용 및 인물 성격의 변화, 그리고 그에 따른 주제의 변화가 감지된다.

예를 들면, "당신과 오늘 서로 만나게 된 것 역시 전생에 맺어진 인연이오니, 제 용모가 못생겼다고 하여 싫어 마시고 한평생 종신토록 함께 하시길 바라옵니다"라는 백사의 말에서 알 수 있듯이, 백사는 보은하기 위해 허선과 부부의 인연을 맺고자 한다. 이때의 '인연'은 금산사에서 법해선사가 이선에게 한 다음의 말에서 파악된다. "그 사람 전생의 일을 알 수 있으니, 5백 년 전에 이미 인연이 맺어진 것이다. 백사는 그때 사람에게 상해를 입었는데, 네가 권유하여 놓아주었다. 이 뱀은 다시 목숨을 얻어 굴속으로 들어가 수련을 통해 사람의 모습으로 변신하였다. 지금 출현하여 사람을 섭생하려고 하니 요괴를 멸하지 아니하면 너의 몸을 해치리라." 이러한 보은의 서사는 이전의 '백사고사'에서는 파악되지 않던 내용인 것이다. 또한 백사는 이선과의 사랑에 헌신을 다하는 인물로도 설정되어 있다. 오월 단오에 백사가 무의식중에 자신의 형체를 드러내었는데, 이를 본 허선이 놀라 죽자 백사는 목숨을 걸고 죽은 사람을 소생시킨다는 선초仙草를 구하러 떠난다. 전생의 인연뿐만 아니라 인정과 이치에 부합하는 여인으로서의 백사를 묘사하고 있는 것이다. 그뿐만 아니라 법해선사에 의해 뇌봉탑에 갇힌 백사가 탑 속에서 아이를 낳는 서사도 덧붙여놓고 있다. 후에 이 아이가 과거에 장원급제 하여 장원외張員外의 딸 장취아張翠娥와 결혼하고, 금나라를 대파한 공로로 도독대장군都督大將軍에 책봉되며, 뇌봉탑에 봄가을로 가서 제사를 지냈다는 내용을 첨가하여 "가문에 좋은 일과 경사스러운 일이 끊이지 아니하고 강녕康寧하였다"는 결말에 자연스럽게 이어지도록 서술함으로써 백사의 희생을, 요물로서의 희생으로 그리고 있지 않은 것이다.

그러나 청대에 들어 새로 첨가된 내용 중에서 단연 압권은 제3자가 시도한, 법해선사에 대한 복수일 것이다. 왜냐하면 법해선사에 대한 제3자의 복수가 시도됨으로써 백사에 대한 긍정적 평가가 더욱 객관화될 수 있는 가능성을 획득하고 있기 때문이다. 다음은 백사가 뇌봉탑 속에 갇히게 되자, 가물치 정령이 백사를 대신하여 원수를 갚으려 할 때 한 말이다. "내 누이동생을 탑 속에 가둬 천년만년 영원토록 환생할 수 없게 하다니! 석탑을 무너뜨려 누이동생을 구출해내어, 의형제를 맺은 정을 저버리지 아니하리라." 비록 가물치 정령의 복수는 성공하지 못하지만, 이는 백사에 대한 법해선사의 진압이 정의롭지 않은 것일 수도 있음을 시사한다는 점에서 의미를 갖는다. 달리 말하자면, 법해선사에 의해 일방적으로 요괴로 명명되었던 백사가 한 인간적 존재로서의 정당성을 어느 정도 획득하고 있었음을 항변하고 있다.

한 인간적 존재로서의 백사의 정당성은, 허선이 법해선사를 스승으로 모시고 불교를 선양하는 대신 백사와의 관계 속에서 아들을 얻어 가문의 경사를 맞이하게 되는, 그러니까 개인적 행복을 맞이하는 결말과도 무관하지 않다. 그런 점에서 청대 이후의 '백사고사'는 이선과 백사의 개인적 사랑, 그것도 인간 개체로서 상호 교감을 나누는 사랑에 초점이 맞추어져 있다. 그러한 맥락에서 볼 때, 불교의 이치를 설파하는 법해선사에 대한 복수 서사의 설정이 필연적으로 제시될 수밖에 없었을 것이다. 사랑은, 특히 인간적 존재의 사랑은 외부의 힘에 항거할 때 비로소 빛날 수 있기 때문이다. 청대 이후의 '백사고사'가 지향한, 또는 선택한 서사의 향방이다.

**최원오 지음**

**참고 문헌**

손환이, 「백사전의 시대의식 및 상징 ―백낭자를 중심으로」(『중어중문학』 제32집, 한국중어중문학회, 2003)

정대웅, 「'白蛇傳' 탄사 소고」(『중국소설논총』 제9집, 한국중국소설학회, 1999)

함은선 번역, 「백낭자가 뇌봉탑에 영원히 묻히다」(『중국소설연구회보』, 한국중국소설학회, 2007)

# 일본의 뱀 이야기의
# 서사 구조

**일본 문화 속에서의 뱀**

　일본에 뱀의 전설은 아주 많다. 그중에서도 대표적인 것은 『고사기古事記』, 『일본서기日本書紀』에서 스사노오スサノォ가 큰 뱀을 퇴치하는 이야기인데, 그 속에 머리가 여덟 개 달린 '야마타노오로치やまたのおろち'가 등장한다. 그리고 스진천황崇神天皇의 조條에는 '야마토토비모모소히메倭迹迹日百襲姫命'가 큰 뱀과 결혼했다는 신혼神婚 설화가 있다.

　야마타노오로치 전설은 이야기의 유형으로는 '페르세우스=안드로메다' 형이라고 불린다. 괴물에게 제물로 바쳐질 위기에 처한 젊은 처녀를, 영웅이 나타나 괴물을 죽이고 구해낸다는 종류의 이야기이다. 일본 신화에서 그리스 신화와 공통되는 요소를 꽤 발견할 수 있는데, 야마타노오

로치 이야기도 그렇다[요시다 아스히코, 『일본 신화의 원류』(고단샤 학술문고)]. 예를 들면, 이자나기 ィザナギ (일본 신화 속에 등장하는 신)가 죽은 부인의 이자나기를 쫓아 지옥에 따라가는 이야기는 오르페우스 신화와 흡사하다. 일본 신화와 그리스 신화의 관계에는 이론도 있으나, 일본 고분古墳 시대의 기마에 관련된 다양한 유물은, 멀리는 스키타이 등의 유목 문화와 관련된다. 이런 유형의 이야기도 기마민족의 문화가 전해진 스텝 루트를 통해 한반도를 경유해 일본에 전해졌을 것이다.

## 야마타노오로치 八岐大蛇

『고사기』, 『일본서기』에 의하면, 스사노오는 이즈모出雲에 내려와 그곳에서 야마타노오로치에게 제물로 바쳐질 위기에 처한 쿠시나다히메ク シ ナダヒメ 를 그 큰 뱀으로부터 구해낸다. 그리고 그녀와 결혼하여 이즈모의 지배자가 된다. 야마타노오로치는 머리가 여덟 개 달린 큰 뱀인데, 그것은 여러 갈래의 물줄기를 가진 큰 강을 연상시킨다. 뱀은, 많은 일본 민화에서 물의 신인데 야마타노오로치도 홍수를 일으켜 벼를 시작해 농업 생산에 큰 타격을 주는 강을 상징한다고 여겨졌다. 물을 다스리는 수신水神으로서의 이미지일 것이다. 그것은 희생되는 젊은 처녀의 이름이 훌륭한 논을 의미하는 쿠시나다히메奇姬田稻라는 것에서도 알 수 있다.

농업 생산에 주력했던 이즈모는 동시에 청동기 생산의 중심지이기도 했다. 야요이彌生 시대 말기(2~3세기)의 것으로 알려진 고진타니荒神谷 유적에서 발견되는 동검銅劍은 358자루에 이르며, 이어서 발견된 가모이와

쿠라加茂岩倉 유적에서는 일본 최다인 39개의 동탁(종방울)이 발견되었다. 야요이 시대 이즈모가 청동기 생산의 일대 중심지였던 것은 확실하다. 일본에서 동탁의 용도는 제사였던 것이 틀림없는데, 농업 생산의 그림이 그려진 것도 있어 농업 생산의 풍요를 기원하는 의식에 쓰였다고 생각할 수 있다.

큰 뱀도 세계의 많은 오래된 문화 속에서 풍요의 신에 속한다고 여겨져왔다. 마야 신화에서 주신인 케찰코아틀은 뱀의 모습으로 나타나며, 풍요의 신으로 많은 인간이 이 신을 위해 바쳐졌다. 야마타노오로치도 기본적으로 큰 뱀의 모습을 한 풍요의 신이며 제물을 원하는 신이었다.

이즈모를 통한 야요이 시대 청동기의 발달이 특징을 가진다면, 야마타노오로치는 청동기 문화와 연결된다. 스사노오는 이런 청동기 중심의 농업 사회에 새롭게 들어온 호전적 전사이며 아마도 철제 무기로 무장하고 있었을 것이다. 한반도에서는 그리스·스키타이계의 기마민족 문화를 일찍부터 수용해, 남부 지방은 삼한 시대(3세기)로 제철이 유명했다(『위지魏志』「한전韓傳」). 스사노오가 이즈모에 내려왔다는 것은, 한반도에서 새롭고 우수한 철제 무기를 보급시킨 세력의 지도자를 상징하고 있다고 할 수 있다. 스사노오는 예리한 칼날의 검으로 큰 뱀을 베는데, 그때 큰 뱀의 체내에서 발견된 검이 일본 천황의 왕위를 상징하는 '세 종류의 신기神器'인 거울, 검, 옥이다. 그중에서 검은 '쿠사나기草薙의 검'이라고 일본 신화에는 전해진다. 아무튼 스사노오는 큰 뱀을 예리한 검으로 살상하는, 새로운 시대의 전사였다.

이리하여 야요이 시대에 성행한 청동기 문화는 철검과 철제 마구馬具를 중심으로 하는 기마민족 계통의 문화로 바뀌어간다. 하지만 새로운 시대의 지배자인 스사노오가 『일본서기』에서는 자식이며 신인 이타케루五十猛와 함께 신라에 강림했다고 기술되어 있다. 이것은 스사노오가 도래인渡來人 집단, 아마도 철제 무기를 제작하는 대장 기술을 가진 집단의 지도자 또는 조상신이었던 것을 시사한다.

## 미와산三輪山의 뱀신(오오모노누시大物主)

『고사기』와 『일본서기』에 기술된 유명한 고대 뱀 설화는 '미와산三輪山 전설'이라고 불린다. 야마토大和 분지 동남쪽에 위치한 미와산은 고대에도 신성한 산으로 여겨졌는데, 그 산의 신인 오오모노누시大物主와 스진천황의 고모인 야마토토비모모소히메가 결혼했다는 이야기가 『고사기』와 『일본서기』의 스진천황 편에 서술되어 있다.

모모소히메는 스진천황의 조부인 고레이孝靈천황의 황녀인데, 『위지』의 「왜인전倭人傳」에 기술된 야마타이국邪馬台國의 여왕 히미코卑彌呼처럼 예언을 자주 하고 스진천황의 정치와 군사 사업을 도왔다고 한다.

그런데 이 모모소히메는 미와산의 신인 오오모노누시의 부인이 됐다고 『고사기』와 『일본서기』에서는 말한다. 설화에서는 밤이 돼야 남편이 들르니 모모소히메가 그 모습을 확인할 수가 없었다. 모모소히메가 남편에게 모습을 보고 싶다고 말하자 남편은 그럼 자신은 작은 상자에 들어가 있을 테니 보라고 하며, 놀라서는 안 된다고 말한다. 부인이 상자를 열어보니, 그 안에는 작고 아름다운 뱀이 있었는데 마치 끈과 같았다. 부인이 놀라서 소리를 지르자 남편은 원래의 모습으로 돌아와, 약속을 깨고 내 모습이 창피스럽다고 여겼다며 이혼을 선언하고 떠나버렸다. 남편에게 버림받은 모모소히메는 젓가락으로 자신의 음부를 찔러 죽었다고 한다. 그 무덤이 오늘날 미와산 산기슭에 남아 있는 거대한 고분인 하시하카箸墓 고분이다. 하시하카 고분은 전체 규모가 280미터에 달하는 일본 고분 시대 초기의 최대 고분이다. (3세기 후반) 스진천황은, 4세기 초 재위했다고 추측되는데 스진천황릉으로 여겨지는 거대 고분이 남아 있는 등, 실제적인 최초의 야마토 천황이라고 생각된다.

## 철과 물, 그리고 뱀 신앙

이즈모(시마네 현島根県)의 야마타노오로치 신화와 야마토(나라 현奈良県)의 미와산 설화는 근본을 둔 신화가 공통점이 많다고 생각한다. 확실히 큰 뱀은 수신이며 농업 생산, 특히 벼농사에 깊은 관련이 있다. 하지만 한편으로 그것은 광업과도 관계를 가진다. 일본에서 제철 기술에 관련된 유적이 발견된 것은 6세기 이후이다. 야요이 시대, 특히 말기인 2, 3세기에는 부분적이지만 원시적인 제철 기술이 존재했다는 설도 뿌리가 깊다. 일본의 고대 철 생산에 관한 전문가인 무라카미 야스유키村上恭通도 5세기까지 일본에 주로 철의 공급원으로 알려진 것은 한반도 남부(『위지魏志』에서 말하는 변한)인데, 그 수입이 중단, 또는 원활히 이루어지지 않은 시기에는 대체적으로 '야요이 제철'이 존재할 수 있다고 했다.

야요이 제철 기술에 대해서 마유미 스네타다眞弓常忠 저 『일본 고대 제사의식과 철日本古代祭祀と鐵』(가쿠세이샤學生社)에서는 다음과 같이 말한다.

물에 녹은 철분이(미생물의 영향으로) 침전되어 만들어진 갈철광褐鐵鑛의 일종인 철의 광물(고대 유럽에서는 '소철광沼鐵鑛'으로 이용되었다)을 이용하는 것이 고대의 제철 기술이었다. 이 소철광은 아주 귀중한 철 자원으로 늪지에서의 생성은 실제로 철분을 처리하는 박테리아의 활동에 의해서 이루어진다. 고대인은 거기서 신의 힘을 본 것이다. 마유미는 일본의 스와 신사諏訪神社 등에서 '방울'을 이용하는 제사가 고대의 소철광 생성에 관련된 것이라고 논한다.

미와산에는 철 자원이 있어 후세에는 거기서 철광석을 파내어 이용했지만, 3, 4세기의 단계에서는 강물에 녹아서 흘러내린 철분이 늪지에 침전한 것을 활용했다고 할 수 있다. 모모소히메는 그 철의 제사에 관련된 무녀였던 것이다.

야마타노오로치 신화의 구시나다히메도 후세에 소철광의 이용이 없어진 후에는 벼농사의 상징으로 알려졌다. 그러나 야요이 시대의 전설을 생각해보면 소철광에 관련된 무녀의 신혼神婚담에 등장하는 히로인으로 생각해야 할 것이다. 사철은 티타늄의 성분을 포함해 고온에서 용해해야 한다. 하지만 소철광은 융해 온도가 낮고, 고대 제철하는 과정에서 이 철이 많이 이용된 것은 그 기술의 편의성에 있다.

뱀이 몸을 구불구불 구부리는 모습은 강의 형상을 연상시키므로, 뱀이 수신과 농업 생산의 신으로 여겨진 것은 당연했다고 할 수 있다. 하지만 소철광의 제철 기술이 중요했던 일본의 야요이 시대 말기부터 고분 시대 초기에 뱀은 소철광 생성의 신이기도 했다. 이렇듯 신비스럽기도 한 소철광 생성에는 유럽에 있어서도 늪지에 사람을 제물로 바치는 의식이 있었다고 전해지며 일본에서도 똑같이 사람을 제물로 바치는 풍습이 있었

다. 이 사실로 볼 때 야마타노오로치 신화는 소철광에 관련된 것이라고
이해된다. 스사노오가 야마타노오로치를 퇴치하는 이야기를 기술사적으
로 해석해볼 때, 소철광에서 야요이 제철이 발달되어 새로운 철광석이나
사철을 이용하는 제철 기술이 구축되었던 사실을 말해준다.


## 안친기요히메安珍清姫 전설

일본 사회 속에서 불교가 우월한 지위를 차지하는 헤이안平安 시대 이
후, 고대의 신앙에서 숭배된 뱀은 점점 좋지 않은 신으로 취급되어진다.
이미 뱀은 신이 아닌 괴물이며 요괴인 것이다. 하지만 엄청난 마력을 가
진 마왕과 같은 존재이다. 이러한 중세의 뱀 이야기에서 가장 잘 알려진
것이 와카야마 현和歌山県(기이국紀伊國)의 '안친安珍과 기요히메清姫' 전설
이다. 여기서 뱀은 아름다운 여성인 기요히메로 등장한다. 안친은 젊은
승려이다. 오늘날에도 많은 참배자가 방문하는 기이紀伊의 도조지道成寺
에 이 전설이 전해진다. 벽에 그려진 안친과 기요히메의 전설을 절의 승
려가 들려주는 '그림풀이'로 널리 사람들에게 퍼졌다.

불교에서 민중 교화의 일환으로 들려주는 이 전설에서 뱀은 부도덕한
사랑에 불타는 여성이다. 마을의 아름다운 처녀인 기요히메는 숙박하러
온 미남의 소년 승려, 안친을 사랑하게 된다. 불교 계율에 어긋난다고 해
서 기요히메의 사랑을 거부하는 안친을 기요히메는 어디든지 쫓아가, 마
지막에는 뱀으로 변해 안친을 태워 죽인다.

이 설화의 오랜 기록으로는 헤이안 시대의 『대일본법화험기大日本法華驗

記』중의 「기이국 무로군의 악녀紀伊國牟婁郡惡女」, 『곤자쿠모노가타리집今昔物語集』의 「기이국 도조지의 승사법화구사어紀伊ノ國道成寺ノ僧寫法華救蛇語」가 있다. 여기서는 여성이 젊은 과부로 숙박하는 승려도 노승과 젊은 승려 두 명인데, 여성은 물론 젊은 승려를 사랑하게 된다. 마지막에는 승려 두 사람 모두 뱀으로 변해버린 여성에 의해 불에 타 죽는다.

중세 불교에서 여성은 부정한 존재로 성불할 수 없다는 여성 차별관이 일반적이었는데, 이 설화에도 사랑에 빠진 여성이 '악녀'로 등장한다. 고대에는 뱀이 성의 능력과 풍요를 상징했으나, 성에 있어서 중세 불교에서는 뱀이 상징하는 섹스 능력이 번뇌의 대표며 악이었다.

안친이 부도덕한 사랑에 빠진 뱀으로 인해 불에 타 죽는 이야기는 도조지의 절에 달린 종으로 옮겨져, 그 종에 뱀이 몸을 말아 화염을 뿜어 태운다는 형태로 전해진다. 이 이야기가 실제로 일어났다는, 헤이안 시대부터 4백 년이 지난 가마쿠라鎌倉 시대에 전해진 이야기가 있다. 쇼헤이正平 2년(1359)에 불에 탄 종을 도조지에서 재건하게 되었는데, 그 완성을 기념한 공양이 이루어졌다. 완성된 새로운 종에 기요히메의 원령이 나타나 승려들이 필사적으로 기도를 하니 기요히메의 영혼은 뱀으로 변해 종 속으로 사라졌다.

이렇게 중세의 전설에서는, 기요히메가 몸을 말아 그 속에 가둬 안친을 태워 죽인다는 범종梵鐘이 이야기의 중심이 되었다. 또한 도조지에서 종의 공양이 중심 장면으로 설정된 극작품이 연속적으로 만들어지게 된다.

이른 시기의 노能(무로마치 시대室町時代)에서는 『가네마키鐘卷』로 제작된 것이 『도조지』로 개작되었다고 전해지는데, 현재에도 노의 레퍼토리의 하나가 되어 있다. 에도 시대 가부키歌舞伎에서는 도조지에 나타나는 기요히메의 원령인 시라뵤시白拍子의 아름다움과 원한을 조명한 작품이 여러 개 만들어졌다. 그 대표적인 것이 『교가노코무스메도조지京鹿子娘道成寺』이다. 이것도 현대 가부키에 있어서 인기 있는 레퍼토리의 하나이다. 더욱이 도조지의 이야기는 류큐琉球에도 전달되어 이 이야기에 근거를 둔 구미오도리組踊, 『슈신카네이리執心鐘入』가 탄생했다.

중세 도조지의 이야기에서는 악과 뱀은 여성 측이었다. 그러나 이 이야기가 널리 민중에게 인기를 얻고 더욱이 많은 극작품으로 만들어져 반복적으로 상연되는 것은, 오히려 민중 사이에서 불교 이전의 뱀에 관한 신앙, 즉 경외의 감정이 뿌리 깊게 남아 있기 때문이라고 말할 수 있을 것이다.

## 맺음말

뱀은 인간이 꺼려 하고 기피하는 존재이다. 그것은 독을 가진 동물 중에서 뱀이 압도적으로 우위에 있으며, 태곳적 인류의 선조가 약한 포유류였던 시절에 전성기를 누렸던 공룡에 대한 공포심의 정신적 유전 등으로 설명된다. 반면에 이런 본능적 공포는 종교적인 경외의 감정, 숭배의 감정과 연결된다. 한편으로 고대인은 높은 뱀의 살상 능력과 강인한 생명력에 신의 힘이 있다고 인정하고 성적인 능력의 신, 풍요의 신으로 숭배했다. 일본에서 뱀의 이미지는 물을 다스리는 수신인데, 성이 나면 홍수를 일으켜 인간들을 멸망시키는 무서운 존재였다. 그리고 고대의 한 시기에는 소철광 생성에 관련된 신이었으나 수신으로서도 뱀은 숭배의 대상이었다.

성의 능력에 대한 신앙을 기피하는 것은 불교나 기독교 등, 새로운 '금욕적 종교'의 한 특징인데, 이런 새로운 종교 세력이 커짐에 따라 뱀의 신앙은 민속의 세계로 밀려나고, 뱀은 부도덕한 사랑의 상징으로 기피해야 할 대상이 되었다. 하지만 뱀에 대한 숭상의 마음은 일본 민중 사이에 뿌리 깊게 남아 근대에 이르러서도 뱀을 주인공으로 하는 예능이 넓게 인기를 획득하는 등의 현상이 일어났다. 이로 인해 지하 수맥이 지상으로 분출되는 것처럼 사회의 표층으로 떠오르게 된다.

다이쇼大正 시대의 대표적 작가인 이즈미교카泉鏡花의 『야샤가 연못夜叉が池』은 1970년대에 이르러 시노다 마사히로篠田正浩 감독에 의해 영화화되어 당시 대표적인 가부키 온나가타女形(여자 역의 남자 배우)인 반도 다마사부로坂東玉三郎 주연으로 제작된다. 또한 중국의 도조지 전설이라고 할 수 있는 『백사전白蛇傳』이 애니메이션으로 다이에이大映 영화사에 의해 제작되는 등 일본 예능 속에서 뱀의 인기는 뿌리 깊다.

뱀은 성의 능력을 상징하며 계몽적인 이성과는 대립적인 관계에 있다. 이성이 주류인 근대사회에서 뱀은 그늘 속 존재이다. 하지만 성의 능력이 감퇴되고 저출산의 위협에 놓여 있는 현대 일본 사회에서는 성 능력 숭배의 대표적 상징인 뱀의 신앙과 뱀의 인기는 부활의 가능성이 적지 않다고 생각해야 할 것이다.

**카미가이토 켄이치 지음** | 심지연(도쿄대 대학원 박사 과정) **옮김**

제
4
부

# 뱀과 종교

총론: 한중일의 뱀과 종교적 예식 천진기

한국의 종교 속에서의 뱀 천진기

중국의 종교 속에서의 뱀 서영대

대지와 바다와 하늘을 이어주는 생명의 뱀 하마다 요

# 총론:
# 한중일의 뱀과 종교적 예식

## 숭배와 저주의 뱀 민족지

뱀 하면 떠오르는 이미지는 "간사하고 사악하고 독이 있어 사람에게 해를 끼치는 동물로서 매우 징그럽다"라고 생각하는 사람이 대부분일 것이다. 그러나 반대로 뱀을 신성스런 동물로 인식하여 신으로까지 받드는 곳도 많다. 우리나라에서는 집과 마을을 지켜주는 신이고, 다른 아시아 나라에서는 조상신의 역할도 하며, 남근의 이미지도 지니고 있으며, 유럽 쪽에서는 치료의 신으로 나타나기도 한다. 이처럼 뱀은 매우 복잡한 모습으로, 극단적인 평가를 받고 있다.

기독교, 유대교, 이슬람 문화권에서 뱀은 아담과 하와를 꾀어 원죄를 짓게 했다는 「창세기」의 이야기에 따라 '사탄'이라 부른다. 지독한 저주의 대상인 것이다. 그러나 유대인들이 출애굽의 길을 떠났던 고대 이집트에선 투탕카멘의 황금 마스크에서도 볼 수 있듯이 뱀은 고귀한 왕관의 정면을 장식했다(이를 '우라우스'라 불렀다). 왕권의 상징으로 떠받들어졌던 것이다. 이집트 출신의 클레오파트라도 즐거운 마음에서 자신의 몸에 뱀을 칭칭 감곤 했다. 그 모습은 조각이 되어 지금 바티칸 박물관에 모셔져 있다.[1]


## 마야·잉카의 최고 신神, 뱀

멕시코의 마야 문명권에서도 뱀은 숭배의 대상이었다. 유카탄 반도의 치첸이차에는 '쿠쿨칸'(마야어로 뱀이란 뜻)이란 이름의 피라미드가 있고, 멕시코시티 교외의 테오티우아칸 유적엔 목에 깃털을 단 뱀('케찰코아틀'이라고 한다)이 조각돼 있다. 이들에게 있어 뱀은 하늘과 땅을 통합하는 신이었다.

24미터 높이의 쿠쿨칸 피라미드는 뱀에 대한 마야인들의 극진한 애정을 건축적으로 형상화시켜놓았다. 정상으로 오르는 계단의 입구 양쪽에 커다란 뱀 머리 조각을 세워놓았을 뿐 아니라 뱀 몸통으로 상승하는 돌난간을 만들고, 꼬리로는 정상의 제단 들보를 꾸몄다. 이 정도만 해도 훌륭한데, 무엇이 부족한지 태양이 피라미드 위에 서게 되는 매년 7월 16

---

1 이 장은 권삼윤의 『문명은 디자인이다』(김영사, 2001), 문화일보 이윤기 기자가 2000년에 연재한 글 「새 천 년을 여는 신화 에세이」[(14) 뱀 이야기, (15) 뱀 이야기, (16) 醫神 아스클레피오스, (17) 못 다한 뱀 이야기]의 내용을 정리한 것이다.

일 오후 3시, 그 두 마리의 뱀이 춤을 추도록 만들어놓기까지 했다. 그날이 오면 그 환상의 장면을 보겠다며 세계 각지에서 찾아온 관광객들로 피라미드 앞 광장은 만원을 이룬다고 한다.

## 뱀 숭배의 극치, 앙코르와트

잉카 문명권의 쿠스코, 에게 문명권의 크레타 등지에서도 뱀 숭배 흔적을 볼 수 있으나 그 극치를 만날 수 있는 곳은 캄보디아의 앙코르와트다.

사원을 이루는 다섯 개의 첨탑은 힌두 신화에서 지상의 중심이자 신이 산다는 성스러운 산인 메루 산을, 이를 둘러싸고 있는 주벽周壁은 장대한 히말라야를, 주벽 바깥의 해자는 깊고 넓은 대양을 각각 상징한다. 이것이 앙코르와트다.

이 앙코르와트에도 뱀이 도사리고 있음을 발견할 수 있다. 나아가 뱀이 이 앙코르와트를 떠받치고 있다는 것도 알아차릴 수가 있다. 그 가장 확실한 물증은 앙코르와트 사원으로 들어가는 입구에서 방문자들을 맞이하는 몇 개의 커다란 '나가Naga' 조각이다. 나가란 일곱 개의 머리를 가진 코브라로 강과 비雨를 주재하는 앙코르 왕국의 최고신이었다. 뱀이라면 징그럽다는 생각이 앞설 텐데 나가 조각은 그렇지가 않다. 오히려 다정스럽기까지 하다. 전통적으로 벼농사를 일구었던 크메르인들은 나가가 벼농사에 절대적으로 필요한 물과 비옥한 땅을 선사한다고 믿었다. 그렇다고 그들이 손을 놓고 풍년이 들기만을 기다린 것은 아니었다. 앙코르 왕조가 들어선 11세기 중엽, 도성 좌우에 거대한 '바라이'(인공 저수지)를 축조하여 물 걱정을 없앴고 3모작까지 성공했다. 그 힘은 바로 나가에서 왔다고 생각한 그들은 거대한 앙코르와트를 건립하면서 나가 조각을 그 입구에 세운 것이었다. 그리고 앙코르Angkor란 말도 산스크리트어로 도시를 뜻하는 '나가라Nagara'에서 따왔다. 나가라는 '나가Naga(뱀)'와 '라Ra(산다)'의 합성어이므로 결국은 뱀이 사는 곳이란 뜻이 아닌가. 이만큼 앙코르는 뱀과는 떼려야 뗄 수 없는 관계에 있었다.

## '나가' 신앙 원산지는 인도

하지만 나가 신앙의 원산지는 크메르가 아니라 지금도 피리를 불어 춤을 추게 하고선 돈을 받는 인도로, 그 주인공은 원주민인 드라비다족이었다. 드라비다족은 벼농사를 처음 시작한 민족으로 알려져 있는데, 한반도 남쪽에 자리 잡았던 가야는 바로 그곳으로부터 벼농사 기술과 철기문화를 전수받았다. 그리고 '가야Kaya'란 지명도 드라비다어로 '마을', '왕국' 등을 뜻하는 말이었다. 그런 가야인들이라 드라비다족의 뱀 숭배 풍습도 받아들였는데, 폐사가 된 김해의 명월사에는 뱀을 새긴 조상彫像이 있었으며, 지금도 '가락태조왕릉중수기념비'에는 뱀 조각의 흔적이 남아 있다.

뱀은 이처럼 철저하게 물과 땅의 비옥함, 그리고 벼농사를 상징했다. 한마디로 농경문화의 화신이었던 것이다. 그런데 풍요를 기원하는 농경문화는 다신多神을 섬기는 속성을 갖고 있다. 유목민 출신의 히브리인들이라고 이를 모르지 않았기에 다신의 문화를 절대 받아들일 수 없게 농경문화를 상징하는 뱀을 인간을 꾀어 타락시킨 사탄으로 지목했던 것이다. 인간은 영양소를 섭취하여 물질적 에너지를 생성시키지만 그것을 어디에 어떻게 쓸 것인가, 또 어느 정도의 집중력으로 투입할 것인가를 결정짓는 것은 문화적 에너지다. 물질적 에너지가 중요한 것은 사실이나 제대로 쓰지 못하면 없느니만 못하다는 데서 문화적 에너지의 위력을 짐작할 수 있을 것이다. 그런데 그 에너지는 다름 아닌 상징체계에서 나온다. 그래서 유목 문화권에서는 뱀을 저주의 대상으로, 농경문화권에서는 숭배의 대상으로 삼아 각기 자기네 고유의 삶의 방식을 지키려 했던 것이다.

## 그리스 신화와 뱀

### 아폴론의 뱀

신화는, 아폴론이 장성하자마자 활을 메고 델포이로 올라가 사람들을 위협하던 왕뱀을 쏘아 죽였다고 기록하고 있다. 『구약성서』에 나오는 것과 아주 비슷한, 그리스판版 대홍수 직후의 일이다. 아폴론 시대에 이르면 뱀은 정복의 대상이 된다. 아폴론이 그랬듯이 카드모스도 왕뱀을 죽이고 나서야 테바이 땅을 얻고 시조가 된다. 생후 아흐레만에 뱀을 죽인 경력이 있는 헤라클레스는 뒷날 머리가 아홉 달린 물뱀인 구두수사九頭水蛇 히드라를 죽인다. 메두사는 머리카락 올이 뱀으로 살아서 꿈틀거리는 괴물이다. 영웅 페르세우스는 메두사의 머리를 잘라 자신의 수호여신 아테나의 방패에 달아주는데, 이 방패가 바로 세상에서 막아내지 못할 창칼이 없는 '아이기스' 방패다(미국이 만든 '이지스' 급 전함의 이름은 바로 이

'아이기스'의 영어식 발음이다).

## 뱀의 정복자 아폴론

아폴론 시대에 이르러 거룩한 창조적 미덕을 상징하던 뱀이 정복의 대
상으로 급전직하하는 것에서 알 수 있듯이, 신화에 등장하는 뱀의 상징
성은 시대에 따라 변화무쌍하다. 아폴론은 어둠의 권세로부터 인간을 해
방시킨 태양신이다. 그 태양신이 왕뱀 피톤을 쏘아 죽인 사건은, 어둠의
세계에 갇혀 있던 인간의 영혼을 영감의 세계로 해방시키는 것을 상징하
는 사건으로 알려져 있다. 그러니까 뱀은 인간의 무의식에 내재하는 어
둠이다. 하지만 어둠으로부터 인간을 영감의 세계로 해방시킴으로써 그
는 무엇이 되었던가. 피톤을 죽이고, 피톤의 아내 피티아를 신녀神女로 들
어앉힘으로써 무신巫神이 되었다. 그가 이룬 영감의 세계는 무巫의 세계
였을 뿐, 기술의 세계는 아니었다. 그는 의신醫神이기도 하지만 그의 치병
능력은 의술醫術이 아니라 주술呪術이었다.

의술은 아들인 아스클레피오스에 이르러서야 비로소 등장하는데, 이
때부터 뱀은 부활의 상징으로 거듭난다. 뱀이 부정적 상징이라는 허물을
벗고 긍정적 상징으로 거듭나는 것이다.

## 의신醫神, 아스클레피오스

그리스 신화에 등장하는 신, 혹은 문화 영웅 중에 까맣게 탄 어머니의
몸에서 탄생하는 캐릭터가 둘 있다. 주신酒神 디오니소스와 의신 아스클
레피오스다. 이 둘의 공통점은 죽음과 밀접한 관계가 있다는 것이다. 아
스클레피오스의 아버지 아폴론은 맡은 직분에 따라 각기 다른 별명으로

불린다. 활로써 왕뱀 피톤을 죽인 뒤로는 '피티오스(피톤을 죽인 자)', 태양신 노릇을 할 때는 '포이보스(빛나는 자)', 그리고 의신일 때는 '파이에온(치료하는 자)'이라고 불린다. 그는 음악의 신이기도 하고 궁술의 신이기도 하다.

아스클레피오스는 아폴론과 계집사람 코로니스 사이에서 난 아들이다. '코로니스'는 '까마귀'라는 뜻이다. 우리나라와 중국에 현조玄鳥, 즉 현묘한 새라고 불리면서 태양의 상징 노릇을 하던 까마귀가 태양신 아폴론의 신조神鳥이기도 하다는 것은 얼마나 상징적인가. 그리스 신화에 따르면 까마귀는 흰 새였다.

그 흰 까마귀가 아스클레피오스 탄생 직전 검은 새로 몸을 바꾸었다. 아폴론은 인간이 아닌 신인지라 계집사람 코로니스와 함께 살 수는 없었다. 그래서 그는 올림포스로 오르면서 흰 까마귀를 애인 옆에 두어 애인을 감시하게 했다. 하지만 코로니스는 천하의 절색이라서 유혹하려 드는 자들이 많았다.

어느 날 흰 까마귀가 올림포스까지 날아 올라와 아폴론에게 놀라운 소식을 전했다. 코로니스가 아폴론의 지식까지 가진 주제에 이스키스라고 하는 자와 밀통한다는 것이었다. 이 소식을 들은 아폴론은 활을 벗겨 시위에다 화살을 메겨 테살리아 쪽을 겨누고는 깍짓손을 놓았다. 궁술의 신 아폴론의 화살은 한 치 빗나감이 없이 날아가 코로니스의 가슴에 박혔다. 원래 사랑싸움에는 승리자의 가슴이 더 아픈 법이다. 코로니스를 죽인 아폴론은 후회와 슬픔과 울화를 혼자 이기지 못하고 애꿎은 까마귀만 원망하다가 마침내 까마귀를 저주하여 그 흰 털을 새까맣게 만들어버렸다.

아폴론은 코로니스를 죽인 뒤에야 코로니스의 배 속에서 제 자식이 자라고 있다는 것을 깨닫고는 서둘러 장례식장으로 내려갔다. 화장火葬은 이미 시작된 지가 오래였다. 아폴론은 황급히 플레기아스(불꽃처럼 붉은 자)의 딸 코로니스(까마귀 처녀)의 까맣게 그슬린 시신을 거두어 배를 가르고 자신이 복중에 끼쳐두었던 자식을 수습하니, 이 아기가 바로 아스클레피오스다. 아폴론은 켄타우로스족(반인반마족半人半馬族)의 현자賢者 케이론에게 아스클레피오스를 맡겨 의술을 가르치게 했다.

아스클레피오스에게는 아들 둘과 딸 넷이 있다. 두 아들은 트로이 전쟁에 참전함으로써 인류 역사상 최초의 군의관이 된다. 네 딸의 이름은 의술이 지향하는 바를 상징하는데, 이아소(의료), 판아케아(만병통치), 아이글레(광명), 히게이아(위생)가 바로 네 딸의 이름이다. 이들 가운데 막내인 히게이아는 아스클레피오스와 함께 의신제醫神祭를 흠향하는 어엿한 여신이다. '히게이아'라는 말은 '위생학'을 뜻하는 영어 단어 '하이진hygiene'에 고스란히 남아 있다. 병원과 의숙을 겸하는 아스클레피오스 사당에서 제관들은 독 없는 흙빛 뱀을 많이 길렀던 것으로 전해진다. 제관들이 허물을 벗고 다시 태어나는 뱀을 아스클레피오스의 사자로 보았던 까닭이다. 의술을 상징하는 지팡이 카드케우스(의신장醫神杖)에 기어오르는 뱀은 바로 허물을 벗는 뱀, 재생을 상징하는 뱀이다.

아스클레피오스가 어찌나 용했던지 온 세상에는 그가 죽은 사람도 살려낸다는 소문이 돌았다. 신화에 따르면 그가 의욕이 지나쳤던 나머지 딱 한 번 실제로 죽은 사람을 살려낸 적이 있다. 이미 저승에 가 있던 인간을 다시 이승으로 데려온 것이다. 이 일로 가장 상처를 입은 신이 바로 저승의 신 하데스다. 하데스가 화를 낸 것도 무리는 아니다. 한번 발을 들여놓으면 제우스조차 어쩌지 못하던 저승이 아니던가. 하데스는 이승의 법도와 저승의 염도冥途가 무너진다면서 제우스에게 탄원했다. 제우스는 탄원에 일리가 있다고 여겨 벼락을 쳐서 저승에서 돌아온 자를 저승으로 되돌려 보냈다. 그러나 하데스는 굽어 들지 않고 아스클레피오스의 목숨까지 요구하고 나섰다.

아스클레피오스는 온전한 신god이 아니라 반신demi-god이다. 아버지 아폴론은 신이지만 어머니가 인간이었기 때문이다. 제우스는 저승신의 탄원을 받아들였다. 벼락을 던져 아스클레피오스까지 저승으로 보낸 것이다.


## 뱀에 대한 문화적 오해 풀기

'뱀' 하면 가장 먼저 떠오르는 것은 무엇일까? 징그럽게 꿈틀거리는 기다란 몸뚱이, 소리 없이 발밑을 스슥 하고 스쳐 지나가는 듯한 촉감, 미끈하고 축축할 것 같은 피부, 무서운 독을 품은 채 허공을 날름거리는 기다란 혀, 사람을 노려보는 듯한 차가운 눈초리, 게다가 아담과 이브를 에덴동산에서 쫓겨나게 만든 장본인으로서 교활함의 대명사가 돼버린 뱀은 분명 우리 인간에게 그리 반가운 동물은 아니었다.

하지만 이런 지나친 혐오감 뒤에는 또 다른 호기심과 관심이 있다. 뱀은 겨울잠을 자기 때문에 불사, 재생, 영생의 존재이며, 다산성이기 때문에 풍요와 재물의 신이며, 생명 탄생과 치유의 힘, 지혜와 예언의 능력, 끈질긴 생명력과 짝사랑의 화신이다.

왜 그럴까? 우리가 뱀의 과학 모형을 민속 모형으로 이해할 때 생긴

문화적 오해 때문이다. 지금부터 이 문화적 오해를 하나씩 하나씩 뱀 허물 벗듯이 풀어보자.

오해 ① 뱀의 혀 날름거림 때문에 뱀은 유혹의 사탄, 이간질, 수다의 대명사이다.

　뱀은 물론 시각, 청각, 후각이 있지만 그 가운데 후각이 가장 예민하다. 뱀은 콧구멍 외에도 입속에 냄새 맡는 중심 기관인 야콥슨 기관이 있다. 뱀은 끝이 두 갈래로 갈라진 혀를 입 밖으로 뻗쳐 날름거려 혀끝에 묻어 온 냄새를 바로 알아낸다. 뱀이 쉬지 않고 혀를 날름거리는 이유는 단지 냄새를 맡기 위한 행위일 뿐이다.

　사람들은 혀를 통해 말을 한다. '세 치 혀'로 수다 떨고, 유혹하고, 이간질하고, 이야기한다. 그래서 세 치 혀를 날름거려 패가망신하는 경우가 많다. 항상 입조심, 말조심, 혀 조심이다. 그러다보니 사람은 뱀을 유혹의 사탄, 이간질, 수다의 대명사로 문화적 오해(?)를 했다. 불경 중에서 『법화경』 등에서도 애욕과 유혹의 화신으로 악업惡業이 깊은 동물이며, 기독교에서는 금단의 열매를 따 먹게 한 유혹의 사탄으로 배척했다.

　그러나 뱀은 두 갈래로 갈라진 혀를 날름거림으로써 냄새를 맡을 뿐이다.

오해 ② 뱀은 겨울잠에서 다시 깨어나는 재생再生, 허물을 벗는 환생, 끈질긴 생명력을 가진 불사不死, 재생再生, 영생永生의 동물이다.

　항온동물은 자기의 양분을 태워 몸의 온도를 유지하지만 변온變溫 동물인 뱀은 주위 환경에 따라 체온이 오르내린다. 뱀은 체온을 유지하는 데

양분을 구할 필요가 없기 때문에 많이 먹지 않는다. 2, 3일에 한 번, 심지어 몇 주 동안 먹지 않아도 몸이 별로 마르지 않는다. 사육하고 있는 뱀 중에는 1년 이상 먹지 않아도 죽지 않는 것이 있다. 뱀의 평균 체온이 25도(9~38도)인데 그 이하나 이상으로 온도 변화가 생기면 물질대사에 이상이 생겨 겨울잠이나 여름잠을 잔다. 겨울잠을 잘 때 뱀은 자기가 스스로 구멍을 파지 않고 이미 누가 파놓거나 자연적으로 형성된 구멍을 이용한다. 일단 겨울잠을 자는 데 좋은 장소를 찾으면 매년 그곳에서 겨울을 난다. 겨울잠 장소로는 햇볕이 잘 들고 바람의 영향을 잘 받지 않는, 상온이 유지되는 땅속이 좋다. 그래서 늘 같은 장소를 이용하는 것 같다.

뱀은 허물을 부분적으로 벗는 것이 아니고 전신에 걸쳐 벗는다. 뱀의 표피는 살아 있는 안쪽 층과 죽은 각질로 되어 있는 바깥층, 두 개가 있는데, 성장함에 따라 바깥층 표피가 주기적으로 옷을 벗는다. 뱀 허물은 영양 상태에 따라 다르지만, 보통 야생 뱀은 1년에 2, 3회 탈피한다. 영양이 나빠 허물을 제대로 벗지 못하면 껍질이 각질화되어 죽고 만다.

동물원에서 사육한 기록에 의하면 보아뱀은 40년, 인도비단구렁이 34년, 아나콘다가 31년을 살았다고 한다. 이들 모두는 대형 뱀들이다. 281종의 뱀에 관한 평균 생존 기간은 11.5년이 된다. 대부분의 뱀은 장수한다 해도 12년 이하가 된다.

그럼에도 뱀은 나타났다가 사라지고, 주기적으로 껍질을 벗기 때문에, 재생再生과 불사不死로 이해되었다. 겨울잠을 자다가 다시 살아나는 곰이 웅녀熊女로 변해 단군을 낳았듯이 겨울에 죽었다가 봄에 다시 살아나는 뱀의 재생 능력은 고구려 벽화고분이나, 신라 토우, 『삼국유사』의 박혁거세, 경문왕, 가야국 김수로왕 등에서 무덤冥府의 수호신守護神이 되고, 죽은 이의 환생還生과 영생永生을 기원할 때 형상화되었다. 또한 뱀은 땅속에 사는 동물의 전형으로, 모든 생명의 비밀을 알고 있는 것으로 여겼다.

뱀의 신성神聖은 이처럼 불사의 존재라는 인식과 관련 있다. 뱀이 성장할 때 허물을 벗고, 겨울잠에서 다시 살아나는 것을 죽음으로부터 매번 재생하여 영원한 생명을 누리는 존재로 인식했다.

그래서 우리 조상들은 뱀이 크면 구렁이가 되고, 이 구렁이가 더 크면 이무기(이시미)가 되며 이무기가 여의주를 얻거나 어떤 계기를 가지면 용으로 승격한다는 체계가 있다. 뱀의 범주에는 이무기, 구렁이, 뱀이 해당된다. 그러나 뱀은 불로장생과는 거리가 있고 뱀이 용이 될 수는 없다.

우리 설화에서 뱀이 허물을 벗는 특성으로 말미암아 뱀 서방 이야기와 상사뱀 이야기가 많다. 상사뱀 이야기의 하나는 다음과 같다. "젊은 중을 사모하다가 그 뜻을 이루지 못하고 죽은 처녀가 있었다. 이 여자가 죽어서 상사뱀이 되어 그 중을 계속 따라다녔다. 중이 피해 다니다가 범종梵鐘 안에 숨었는데, 뱀이 그것을 알고 범종을 칭칭 감았다가 한참 후에 풀고 사라졌다. 나중에 보니 그 중이 녹아서 물이 되어버렸다." 이 이야기에서 뱀이 얼마나 집념과 집착력이 강하고 끈질기며 억척스러운가를 알 수 있다.

다음은 충남 부여에서 채록된 뱀 신랑 이야기다. "자식 없는 할머니가 자식 얻기를 빌어서 뱀 아들을 낳았다. 이웃 부잣집 셋째 딸이 그를 보고 와서 칭찬한다. 뱀 아들이 그 딸에게 구혼하여 결혼을 한다. 혼인을 하자 신랑은 허물을 벗고 잘생긴 선비가 되었다. 그 후 과거를 보러 가면서 허물을 태우지 말라고 당부한다. 그러나 언니들이 질투하여 허물을 태워 그 신랑은 돌아오지 못하게 된다. 이에 셋째 딸은 중이 되어 신랑을 찾아 지하국까지 가게 된다. 거기서 뱀 신랑과 상봉하여 다시 행복하게 살았다"는 내용이다.

오해 ③ 뱀은 알 또는 새끼를 많이 낳아 재물財物, 풍요豊饒와 다산多産의 상징
이다.

　뱀의 번식은 알을 낳는 난생卵生과 새끼를 낳는 태생胎生이 있다. 그런
데 난생인 포유류와 같이 태반이 작고 태반 안에서 새끼를 기르는 것이
아니라 알이 부화될 때 알을 수란관 안에서 보관하고 있는 난태생이란
말이 적합하다. 알을 낳고, 그 알 속의 새끼가 태어날 때는 말랑말랑하고
연한 알 껍질을 뚫고 나온다. 알의 수는 뱀의 크기와 종류에 따라 다르지
만 우리나라 구렁이는 15~20개, 유혈목이는 14~50개 정도 알을 낳는다.
　많은 알 또는 새끼를 낳는 뱀이 풍요와 다산의 상징이라는 내용은 제
주도 무속 신화에 집중적으로 나타난다. 업신으로서 뱀은 업 지킴이, 또
는 집구렁이라 하여 가옥의 가장 밑바닥에 살면서 집을 지키는 신격神格
이다. 업은 흔히 집안 살림이 그 덕이나 복으로 늘어가는 것으로 믿고 소
중히 여긴다. 보통 집안에서 이 업신이 사람의 눈에 띄거나 밖으로 나가
면 가정의 운수와 가옥의 수명이 다된 것으로 생각한다.
　제주도의 칠성신은 뒤꼍 정결한 곳에 칠성눌이라는 주저리를 씌워 모
신 밧칠성外七星과 뒤할망과 집 안 고방의 쌀독에 모신 안칠성(안할망)이
있다. 밧칠성은 집안의 부를 늘려주고, 안칠성은 곡물을 지켜주는 것으
로 신앙된다.
　마을 공동체 의례인 제주도 표선면 토산리의 여드렛당신堂神이 뱀신이
다. 본풀이에 보면 전라도 나주 금성산의 뱀신인 여신이 제주도에 들어
와 표선면 토산리에 좌정한 것으로 되어 있다. 이 당신은 잘 모시면 은혜

를 베풀지만, 잘못 모시면 질병 등 탈을 내리는데, 딸에서 딸로 계승된다. 시집에 따라온 뱀신을 모르고 모시지 않으면 시가媤家의 가족이 병을 앓게 되고, 그것이 이 당신堂神 때문임을 알게 되어 결국 모시지 않을 수 없게 된다는 것이다.

## 오해 ④ 뱀은 지혜롭고 상황 판단을 잘하는 동물이다.

뱀의 아이큐가 몇일까? 뱀의 지능 실험은 어렵다지만 몇 가지 지능 실험에서 뱀은 거의 학습 능력이 없다고 밝혀졌다. 뱀은 대단히 지혜가 있는 동물이라 할 수 없다. 뱀 가운데 코브라가 신경조직이 발달되어 있어 가장 지혜로운 것이다. 그런데 피리 소리 맞추어 춤을 추는 코브라도 실제적으로 피리 소리에 맞추어 머리를 들고 춤을 추는 것이 아니라 조련사의 몸동작을 보고 움직이는 것이다.

고대 그리스의 뱀은 지혜의 신, 아테네의 상징물이며, 후일 논리학의 상징이 되었다. 잎새의 흔들림 소리로 제우스의 신탁을 알려주는 도도나의 나무에도 뱀이 있었고, 트로이의 패망을 예언한 카산드라는 뱀에게서 예언의 능력을 받았다. 『구약성서』「마태복음」에 '뱀처럼 슬기롭게' 라는 말이 있다.

이처럼 뱀은 지혜와 예언력의 상징이 되었다.

## 오해 ⑤ 뱀의 눈은 기분 나쁘다.

뱀은 눈꺼풀이 없어도 투명한 비늘이 눈동자 위에 덮여 있어 눈을 보호할 수 있다. 뱀의 눈동자는 타원형과 원형이 있다. 뱀은 잠잘 때 눈을 감을 수가 없기 때문에 눈동자가 가늘어진다. 뱀의 시력은 민감하나 그다지 먼 곳까지 보지 못한다. 뱀은 대략 눈에서 5미터 정도 떨어진 곳까지는 보는 것 같다. 이 범위 안에 물체가 움직이면 바로 감지하나, 움직이지 않으면 그다지 감지를 못한다.

뱀의 눈을 보면 기분 나쁜 눈초리를 하고 있다고 생각하는데 이는 무리가 아니다. 뱀은 눈꺼풀이 전혀 없어 감을 수 없기 때문에 사람을 노려보고 있는 것같이 생각된다.

## 오해 ⑥ 뱀은 냉혈한冷血漢이다.

뱀의 체온은 몇 도일까? 뱀은 주위 환경에 따라 온도가 변화하는 변온 냉혈동물이다. 활동기 뱀의 평균 체온은 25도로, 보통 9도에서 38도 사이다.

뱀은 독으로 먹이가 되는 동물의 신경을 마비시키거나 죽인다. 또한 독은 일종의 소화액으로 뱀이 먹이를 삼키기 전에 이미 죽은 먹이에서 소화작용을 일어나게 한다. 이 뱀의 독과 독이빨은 모든 이의 간담을 서늘케 한다.

뱀은 손과 발이 전혀 없는데도 불구하고 자기 머리보다 큰 것을, 그것도 살아서 활발하게 움직이는 동물을 잡아먹고 산다. 뱀의 식성은 완전히 육식성이다. 뱀이 먹이를 잡는 방법은 일반적으로 네 가지다. 첫째, 먹이에 덤벼들어 물어버리는 것, 즉 입으로 먹이를 무는 것이다. 둘째, 먹이의 숨통을 졸라서 죽이는 방법이다. 셋째, 먹이를 입으로 물고 무거운 몸통으로 땅에 눌러놓고 서서히 먹기 시작하는 방법이다. 넷째, 독을 주입시키는 방법이다

뱀은 위턱과 아래턱이 큰 먹이를 삼키기 좋게 상하좌우의 뼈가 각기

독립되어 있으며, 위턱과 아래턱이 붙었다 떼었다 할 수 있는 방골로 연결되어 자기보다 몇 배 큰 먹이도 쉽게 잡아먹는다.

이처럼 냉혈동물, 독과 독이빨, 자기보다 몇 배 큰 먹이를 삼키는 입 등은 냉혈한으로서 충분한 문화적 오해가 가능하다.

### 오해 ⑦ 백사는 진짜로 몸에 좋다.

뱀은 팔다리가 없고 가늘고 길어서 다른 동물에 비해 기형은 극히 드물다. 그러나 간혹 기형인 뱀이 있는데, 중복 기형으로 머리가 둘 달린 쌍두사가 있다. 그런가 하면, 백화증에 걸린 백사白蛇도 간혹 나타난다. 백화증은 피부의 색소 세포 속에 멜라닌이 함유되어 있지 않아 온몸이 하얗게 되는 증상이다. 뱀에서 생긴 백화증은 병리적 원인으로 생긴다기보다는 유전적인 것으로 보아야 한다. 이 신진대사 이상증은 열성 형질로 유전되기 때문에 출현 빈도가 대단히 낮다. 옛날이나 지금이나 희귀한 백사는 죽어가는 사람을 살린다는 이야기가 있으나 과학적 근거가 없는 이야기다.

뱀을 달여 먹거나 또는 담가 마시면 남자에게 특효적인 보양제가 된다고들 한다. 하지만 뱀의 약효가 과학적으로 증명된 것은 없다.『동의보감』에도 뱀 전체가 무슨 특별한 효험이 있다는 구절은 없고 몇몇 특수한 뱀만은 약효가 있다고 적고 있다. 그래서 뱀은 민간 의료에서 약용藥用으로 쓰인다. 약용으로 쓰는 뱀은 주로 살모사, 구렁이, 칠점사, 독사, 독뱀 등이 있다. 뱀은 정력 강장 작용을 하고 고혈압 환자에게 혈압 하강 작용이 있으며 일체의 허약성으로 오는 질환에 사용할 수 있다.

흰색은 길조吉兆의 표상이 되는 경우가 많다. 흰 곰, 흰 뱀, 흰말 등을 만나면 좋은 일이 생긴다고 믿었다.

오해 ⑧ 다리 없는 동물 뱀, 쓸데없는 것을 왜 사족蛇足이라 하고, 상사일上巳
日에는 멀리 나가지 않는다.

뱀은 지구상의 거의 모든 환경에 적응하기 위하여 다리가 퇴화되면서 기어 다니는 자세를 취하게 되었다. 그 결과 사막, 강, 바다, 호수, 숲 등 어디에서나 살 수 있는 조건을 갖추게 된 것이다. 뱀의 뚜렷한 특징은 가늘고 길다는 데 있다.

스르르르, 뱀이 미끄러지는 비결은 비늘과 몸무게를 적재적소에 배분하는 능력에 있다. 사람이 발로 땅을 딛고 앞으로 걸어가듯 뱀도 주변의 바위나 나무를 몸으로 밀면서 움직인다. 하지만 이는 어디까지나 울퉁불퉁한 땅에서나 해당된다. 뱀이 평탄한 땅을 이동하는 비결은 배와 옆구리에 나 있는 비늘이 표면에 작용하는 마찰력과 몸을 물결치듯 구부릴 때 몸무게를 적재적소로 배분하는 능력에 있다. 뱀은 지상에서 S 자 형태로 이동한다. 뱀은 꿈틀하여 몸을 휠 때 배 비늘을 사용하여 지면을 밀어낸다. 모래 위에 뱀을 놓아두면 몸이 꿈틀거릴 때마다 모래가 약간 밀려 S 자형의 작은 고랑이 생긴다.

뱀은 어느 정도 빠른가? 미국에서 속도가 빠르다고 생각되는 대여섯 종류 뱀의 속도를 정확히 측정한 기록에 의하면 가장 빠른 것이 최고 시속은 5.76킬로미터였다고 한다. 기록상으로 가장 빠른 뱀은 아프리카의 검은맘바로서 단거리에 시속 11킬로미터 정도의 속력을 낸다고 알려져 있다. 사람은 단거리에서 시속 16~24킬로미터의 속도를 낸다.

정월 풍속 가운데 뱀과 관련 있는 날은 정월 첫 뱀날인 '상사일上巳日',

대보름날이다. 정초의 첫 뱀날을 상사일 또는 뱀날이라고 하는데, 이날의 풍속은 대개 뱀이 집 안에 들어오는 것을 예방하는 것이다. 특히 정월 대보름날에는 '뱀치기', '뱀지지' 등 뱀 퇴치 행위를 한다. 정월의 뱀 퇴치 행위는 뱀이 징그럽고, 독이 있는 동물로서 일상생활에서 공포의 대상이거나 흉물시되기 때문이다.

뱀은 몸체가 길어서 '긴 짐승'이라고도 한다. 뱀과 비슷하거나 공통성이 있는 긴 물건, 머리카락, 밧줄, 실, 그리고 이것들과 관련된 행위인 머리 감기, 바느질, 농기구 등을 만지지 않거나 행하지 않음으로써 여름철에 뱀을 멀리할 수 있다고 믿는다.

뱀을 다리가 없다. 쓸데없는 일을 사족蛇足이라고 한다. 뱀은 다리가 없기 때문에 멀리 갈 수가 없다. 그래서 뱀날, 즉 다리 없는 동물 날이기 때문에 다리의 병을 방지한다는 뜻에서 사람도 멀리 다니지 않는다는 것이다.

오해 ⑨ '뱀은 허물을 벗다가 개 짖는 소리를 들으면 죽는다' 하여, 궁합에서 뱀띠와 개띠는 서로 맞지 않지만, 소와 닭은 잘 어울린다고 한다.

실제로 뱀들도 목소리와 같은 소리로 상호 신호 전달을 할 수 있을까? 과연 뱀에게도 고래들처럼 특별한 언어가 존재할까? 파충류의 경우 일반 포유류와 달리 하나의 폐만 있고, 소리를 만들어내는 발성기관 중 진동기에 해당하는 후두와 성대가 없다. 단지 호흡을 위한 관만이 존재하여 '쉿' 소리는 낼 수 있다. 뱀들은 귀와 눈꺼풀이 없기 때문에 공기를 통해 전달되는 소리를 들을 수 없다. 다만 머리뼈를 통해 전달되는 100~700헤르츠 대의 낮은 주파수만 감지할 수 있다. 그러므로 몸에 진동이 전해져야만 소리를 감지할 수 있는 것이다.

뱀은 겉귀도 가운데귀도 없다. 그러나 속귀는 매우 발달되어 있어 지면을 통해 전해지는 진동에 대해서는 매우 예민하다. 그러나 공기를 통해 전해지는 진동에 대해서는 전혀 반응을 하지 않기 때문에 뱀은 귀머거리라고 할 수 있다. 뱀의 조상이 땅속 생활을 할 때 겉귀가 필요 없게 되면서 가운데귀까지 퇴화가 되었고, 땅의 진동만을 감지해도 충분했기 때문에 그랬을 것이다.

뱀은 사람이 귀가 찢어질 정도로 큰 소리를 질러도, 레코드의 확성기, 자동차의 경적, 철봉 등을 두드리는 소리를 가까운 곳에 들려주어도 아무런 반응이 없지만, 소리가 없어도 발소리가 난다든가 약간만 움직이는 것이 보이면 바로 반응을 보였다. 예컨대 큰 소리는 잘 듣지 못하나 몸을 통해서 전해지는 진동은 바로 알아차린다.

뱀과 개는 다음의 사연으로 궁합에서는 못 어울린다고 한다. 뱀은 금속성의 개 짖는 소리를 들으면 허물을 벗다 죽는다(사경견폐성已驚犬吠聲). 뱀은 개 짖는 소리에 기절초풍을 하게 된다. 발정기 때의 개 짖는 소리는 산천초목을 울먹거리게 한다. 그만큼 강한 쇳소리가 울려 퍼진다. 고막이 없는 뱀의 귀에까지 울먹거리는 쇳소리에 놀라 뱀의 심장은 열에 부풀어 오르게 된다. 그러곤 허물을 미처 다 벗어버리지 못하고 죽어버리고 만다.

그런가 하면 뱀과 소와 닭은 삼합으로 잘 어울린다. 소는 뱀의 독을 무서워하지 않으며 어린 뱀의 독은 오히려 소의 혈청을 왕성하게 해준다. 그리고 소는 닭의 울음소리를 좋아한다고 한다. 여물을 먹은 후 반추위로 되새김을 하면서 '꼬끼오' 하고 우는 닭의 울음소리에 맞추어 반추위

운동과 쉼을 하고 있다.

오해 ⑩ 뱀은 생명의 창조와 치유의 힘이 있다.

　뱀은 어떻게 사랑할까? 그 사랑하는 모습이 고구려 삼실총의 「교사도」, 중국의 「복희여와도」와 너무 닮아 있다.

　삼실총의 세 번째 방 동벽과 남벽에 「교사도」가 그려져 있다. 「교사도」는 두 개의 S 자가 서로 마주 보고 얽혀 있는 모양을 한 두 마리의 뱀이 그려져 있다. 이 두 마리의 뱀은 서로 꼬리를 휘감되 배 부분이 서로 떨어졌고, 다시 가슴 부분에 얽혀서는 머리가 서로 맞보고 있는 형상이다. 마치 「복희여와도」와 같은 형상이나, 사람의 얼굴을 하고 있지 않는 것이 다르다.

　황하 유역에서 일어난 중국 문화는 신화 단계에서부터 뱀과 관련을 맺는다. 『열자列子』「황제黃帝」편에, "복희씨伏羲氏와 여와씨女와氏는 뱀의 몸뚱이에 사람의 얼굴을 하고 있었다. 이들은 사람의 형상이 아니었지만, 성인의 덕을 지니고 있었다"라고 하였다. 이들은 천지개벽, 문화 창조 등의 위업을 수행한 것으로 전한다. 중국 산등성, 무씨사당 화상석 벽화에 보면 복희씨와 여와씨가 각각 곱자와 걸음쇠를 들었고, 몸은 뱀의 형상이다.

　추운 겨울엔 땅속에 숨었다가 봄이 되면 고개를 들고 나타나는 모습은 마치 생명의 재생과 남성 생식기의 발동을 연상시켜 뱀은 신비스런 초능력이 있는 생물로 간주돼왔다.

　뱀은 치료의 신이다. 그리스 신화 아폴론의 아들 아스클레피오스는 '의술의 신'이다. 이 의술신의 딸이 들고 다니는 단장에는 언제나 한 마리의 뱀이 둘둘 말려 있었다. 이 뱀은 의신의 신성한 하인이었고, 해마다 다시 소생하여 탈피함으로써 새로운 정력을 소생시킨다는 스태미나의 심벌로 간주돼왔다. 지금도 군의관의 배지는 십자가 나무에 뱀 두 마리가 감긴 도안이고, 유럽의 병원과 약국의 문장은 치료의 신, 의술의 신을 상징하는 뱀이다.


## 전 세계에서 뱀이 줄어든다

지난 10여 년간 세계 곳곳에서 뱀들의 수가 점차 감소하는 것으로 추정된다. 파충류 연구자들의 연구에 따르면 지리적으로 다른 곳에 위치한 8종의 뱀들에게서 비슷한 감소 추세가 나타나고 있고, 그 원인은 기후 변화 같은 공통의 요인이라고 지적하고 있다. 이들은 영국과 프랑스, 이탈리아, 나이지리아, 호주 등 세 개 대륙에서 17종의 뱀 중 11종이 1990년대 말부터 4년간 급격한 감소 추세를 보였다고 밝혔다. 뱀은 파충류 중 최상위 포식자로 이들이 급격히 줄어들면 생태계에 심각한 결과가 초래된다. 뱀의 감소에는 서식지 축소, 공해, 질병, 먹이 감소, 과도한 개발 등도 요인으로 작용하고 있는 것으로 지적되었다.

뱀은 아주 깨끗하고 끈질긴 생명력을 지닌 지혜로운 동물이기도 한 반면에 징그럽고 사악한 동물로 가능한 한 멀리하고 꺼리는 존재이기도 하다. 우리 민속에 뱀에 관한 인식은 양면성을 지니고 있다. 뱀은 죽은 사람의 영혼, 명부의 수호신, 간교한 지혜와 애욕, 다산의 상징으로 묘사되고, 민간신앙에서는 업신, 당신의 수호신으로 모셔진다. 또 민속예술의 주제, 민간 의료의 주요한 약재로 쓰인다. 반면에 징그러운 요물로서 배척하는 상사일의 풍속도 있다. 뱀은 뒤돌아보는 법이 없다. 그저 앞만 보고 똑바로 전진할 뿐이다.

**천진기 지음**

# 한국의
## 종교 속에서의 뱀

**뱀날은 멀리 가지 마라**

정월의 세시는 복을 기원하고 액을 막는 민속신앙적 행위들이 대부분이다. 정월 풍속 가운데 뱀과 관련 있는 날은 상사일上巳日과 대보름날이다.

정초의 첫 뱀날인 상사일의 풍속은 대개 뱀이 집 안에 들어오는 것을 예방한다. 정월 보름은 '뱀치기', '뱀지지' 등 뱀 퇴치 행위가 많다. 다음은 각 지역의 상사일과 보름 풍속을 정리한 것이다.

**상사일 풍속**

· 경기도: 사일巳日. 정월 첫 번째 맞이하는 사일에는 머리를 빗지 않는다.

· 제주도: '배염날'이라고 하여 '巳不遠行'이라 하여 먼 길을 떠나지 않

는 날이다.

· 경북: 뱀을 없애고 가내에 못 범하게 하는 날로 달성 지역에는 왼새끼를 꼬아 머리털을 매고 약간 그을려서 "뱀치자, 뱀치자" 하고 외친다. 예천에서는 농기구의 사용을 금하고, 문경에서는 썩은 새끼를 끌고 집 주위를 다닌다. 의성에서는 뱀을 친다고 긴 물건을 만지지 않는다.

· 경남 내륙: 첫 뱀날은 첫 용날과 동류시同類視하여 비가 내리고 곡식을 볶아 먹는다. 장을 담그지 않는다는 사례가 있으며, 이날 주된 행사는 '뱀치기'이다. 전역에 분포된 습속으로 '뱀친다', '뱀끄신다', '진대 끄낸다', '새끼 끄실어버린다' 등이다. 혹은 '뱀지지'라고 한다. 이날 아침에 막대기 끝에 매단 한 발쯤 되는 새끼의 끝머리에 머리카락을 한 줌 꽂는다. 그러고는 머리카락과 새끼의 몇 군데를 불에 그슬린 후 오줌통에 담갔다가 막대기를 잡고 '배암치자' 혹은 '뱀끄내다' 하면서 끌고 부엌에서 나와 앞마당과 뒤뜰을 돌아 대문을 나가서 고랑이나 시내에 버린다. 또 머리를 빗지 않으며 이날 머리를 빗으면 뱀이 따른다고 한다. 뱀날 장을 담그면 구더기가 쓸기 때문에 다른 날 담근다.

· 경남 도서: 첫 뱀날뿐만 아니라 뱀날에 장을 담그지 않는다. 첫 용날처럼 첫 뱀날에도 비가 잘 내린다.

· 충북: 뱀날에 만일 일을 하게 되면 집 안에 뱀이 들어온다고 하여 일 안 하는 풍속이 있다.

· 전남: 상사일은 일을 하지 않으며 물을 긷지 않으며 머리를 빗지 않는다. 빨래를 안 널고 바느질도 안 하며 불을 지필 때 쓰는 땔나무도 부엌에 들이지 아니한다. 이때 뱀을 저주하는 '뱀입춘'과 '뱀지지'를 한다. 뱀입춘은 뱀을 축송하기 위한 일종의 비방이다. 백지에다 묵필로 옛날 뱀을 죽

이는 데 유명한 적제자赤帝子를 비롯하여 패왕검覇王劍 또는 항우검項羽劍이라는 글자를 집의 기둥 밑이나 담벽 등 집 주위의 곳곳에 거꾸로 붙인다. 뱀입춘을 붙인 다음 그곳을 찾아다니며, '뱀지지'를 한다. 뱀 지짐대를 만들고 한쪽 끝에 머리카락, 솜 등을 묶은 다음 '巳'자를 써 붙인다. 여기에 불을 붙여 뱀이 나오는 곳을 그 연기로 지진다.

## 정월 대보름 풍속

· 강원도 영서: 뱀치기, 보름날 아침에 일종의 구충驅蟲 예방인 '뱀치기'를 한다. 아침 일찍 생솔가지를 모아 비처럼 만들고 따로 그릇에 재를 담아, 솔가지에 묻혀서 뜰 밑을 한 바퀴 돌면서 재를 털고 다닌다. 이것이 뱀치기라고 하지만 뱀뿐만 아니라 모든 해충을 막자는 것이다.

· 평안 남북도: 바繩를 보면 뱀한테 물린다 하여 여자는 바느질 도구를 남자는 농기구를 감춘다. 또 밧줄을 보면 뱀에 물리기에 보이지 않게 감추어둔다.

· 경남 도서: '뱀지지' 한다.

· 전남: 뱀을 방언으로 '진대'라고 한다. 뱀을 몰아내기 위해 정월 14일 밤이나 상원 아침에 '진대끌기'를 한다. 진대는 아주까리대에 여자 머리털, 짚신, 고추 등을 매달아 뱀 모양으로 땅에 끈다.

이상은 각 지역의 다양한 뱀 풍속이다. 주로 뱀을 예방, 퇴치하는 방법은 모방 주술적인 적극적인 행위와 소극적인 금기로 나눌 수 있다. 적극적 행위는 어떤 행위나 동작을 하면 그에 상응하는 효과를 얻을 수 있다는 생각으로 거행한다.

· 정월 보름에 뱀치기

· 왼새끼를 꼬아 머리털을 매고 약간 그을려서 '뱀치자' 외치는 행위

· 썩은 새끼를 끌고 집 주위를 다니는 행위

· 콩을 볶아 먹는 것

· 뱀치기

· 뱀입춘

· 진대끌기

이들 행위는 뱀의 형상을 만들거나 뱀의 형상을 한 물건으로 머리카락을 태우고, 오줌에 담가 집 주위를 끌고 다닌다. 뱀은 그 냄새나 괴롭힘에 못 배겨 도망가게 하는 모방 주술적 행위이다. 소극적 금기는 어떤 이유에서든 어떠한 종류의 행위나 사물에 대한 접근을 삼가는 것이다.

· 머리를 빗지 않는다.

· 밧줄을 보지 않는다.

· 밧줄, 실 같은 긴 물건 등을 만지지 않는다.

· 여자는 바느질 도구, 남자는 농기구의 사용을 금하거나 감춘다.

· 빨래를 안 널고 바느질도 안 하며 불을 지필 때 쓰는 땔나무도 부엌에 들이지 않는다.

· 일을 하지 않는다.

· 먼 길를 떠나지 않는다.

· 물을 긷지 않는다.

· 장을 담그지 않는다.

소극적 금기의 종류는 뱀의 외형과 성격에서 기인된 것이 많다. 뱀은 몸이 길어서 '긴 짐승'이라고도 한다. 뱀과 비슷하거나 공통성이 있는 긴 물건, 머리카락, 밧줄, 실, 그리고 이와 관련된 행위인 머리 빗기, 바느질, 농기구 등을 만지지 않거나 행하지 않음으로 여름철에 뱀을 멀리할 수 있다고 믿은 것이다.

뱀은 다리는 없다. 쓸데없는 일을 사족蛇足이라 하기도 한다. 뱀은 다리가 없기 때문에 멀리 갈 수가 없다. 그래서 '뱀날', 즉 다리 없는 동물의 날이기 때문에 병을 방지한다는 뜻에서 사람도 멀리 나가지 않는다는 것이다.

구더기와 뱀은 크기에 있어서 차이가 있을 뿐 외형이나 성격상 사람들이 싫어한다. 그래서 뱀날 장을 담그면 장에 뱀과 비슷한 구더기가 생길까 봐 장을 담지 않는다.


## 집을 지키고 마을을 지킨다

흔히 눈에 띄는 동물 중에서 평상시에도 신격神格을 지니고 민간에서 가장 다양하게 신앙되고 있는 것이 뱀이다. 민간신앙에서 뱀은 '업業' 또는 동신洞神, 堂神으로 숭배받는다. 또한 뱀은 마을의 큰 고목이나 산속, 동굴 속에 있다고 보아 지신적地神的 성격을 띤다.

가신으로서의 뱀은 업신이다. 영정조英正朝의 이덕무李德懋가 쓴 『청장

관전서靑莊館全書』에 뱀이 업신으로 기록되어 있다.

> "세상에 전하기를 부잣집 광 속에는 구렁이 또는 족제비가 있는데 그것
> 을 업이라 이른다. 사람들이 흰죽을 쑤어 바치고 신처럼 대접한다. (……)
> (이것이) 집 광 밑에 굴을 뚫을 것 같으면 곡식이 반드시 들어 있는 것보다
> 갑절이 더 들어올 것이다. 고로 부귀사富貴蛇라 한다. (……) 업이 달아나면
> 집이 따라서 망한다."

이 기록에서 업에 대체적인 윤곽이 다 들어나 있다. 다음은 업신에 대
한 전국적인 신앙 형태와 제의 양상을 살펴보자.

## 각 지역의 '업'의 현지 조사 자료

| 조사 지역 | 명칭 | 신체 | 위치 | 기능 | 관련 풍속 |
|---|---|---|---|---|---|
| 서울 | 사창신司倉神으로 업주業主 또는 업業 | 구렁이 두꺼비 족제비 | 창고 노적가리 지붕 | 산신産神 또는 재물신財物神으로 가재家財와 재복家福을 담당 | 이들 동물을 잡거나 죽이면 재산이 기울거나 파산된다고 생각함. 흔히 집을 개조하거나 개축할 때 발견되는 구렁이를 결코 죽이지 않고 살려 보낸다. |
| 경북 | 업業 | 구렁이 족제비 | | 집안의 흥망興亡 재신財神 | 그것이 나가면 망하고 들어오면 그 집안이 흥한다는 말이 있으나 형태가 없는 관념적인 존재이다. 이제는 거의 다 사라진 민속임. |
| 경남 | 업業 | | | 집안의 흥망興亡 | 업이 나가면 집안이 망한다. |

| | | | | | |
|---|---|---|---|---|---|
| 전북 | 업業 | | | 재신財神 | 업神祭-일종의 재신財神으로 보통 부잣집에서 '업나간다' 하여 제사를 지냈으나 지금은 없다. |
| 전남 | 업신業神 업業 | 귀와 발이 달리고 까만 놈과 알록달록한 놈 | 창고 천장 창고 지붕 마루 | 집을 지킴 집안 흥망 | 업은 눈에 안 보이며 일정한 장소가 없다. 꿈에 보이는데 그 집에 들어가면 잘되고, 실패가 되려면 업이 나간다. |
| 제주도 | 안칠성 七星 | 독(항아리) 사신蛇神 | 가옥의 '고팡' | 재신財神 | 제주도 가옥의 '고팡' 안에 모셔진다. 보통 고팡에는 대소 각종 독항아리들이 들어차고, 그 안에 각종 양식이 저장된다. 그중의 한 독을 안칠성으로 모시고 신앙한다. 조상 제사, 굿, 명절 때 메밥을 해 사신에게 바친다. 이 안칠성은 쌀독의 곡물을 지켜 부를 이룩하게 해준다. |
| | 밧칠성 | 사신 | 뒤꼍 | 재신 | 후원에 흔히 감나무 등 과수 근처, 정결한 곳에 짚으로 주저리를 씌우고 이것을 신앙 대상으로 삼는다. 밧칠성은 누구나 모시는 것이 아니고 조상 때부터 모셔온 집에서만 모신다. 밧칠성은 이사 가면 옮겨 가야 하고 그 뒤에 이사 온 사람도 모셔야 한다. |
| 평안남북도 | 업위業位 | 작은 단지에 대두大豆를 넣는 것 | 창고 광의 한쪽 | 재물신으로 가산家財 및 가복家福을 관장하는 신 | |

　가신으로서 뱀은 '업', '지킴이' 또는 '집구렁이' 등으로 칭하며 가옥家屋 가장 밑바닥에 살면서 집을 지키는 신격神格이다. 집 안에서 뱀이 사람의 눈에 띄거나 꿈에 밖으로 나가면 가정의 운수와 가옥家屋의 수명이

다된 것으로 생각한다.

지역에 따라서 업業, 업위신業位神, 업주신業主神, 안칠성, 밧칠성 등으로 지칭되는 뱀은 재물신財物神으로 가재家財와 가복家福을 주관하는 역할을 담당한다. 업의 위치는 창고, 노적가리, 비중 뒤꼍, 고팡 등이며, 신체는 주로 구렁이로 인식된다. 업은 그 신앙과 의례에서 성주나 삼신처럼 전국적인 단일성을 없다. 재신財神 · 사신蛇神인 업은 중부지방에 비교적 독립적이다. 호남, 영남 지역은 그 양상이 흐지부지 자취를 감춘 풍속이다. 제주도는 안칠성, 밧칠성으로 현재까지 전승되고 있다. 당신, 동신으로서 뱀 신앙 형태도 제주도를 비롯한 섬 지역에 분포한다.

제주도는 기후가 매우 따뜻하고 온화하여 뱀이 많기로 유명하다. 이런 환경 조건으로 뱀 신앙이 다양하게 전승된다. 제주도 관련 문헌『제주풍토록濟州風土錄』(김정金淨),『남사록南槎錄』(김상헌金尙憲),『탐라지耽羅志』(이형상李衡祥),『탐라기년耽羅紀年』(김석익金錫翼) 등의 여러 기록에서도 예로부터 뱀이 많았고, 제주도 사람들의 생활과 밀접한 관계가 있었음을 암시해주고 있다.


『제주풍토기』 – 뱀을 보면 부군신령府君神靈이라 하여 쌀과 정화수와 술을 뿌린다.
『제주풍토록』 – 뱀이 많은 것은 그곳 사람들이 뱀을 위하고 있기 때문이라고 했다. 제주도에서는 특히 토산당兔山堂의 뱀 숭배가 유명한데, 서귀포에서는 검은 뱀을 죽이면 불행한 액이 생긴다고 믿고 있다.
『탐라지』 – 제주도 사람은 회색 뱀을 보면 신이라 하여 죽이지 않는다.


뱀 신앙의 형태나 출현 과정은 일정하지 않다. 뿐만 아니라 그 뱀신으로 말미암은 당신의 형태도 다양하고 이를 믿고 있는 제주도 무속 사화의 신앙심도 단순하지 않다. 양감 참봉 따위의 다른 계통의 당신을 위하면서도 뱀신의 당신도 모시는 등 복합적이다. 이들 뱀신의 신체도 다양해서 수목, 암석, 신의神衣, 신기神旗 등 여러 형태이다. 이것들은 단순히 어느 하나거나 서로 복합적인 형태를 이룬다. 특히 뱀신의 거처로써 두드러진 형태는 '여드렛당'이라는 암석이나 수목 등의 형태로 나타나는 속칭 '괴石窟'라는 구멍이다.

제주도의 뱀신은 세습적이고 특히 여계 세습女系世襲으로 여성과 결부된다. 제주도의 뱀 신앙의 형태와 출현 경로는 다음과 같이 분류할 수 있다.

뱀신 ── ① 재래신在來神 : 금녕굴당金寧窟堂의 '괴노깃또' 뱀신─본풀이 신화
　　 └─ ② 외래신外來神 ─ ㉠ 하늘과 관계 지은 뱀신(두리빌레용해부인할마님)
　　　　　　　　　　　　　 ─제주시 내도동 본향당 본풀이
　　　　　　　　　　 ├─ ㉡ 한반도에서 건너온 뱀신(토산당신)
　　　　　　　　　　 ├─ ㉢ 중국에서 흘러나온 뱀신(칠성안집)─일반 본풀이 '칠성본'
　　　　　　　　　　 └─ ㉣ 남양 열대지방에서 흘러들어온 뱀신(차귀당신)
　　　　　　　　　　　　　 ─한경면 고산리 본향당

제주도 표선면 토산리의 예를 통해 뱀 신앙의 양상을 살펴본다. 토산리의 뱀 신앙은 토산본당신앙兎山本堂神仰, 안칠성, 밧칠성 등 세 가지로 나눌 수 있다. 토산당은 본향당本鄉堂으로 뱀신을 당신으로 모시고 있다. 이 당신에 관련된 설화에 의하면 전남 나주 영산에서 건너온 뱀신이다. 이 뱀신을 잘 모시는 가정은 부귀영화를 누릴 수 있다고 하는 영험담이 많이 전해진다. 특히 토산당의 당신은 여성과 깊은 관계가 있어 어디로 시집을 가나 그 당신을 위해야 한다. 또한 이 당이 계통을 이어온 집안에서는 그 집의 뒤뜰 같은 곳에 조그만 주쳉이나 아니면 기왓장 따위로 굴

모양의 뱀신 집을 만들어놓고, '칠성눌'이나 '뒷할망'이라 해서 제를 지내고 뱀신을 위하고 있다.

토산리뿐만 아니라 제주 사람들은 뱀을 꺼리지만 잘 섬기면 재복을 받고, 못 섬기면 앙화, 재앙을 입는다는 믿음이 강하다. 그래서 뱀을 발견해도 절대로 죽이지 않는다. 그런데 뱀신을 당신으로 모시는 지역과 전혀 관계가 없는 일반 가정에서도 기제사를 모실 때 "안칠성 모신다"하여 '고팡상'을 따로 설상하여 모신다. 집에 뱀이 들어와도 그 뱀을 함부로 처리하는 것이 아니다. "아이쿠! 물할망이로구나, 비가 오려니까 나와서 누웠구나, 디딤돌 밑으로 들어가버리십시오. 아이들이 놀랍니다"하는 따위의 말로서 들어가기를 권한다. 또 뱀을 보았을 때 이를 손가락으로 가리키면 손가락이 썩는다고 하여 손가락질을 못하도록 한다.

제주도에서는 뱀신을 인격화하여 대개 여신으로 '할망'으로 모셔 받들어지고 있다. 여기에서의 '할망'이란 무속 사회巫俗社會 특유의 여성 신격에 대한 호칭으로 사람의 출생에서 죽기까지의 평생을 관장하는 할머니라는 뜻이다. 이 뱀신의 '할망'은 '뒷할망, 물할망, 칠성할망, 안칠성할망, 밧칠성할망' 등의 이름으로 그 신의 제단과 위치와 관련되어 호칭된다.

이러한 풍속에서 아직도 제도 사람들 생활 속에 뿌리 깊게 남아 행하여지고 있는 뱀신에 대한 또는 뱀신령에 대한 신성관, 경외감 같은 것을 엿볼 수 있다.

**천진기 지음**

# 중국의
# 종교 속에서의 뱀

    자연숭배는 인류 사회의 발전 과정에서 가장 보편적으로 나타나는 신앙 형태이다. 중국에서도 뱀 숭배는 자연 숭배적 민간신앙의 하나로써, 그 연원이 매우 오래된다. 『산해경山海經』과 같은 옛 신화 자료에 한발을 관장하는 대사大蛇·사슴을 잡아먹는 청사靑蛇·코끼리를 삼키는 파사巴蛇·안개를 타고 다니는 비사飛蛇·천제天帝의 약을 훔쳐 먹은 현사玄蛇·우임금의 치수를 도왔으며 야명주를 물고 있는 흑사黑蛇·영웅신 예羿에 의해 죽임을 당한 수사修蛇·신성한 성지를 수호하는 영사靈蛇 등 다양한 뱀들이 나타나기 때문이다.

    한족은 자고로 뱀 숭배를 매우 중시했으며, 뱀 숭배의 연장선상에서 용 숭배가 나왔다. 예컨대 『산해경』「대황북경大荒北經」에는 촉룡燭龍이란 신에 대한 언급이 있는데, 이에 의하면 촉룡이 눈을 뜨면 낮이 되고, 눈을 감으면 밤이 되는데, 그 모습은 사람 얼굴에 뱀의 몸이라고 했다. 촉룡은 용이면서 뱀의 모습을 지니고 있다는 데서 이러한 추측이 가능하다.

그리고 중국의 한대 화상석 등의 옛 그림에 한족의 조상인 복희伏羲와 여와女蝸가 나오는데, 이들 모두 사람 얼굴에 뱀의 몸이다. 백족白族의 전설 중에 인간의 조상으로 나오는 아포첩阿布帖과 아약첩阿約帖 사이에서 태어난 세 딸과 청사靑蛇가 혼인을 해서 백족·노족怒族·율속족(栗傈族을 낳고 번식시켰다고 한다. 동족侗族도 뱀을 숭배하는데 할머니 조상신을 제사할 때 도사무跳蛇舞를 추며 뱀 껍질로 만든 옷을 입는다. 동족의 전승에 의하면 동족 사람들은 뱀을 대지의 신으로 여긴다고 한다. 그래서 큰 가뭄이 들거나 벌레 때문에 재앙이 발생하면 풀로 큰 뱀 모양을 만들어 제사한다고 하며, 이를 무초룡舞草龍이라 하는데, 뱀의 신에게 복을 빌기 위한 것이다. 또 동족은 뱀을 죽이거나 잡아먹는 것을 금한다. 이러한 사실들은 뱀이 종족이나 집단의 조상으로 여겨졌음을 의미한다.

중국의 문헌 중에는 복희와 여와 이외에도 사상四象 또는 사신四神의 하

「복희여와도」

「현무도, 북제 석각」

「진무대제」

나로 현무玄武가 있다. 현무는 사신 중 북방을 담당하는 신으로, 거북과 뱀이 한 덩어리가 된 모습이다. 이것은 중국 고대에는 뱀은 수컷, 거북은 암컷밖에 없기 때문에 이들이 종족 번식을 위해서는 서로 짝짓기를 해야 한다는 생각에서 비롯된 것이다.

현무는 이후 도교의 신으로 받들어지면서 진무대제眞武大帝라 일컬어지고 또 뱀과 거북의 합체가 아닌 인간의 모습을 띠게 된다. 그 대신 뱀과 거북은 귀사이장龜蛇二將이라 하여 진무대제의 부장部將으로 여겨지게 된다.

고대에는 물질이 풍부하지 않았기 때문에 사람과 대자연의 관계가 밀접했다. 뿐만 아니라 뱀은 사람을 해칠 기회도 대단히 많았는데 비해 방어하기는 어려운 동물이므로, 마침내 숭배의 대상으로 삼기에 이르렀다.

늦어도 송나라 때에는 사왕묘蛇王廟가 거의 중국 전역에 분포하고 있었다. 사왕묘의 예로는 원나라 마단림馬端臨의 『문헌통고文獻通考』 권90 「교사郊祀」 조에는 현령묘顯靈廟를 들 수 있다. 현령묘는 당나라 때의 장수 이정李靖을 모시는 사당인데, 안릉安陵의 북쪽에 있으며, 예전에는 사왕을 모시는 사왕사蛇王祠였다. 경덕 4년(1007)에 현령묘로 사액賜額했으며, 대중상부 4년(1011)에는 관리를 보내어 중사中祀급으로 제사했다고 한다. 고대의 풍속에서 사람들은 보통 숭배의 대상이 되는 신을 역사적 인물의 이름에 가탁하는 경우가 많다. 그래서 사왕이 누구냐는 것에 대해서는 지방마다 이름이 다르다. 복건성 지역에서는 승려의 상을 모셔놓고 사왕이라 하며, 강소성과 절강성 일대에서는 방정학方正學이라고 한다. 방정학이란 명나라 초기의 학자 방효유方孝孺(1357~1402)를 말한다. 그는 절강성 영해 출신으로 송염宋濂의 문하에 들어가, 뛰어난 재주로 이름을 떨쳤다. 1402년 연왕燕王(뒤의 영락제)이 황위皇位를 찬탈한 뒤, 그에게 즉위조서詔書를 기초하도록 명하자 붓을 땅에 내던지며 죽음을 각오하고 거부하였다. 연왕은 노하여 그를 저잣거리에서 사지를 찢어 죽이는 책형에 처했으며, 그의 일족과 친우 제자 등 847명이 연좌되어 죽었다고 한다. 영락제에 반항했다는 것은 영락제에게 쫓겨난 건문제建文帝에게는 충신이며, 이런 이유에서 신으로 받들어진 것 같다. 또 그는 절강 출신이므로, 절강이나 강소성 지역에서 그를 받드는 것은 그들 고장의 현인을 기념하는 의미도 있다.

복건성을 줄여서 '민閩'이라고 한다. 후한 시대 허신許愼(30~124)의 『설문해자說文解字』에서는 '민'을 동남 지역의 월越을 말하며 뱀의 일종이라 했다. 이를 통해 민 지역에 거주하는 사람들은 고대에 뱀 토템을 가졌음을 짐작할 수 있으며, 뱀 숭배 풍속을 가장 잘 유지했다고 할 수 있겠다. 지금 복건성 남평시南平市 연평구延平區 장호진樟湖鎭에는 명나라 때부터 연공야連公爺를 모시는 사신묘蛇神廟가 있는데, 여기에는 흙으로 빚은 사왕의 신상이 모셔져 있다. 신상은 제왕과 같은 복장을 하고 있으며, 예전에는 매년 원소절元宵節(정월 보름) 전후에 뱀 모양의 등을 바쳤고, 음력 7월 7일에도 가을 제사의 일환으로 뱀에게 제사를 지냈다. 이러한 제사가 대단히 성대하게 거행되었으며, 그 풍속 등 일부는 지금까지 이어져 오고 있다.

또 『민잡기閩雜記』라는 책에는 "복건성 장주부漳州府 성의 남문 밖에 남태묘南台廟가 있는데 속칭 사왕묘라고도 하며, 신상은 승려의 모습을 하고 있다"고 했다. 그리고 이어서 장주부 성 안에서 뱀에게 물리면 이 묘로 가서 호소를 하는데, 그렇게 하면 재앙을 물리칠 수 있고, 또 묘 뒤쪽에서 허리나 머리가 잘린 뱀을 발견할 수 있다고 했다. 이것은 사신의 징벌이라는 것이다. 그러나 산이나 들판에서 물리면 찾아가서 호소를 해도 효과가 없다고 한다.

복건성과 마주 보고 있는 대만 고산족 배만인排灣人도 오보사五步蛇라는 뱀을 자신들의 조상으로 여긴다. 이들의 전승에 의하면 먼 옛날 태양이 하늘에서 내려와 홍·백 두 개의 알을 낳았는데, 이를 신령스런 뱀이 부화시켜 남녀 두 사람을 태어나게 했는데, 이들이 바로 배만인의 조상이란 것이다. 배만인은 뱀이 집으로 들어오면 조상이 들어온 것으로 여겨 맞이하고 내보는 의식을 거행한다.

강소성과 절강성 일대에서도 뱀 숭배의 풍습은 복건성에 못지않다. 청나라 고철경顧鐵卿의 『청가록清嘉錄』에 의하면, 4월 12일은 사왕의 생일이어서 향을 바치려는 사람들이 사당에 가득하며, 분향을 하고 난 다음 가져온 부적을 문에 붙이면 뱀독을 피할 수 있다고 한다. 이날 사람들은 청개구리를 잡아 뱀신에게 제사하는데, 뱀신이 좋아하는 것을 바친다는 의미이다. 옛날 의흥宜興 일대에서는 매년 원소절·2월 2일·청명·7월 17일·중추절·중양절·동지·제석에 뱀을 제사하는 풍습이 있으며, 그중에서도 9월 9일 중양절을 집 안에 사는 뱀의 생일이라 하여 제사를 가장 성대하게 지냈다. 또 이 지역에서는 뱀 제사를 통틀어 '재만가齋蠻家' 혹은 '청만가請蠻家'라 했다고 한다.

중국 서남 지방의 소수민족에게는 뱀 숭배 풍습 이외에 뱀과 관련되는 다양한 금기가 있다. 예컨대 묘족苗族 지역에서는 신랑이 신부를 맞이하러 가는 도중 뱀을 만나면 기어서 지나가야 한다고 하며, 귀주성黔 동남 지역의 묘족은 두 마리의 뱀이 한곳에 있는 것을 보면 집으로 들어가기 전에 먼저 변소에 가서 부정을 씻어낸다고 한다. 또 귀주의 어떤 지역에서는 뱀이 허물 벗는 것을 보면 불길하다고 여긴다.

중국 북방 지역은 뱀 숭배의 풍습이 남방만큼 확실하지 않은데, 그것은 북방에는 독사가 적기 때문일 것이다. 그러나 북방 샤머니즘에서는 뱀 숭배가 중요한 위치를 차지한다. 예컨대 오르촌鄂倫春족이나 에벵크鄂溫克족에는 질병의 신이 있는데, 이들은 큰 뱀의 모습을 하고 있다고 한다. 그리고 에벵크족의 전승에 의하면, 사와극舍臥克이란 이름의 이 신은 납마라는 호수에 사는 10장이 넘는 큰 뱀인데, 입으로 약을 토해 시조모의 병을 고쳐주었고, 이를 감사하게 여긴 사람들이 이를 조상으로 모시게 되었다고 한다. 이 밖에도 어떤 지방에서는 집 안의 뱀을 죽이는 것을 불길하게 여기는데, 뱀이 쥐를 잡아먹기 때문에 그렇게 생각한 것이 아닌가 한다.

이런 점으로 미루어 중국의 뱀 숭배는 실용적 목적에서 유래한 것 같다. 그러나 문화가 발달하고 인간의 지혜가 늘어나면서 뱀을 숭배하는 전통은 거의 사라져버렸다.

**서영대 지음**

# 대지와 바다와 하늘을 이어주는
# 생명의 뱀

## 대지의 신에 대한 경의

관동 지방의 북동부, 현재의 이바라키켄茨城県에 해당하는 지역의 전 승을 정리한 『히타치노쿠니후도키常陸國風土記』(713~715)에 야토노카미夜 刀神 이야기가 전해온다. 이 신은 뿔이 난 뱀의 무리로 마을의 수장 마타 치麻多智가 서쪽 골짜기 갈대밭을 개간하여 논을 개척하면 무리를 데리고 와서 방해하여 논을 경작할 수 없게 했다. 그래서 마타치는 야토노카미 에게 여기서 위로는 신의 땅, 아래는 사람의 전답으로 하자며 산 입구에 표식이 되는 지팡이를 세웠다. 이 신을 본 사람의 가문은 멸망하고 자손 이 이어지지 못한다는 전승이 있었다.

현대인은 생활 속에서 뱀을 보는 일이 드물어졌지만, 도시화 이전에는 생활 속에서 뱀을 접하는 일이 종종 있었다. 손발이 없는 독특한 형태, 극적인 생명 갱신으로서의 탈피의 습성, 그중에서도 맹독을 가진 종류가 있는 뱀은 항상 인간에게 강렬한 인상을 주었다. 그것은 일상 속의 놀라움이었던 것이다.

뱀은 원래 하무라고 하며 그것이 헤미, 헤비蛇로 옮겨 갔다고 한다. 하무는 '기어가다' 라는 뜻의 하우遣う, 또는 '물다' 라는 뜻의 카무咬む를 말하며 주로 독사를 나타낸 것으로 여겨진다.

뱀을 마무시, 나가무시, 구치나와 등의 이미고토바忌詞로 부른 것은 이 특이한 존재에 경의를 표한 것으로 볼 수 있다. 이미고토바는 경외로우며 두려운 것들을 직접 그 이름으로 부르지 않고 에둘러 표현하는 말이다. 살무사를 칭하는 마무시는 眞蟲으로 쓰며 움직이는 것들의 대표라는 의미다. 독이 없는 뱀에게는 길며 움직이는 것이라는 뜻의 나가무시長蟲, 썩은 줄을 의미하는 구치나와朽繩 등의 호칭이 있었다. 모두 뱀을 관찰하여 붙여진 이름이다.

오늘날에는 모두 헤비蛇로 총칭되고 있지만, 이전의 이미고토바忌詞도 사용되고 있다. 난세이쇼토南西諸島의 독사는 종이 달라 하부로 총칭되지만 이것도 이미고토바忌詞가 있다. 예를 들어 오키나와에서는 소문本物, 야에지마八重島 군도에서는 마문眞物, 아마미奄美에서는 마지문魔物이라고도 한다.

## 태고의 지주와 신의 사자~보이는 것과 보이지 않는 것을 이어준다

산을 태울 때는 "산을 태울 거요. 야마노 카미山神도 다이자사마大蛇様
도 미안하게 되었소" 등과 같이 외친다. 화전 개간 등의 사례에서도 볼
수 있듯이 농지를 개발할 때는 산야의 신들에게서 토지를 양도받는 '지
모라이地貰い' 라는 의식이 있었다. 일본의 벼농사 의례나 파종 의례, 모내
기 의례에는 지모라이 의식으로 여겨지는 부분이 있다. 수전에 나뭇가지
등 지팡이 같은 것을 세운다. 유사한 의례가 건축에서도 행해졌다. 나라
켄奈良県 요시노吉野 지역에서는 개간 전에 토지의 네 모서리에 말뚝을 박
아 시메나와注連縄라는 금줄을 쳤다고 한다. 또한 많은 지역에서 무덤을
파는 경우에도 네 모서리에 돈을 놓고 토지신에게 땅을 사는 형식을 취
했다.

인간이 이용하고 있는 토지 중에서 원래 뱀이 살지 않았던 곳을 찾기
는 어렵다. 뱀은 태고의 땅 주인이었던 것이다. 산을 태우고 밭을 만들
때, 벌판을 개간하여 수전을 만들 때, 창고 및 신사, 농가의 집과 부속 건
물을 지을 때, 인간은 이 대선배로부터 토지를 양도받아왔다. 사슴과 멧
돼지를 비롯한 수많은 포유동물도 있었지만, 파충류의 정점에 있는 뱀은
어디에나 있었다.

일본인은 건물을 지을 때 지진제地鎮祭를 하여 토지신의 허가를 받는
의식을 현대에도 이어오고 있지만, 뱀에게 허가를 받는 발상은 없어졌
다. 뱀이 지주라고 하는 엉뚱한 발상은 상대도 해주지 않을 것이다. 그렇
지만 대지가 인간만의 것이 아니라는 감각이 현대만큼이나 요구된 시대
는 없다. 자신이 가지고 있는 토지라고는 약간 있거나 전혀 없는데도 불

구하고 토지를 떠올리면 우리는 무심코 인간의 소유만으로 관념하기 십상이다. 자기 소유가 아닌 토지가 누군가 다른 인간이나 국가의 전유물로 생각하기보다 식물이나 곤충, 뱀, 새, 포유동물들의 소유이기도 하다고 생각하면 마음이 편하지 않을까.

게다가 모든 살아 있는 것들 중에 지면을 기어 다니며 어디에서나 불현듯 나타나는 뱀을 지주 대표라고 생각하면 유쾌하다. 새는 하늘을 날아오른다. 곤충도 나비나 잠자리처럼 날개를 펴고 뛰어오르는 것이 있다. 사슴이나 멧돼지는 네발로 돌아다닌다. 뱀만이 지면을 어루만지듯 기어 다니며 때로는 똬리를 틀어 자기의 존재를 주장한다. 발이 없는 뱀 형태는 토지에 다가선 진화에서 연유하는 것이다.

현대 일본의 지진제는 너무 형식화되고 신을 추상화하고 있다. 단지 보이지 않는 신을 진정시키는 것만으로는 인간과 자연의 공존을 위한 본질을 파악하고 있다고 할 수 없다. '지모라이'라는 말은 보다 직접적이다. 인간이 실제로 거기에 살고 있는 생물을 쫓아내고 토지를 사용한다는 사실을 그대로 표현하고 있다. 토지에 있는 생물은 전부가 눈에 보이지는 않는다. 그러나 틀림없이 거기에 있다. 그야말로 인간의 힘을 초월한 신으로 파악해야 할 것이다.

현대인은 신을 전혀 눈에 보이지 않는 존재로 삼아버렸다. 눈에 보이지 않는 것을 무시하는 것은 간단해졌다. 보이지 않는 것이란 인간이 모두 파악할 수 없는 풍부한 생태계이며, 또한 눈에 보이지 않은 수계, 지질, 미생물, 식물, 동물들로 파악해야 할 것이다.

보이는 것(인간, 늘 모습을 보이고 있는 생물)과 보이지 않는 것(신, 모습을 숨기고 있는 생물)이 연결되어 있고, 그 사이를 때때로 모습을 나타내는 것(뱀)이 이어주고 있다. 신의 사자란 그런 의미라고 할 수 있지 않을까.


## 조몬繩文 토기로부터 볏짚 뱀까지~대지와 인간의 공존

조몬 중기에는 새끼줄처럼 똬리를 틀거나 꾸불꾸불한 문양을 가지는 토기가 자주 발견되고 있다. 중부에서 관동 지방에 걸쳐 삼각형 머리를 하고 입을 크게 벌린 살무사를 본뜬 조형이 입 가장자리에 붙여져 있는 토기가 출토되고 있다. 정면이 여자 얼굴이고, 등에 뱀이 기어올라 입을 벌리고 있는 램프도 있으며 두상에 살무사를 올려놓은 여신의 토우도 있다.

소리會利 유적 정면상

소리 유적 이면상

조몬 토기에는 아시아에서 가장 오랜 만6천 년 전의 새끼줄 흔적이 남아 있다. 원래 조몬 토기 문양을 구성하는 새끼줄은 그 자체가 얽혀 있는 뱀을 나타내고 있다는 설이 있다. 조몬 토기에 문양을 넣기 위해서는 오늘날의 연구자가 조몬겐타이繩文原原體로 부르는 꼰 끈을 사용했다는 것이 알려져 있다. 재료는 볏짚이 없었던 벼농사 이전의 시대로 예로부터 남아시아나 동아시아에서 섬유를 채집하기 위해 재배되어온 다년생 식물인 모시풀 등을 사용한 것으로 보고 있다. 오늘날에는 박물관에서 조몬겐타이 만들기 체험 학습도 있다. 복원품을 보면 새끼줄의 소박함 속에 감춰진 파워가 매력적이다.

점토로 본뜬 토기에 이 꼰 끈을 굴려 무늬를 낸다.

조몬 시대에는 화전 농업이 시작되고, 한층 더 계획적인 전작畑作 농경
도 행해졌다고 생각하는 연구자가 많다. 일본에는 하타네즈미라는 들쥐
의 고유종이 있어, 도처에 출몰하여 종자나 작물을 함부로 먹어버렸다.
이 들쥐의 천적인 뱀은 쥐의 수를 컨트롤하여 사람들의 생활을 지키는
중요한 역할을 담당했다고 할 수 있다.

야요이 시대에 벼농사가 시작되면 논을 만들기 위해 뱀의 거주지인 들
이나 강에 사람이 들어가 개간을 하고 용수로를 만들어야 했다. 그러나
쌀을 함부로 먹어버리는 들쥐를 잡아먹는 뱀이야말로 중요한 수호신이
되었다. 창고나 집과 대지, 신사神社 등에도 뱀이 정착해, 신이나 신불의
사자로서 번영을 가져오는 존재로 여겨졌다.

신사神社에서 사용되는 시메나와注連繩도 서로 얽혀 있는 자웅의 뱀을
나타낸다는 설이 있다. 『고지키古事記』에 태양신인 아마테라스오미카미天
照大神가 아마노이와토天岩戸에 몸을 숨겼을 때, 온 세상이 빛을 잃어 곤란
에 처하자 두 번 다시 숨지 않게 바위 입구에 줄을 친 기록이 있어 진자신
토神社神道에서는 이것을 시메나와의 기원이라고 한다. 그렇지만 이것만
으로는 왜 그와 같은 독특한 꼬임을 주고 있는지 설명되지 않는다.

시메나와는 신령이 머문다고 하는 요리시로依り代로 신의 영역과 속계
를 나누어 재액을 쫓는 결계結界 역할도 한다. 신체나 신사 주위를 둘러
싼, 거대한 수목이나 바위 등에도 쳐져 있다. 정월에는 집 문이나 현관에
그해의 신의 결계로서 장식된다. 수전水田에도 시메나와를 붙여 오곡풍
양을 비는 관습이 있다. 특히 이즈모다이샤出雲大社의 시메나와는 길이 13

미터, 굵기 8미터, 무게 5톤으로 일본 최고의 크기로 유명하다.

수전 경작이 시작되고 광범위한 개간이 이루어지면서 뱀은 생식지에서 쫓겨났지만, 수확 후에 대량으로 생기는 볏짚에서 간단하게 새끼줄이 만들어지게 되었다. 시메나와가 뱀을 암시한다면 생식지를 빼앗긴 뱀이 짚으로 모습을 바꾸어 인간의 수호신이 되었다고 할 수 있지 않을까.

흥미롭게도 규슈九州로부터 토호쿠東北까지 전국 각지에 볏짚으로 뱀 모양을 만드는 습속이 많이 남아 있다는 것을 알 수 있다. 도쿄의 세타가야구世田谷區에서도 매년 오쿠자와 신사奧澤神社의 예제例祭에 볏짚으로 큰 뱀을 만들어 마을을 일주하는 신지神事가 행해져 지역 사람들에게 사랑받고 있다.

농경에 필요한 물의 확보를 위한 기우, 더워지면 작물에 병해충이 증가하여 역병도 유행하기 때문에 액막이가 필요하다. 짚으로 만든 뱀을 메고 걷는 마츠리祭り가 운세를 점치는 줄다리기가 되는 예도 많다.

이 전통을 이어받아 현대에 세계 제일의 짚뱀이 니가타켄新潟縣 세키카와무라關川村에서 만들어졌다. 1967년에 마을 전역을 덮친, 다수의 사망자를 낸 수해의 교훈을 잊지 않으려고 새로운 축제, 마츠리祭를 창출하였다. 수해가 일어난 8월 28일에서 그 길이를 딴 대나무와 짚으로 만든 뱀은 전체 길이가 82.8미터로『기네스북』에도

세계 제일의 짚뱀
출전 : 니가타 현 세키카와무라 홈페이지

인정되었다.

　수전水田은 뱀의 생식지를 빼앗았지만 인간은 부산물인 볏짚을 이용하여 시메나와나 짚뱀을 만들어 토지신과의 공존을 도모해왔다. 그러나 근대 이후 생물들에게 큰 부담을 지우게 되는 공업 문명, 도시 문명이 낳은 폐기물과 쓰레기는 시메나와도 짚뱀도 될 수 없다. 현대의 리사이클을 넘어서는 발상이 우리에게는 필요할지도 모른다. 모든 살아 있는 것들을 아름답게 조형함에 있어 안심하고 이용할 수 있는 재생 가능한 자연 재료를 중심으로 한 문명을 구축하지 않으면 대지와 인간의 진정한 공존은 도모할 수 없을 것이다.

## 바다의 신비를 야오요로즈노카미八百万神들의 선두에

　인도양에서 남태평양에 걸쳐 넓은 지역에 분포하는 바다뱀, 세구로우미헤비背黒海蛇가 음력 10월 무렵, 쓰시마對馬 해류를 타고 시마네켄島根県 해변으로 밀려온다. 토지 사람들은 그것을 주워 똬리를 튼 아름다운 박제로 만들어 이즈모타이샤出雲大社나 사다타이샤佐田大社 등 유서 있는 일곱 신사에 봉납한다. 이것이 '류자사마龍蛇様'다. 일본에 귀화한 작가 라후카디오 한이 『알려지지 않은 일본의 자취』에서 세계에 처음으로 소개했다.

　이즈모出雲에서는 매년 음력 10월을 신이 있는 달이라는 카미아리즈키神在月라고 하여 전국의 야오요로즈노카미八百方の神가 모여 남녀의 인연

을 맺어주는 엔무스비緣結び를 위한 협의를 실시한다. 이 8백만 신들이 이즈모에 들어설 때 선두에 서는 것이 '류자사마龍蛇樣'다. 이 마츠리祭는 '류자사마'가 없으면 시작되지 않는다. 일본의 모든 신들이 모이는 자리에서 선두를 맡는다는 것은 이즈모 지방 사람들이 얼마나 이 뱀을 중요하게 생각해왔는지를 알 수 있는 예인 것이다.

음력 10월이 가까워오면 반드시 바다뱀이 바닷가에 떠밀려 오는 바다가 보여주는 계절의 순환이 이 습속을 낳았다. 바다에서 오는 이 뱀은 현지 사람들에 의해 바닷속 용궁에서 온 사자로 믿어져왔다. 그리고 세계 문화유산인 이와미긴잔石見銀山이 있는 이와미 지방에서는 신라로부터의 사자로서도 믿어왔다.

세구로우미헤비背黑海蛇라는 이름은 등이 검은 것에서 왔지만 근대에 들어올 때까지 류자사마의 동물학적 특징은 분명하지 않았다. 등은 깊은 남색을 띤 검정, 복부는 선명한 황색이다. 폭넓게 분포하고 있기 때문에 다양한 색조, 문양을 가진 종류가 있다. 이 신의 사자를 우러러본 사람들은 그 신비성이나 선명함이 강렬하게 인상에 남아 있다고 한다.

왜 단순한 바다뱀이 이 정도로 사람의 마음을 끌어온 것일까. 그것은 이 뱀의 전신에서 바닷속 세계의 선명한 빛깔의 풍성함이 발산되고 있었기 때문일 것이다. 사람에게 풍부한 해산물을 공급해주는 만물의 근원인 바다에 사는 것이 세구로우미헤비인 것이다.

류자사마라고 해도 몸에는 용과 같은 수족, 뿔, 수염이 붙여지지도 않았다. 뱀 그대로의 모습이다. 대대로 류자사마를 만드는 박제사가 있었다고 하니 붙이려고 마음먹었다면 용의 아이템을 더하는 것은 충분히 가능했을 것이다. 용사龍蛇라고 하는 것은 용과 같은 신비성을 가진 뱀이라는 것일까.

에도 시대가 되면 다이묘大名의 통제책으로 1년 걸러 에도에 출사시킨 산킨고타이參勤交代를 하게 되는데 마츠에한松江藩의 다이묘가 에도에 출사할 때는 사다타이샤佐田大社의 뱀 박제도 동반하게 되었다. 막부 내에서도 류자사마의 평판이 퍼져, 토쿠가와德川 쇼군將軍도 배관했다는 기록이 있다. 뱀 박제의 영험을 얻으려고 신사에 부탁해 큰돈을 지불하고 류자사마를 손에 넣는 사람들이 나타났다.

광대한 물속을 자유자재로 헤엄쳐 다니는 바다뱀은 해난 화재 방지의 신으로서 안성맞춤이다. 그 바다뱀이 바닷가로 밀려와 육지를 찾아와준다.

세구로우미헤비는 독사로 고기도 독을 가지기 때문에 식용으로 쓸 수 없으며, 육상에서는 살지 못하여 바닷가에 밀려온 지 얼마 되지 않아 죽어버린다. 사람들은 정해진 계절에 바닷가에 밀려오는 선명한 빛깔의 뱀을 헛되이 죽게 내버려두지 않고, 정교한 기술로 박제를 하여 사람들 모두가 영험을 얻을 수 있도록 했다.

8백만에 달하는 신들은 눈으로 볼 수 없다. 그러나 바다뱀은 정해진 계절에 일목요연한 모습으로 나타난다. 이를 신들이 이즈모에 모이는 전조로 생각해보자. 신비하면서도 눈에 보이는 신의 사자. 이는 눈에 보이지 않는 신과는 또 다른 매력을 발하는 것이다.

눈에 보이지 않는 신들이 정해진 달에만 이즈모에 모인다는 발상은 기막히게 좋다. 이달 만은 아마테라스오미카미天照大神가 자리 잡은 이세伊勢가 아닌, 고도가 있던 나라나 교토, 현대의 수도인 도쿄가 아닌, 신화의 시대에 아마테라스오미카미의 신들에게 구니유즈리國讓り로 나라를 양도

한 이즈모가, 신성神聖 일본의 중심이 된다. 일본 열도에서 제일 큰 혼슈本州의 서쪽 끄트머리가 강한 종교적 기운으로 채워진다.

세구로우이헤비는 바닷속 신과 이즈모신, 전국에서 모인 8백만 신과의 관계를 이어주는 존재인 것이다.


## 하늘의 뱀~하늘과 대지를 이어준다

무지개를 뱀 형상으로 보는 무지개 뱀 관념은 중국, 인도, 페르시아, 유럽, 아프리카, 미국, 오스트레일리아 등 전 세계에서 볼 수 있다. 같은 예가 일본에도 있다. 무지개는 비가 그칠 때 나오며 소나기에 많고 번개와도 결합된다. 그리고 뱀은 물의 신이기도 하여 무지개를 뱀이라고 보는 것은 자연스럽다. 하늘에 걸려 있으면서 다리는 대지에 내리고 있다. 하늘과 땅을 하나로 이어주고 있는 것이다.

일본의 난세이쇼토南西諸島에는 무지개 뱀 신앙이 살아 있다. 뱀과 무지개가 같은 오나지라는 이름으로 무지개가 천 년의 세월을 거쳐서 완성된 오타츠大龍의 화신이라고 한다. 혼슈本州에도 오이타켄大分県, 나가노켄長野県, 야마나시켄山梨県, 아키타켄秋田県 등 규슈로부터 도호쿠東北에 걸쳐서 무지개는 뱀이 불어내는 영기靈氣라는 발상이 있었다. 뱀이 있는 연못에서 무지개가 나온다는 전승도 있다. 그리고 나가사키켄長崎県에는 무지개를 하늘에서 내려오는 뱀의 통로라는 전승도 있다. 그 모습이 무서워 마을 사람은 보지도 못한다. 뱀은 강물을 다 마시면 하늘에 올라 비를 내린다. 그 때문에 옛날에는 뱀의 사당祠을 지어 모셨다고 한다. 난세이쇼토의 이시가키지마石垣島에는 무지개는 강이나 바다, 우물물을 다 마신다고 하여 무지개 그 자체가 뱀이며 물을 마시러 온다는 견해도 있다.

이 무지개는 신으로 가리켜선 안 된다는 전언이 일본 각지에 전해온다. 오키나와 군도의 구다카지마久高島에서는 무지개를 가리키는 것은 예가 아니며, 그 손가락 끝에서부터 점점 썩어 들어 손이 끊어져버린다고 한다. 무지개는 뱀을 말하며 도쿄에서도 뱀을 가리키면 손가락이 썩는다는 전언이 남아 있다.

『니혼쇼키日本書紀』유라쿠雄略 천황 3년 4월의 조條에 이세진구伊勢神宮의 최고 신관으로 있던 천황의 황녀 타쿠하타노히메미코가 호족 사이의 싸움에 말려들어 한쪽의 호족 아들로 인해 임신을 하게 됐다는 누명을 쓰게 된다. 고래로부터 신을 모시는 최고 신관은 천황의 황녀에서 선택되고 이성과 사귈 수 없었다. 타쿠하타노히메미코는 신경神鏡을 가지고 이스즈가와五十鈴川의 상류에 가서 묻고 울부짖으며 죽었다. 천황이 찾아 나서게 한 그날 밤, 강 부근에 대사大蛇 같은 무지개가 보였는데 4, 5장丈(12~15미터) 크기였다. 무지개가 서 있는 곳을 파자 신경이 나왔다. 황녀의 시체도 바로 발견되었다. 혹시나 해서 황녀의 배를 할애하였더니 물과 돌이 나왔다고 한다.

거울鏡의 빛과 부근의 강, 그리고 황녀의 눈물이 뱀 같은 무지개를 출현시켰을 것이다. 이 이야기는 무지개 뱀의 관념이 고대로부터 있었다는 것을 알 수 있다. 신관의 결백을 나타내는 상징으로 무지개 뱀이 이용되고 있다. 또한 여성 민속학자 요시노 유코에게 신경神鏡은 원래 대지의 신이며, 조상신인 사신蛇神의 눈을 나타낸다는 설이 있다. 통설은 아니지만, 이 설에 따라 이미지를 부풀린다면 타쿠하타노히메미코의 슬픔은 사신蛇

神의 눈인 신경神鏡을 빌려 눈물이 되어 넘쳐났다고도 할 수 있을 것이다.

고대 사람들은 땅을 기는 뱀을 용처럼 하늘에 오르게 하고, 하늘에서 내려오게 했다. 종종 뱀과 용이 습합해 관념되었을지도 모르지만, 뱀인 채로 하늘에 오르는 것도 적지 않다. 무지개의 형상은 용보다 오히려 팔다리가 없고 미끈한 뱀에 가깝다. 돌연 모습을 나타내는 일도 뱀을 닮았다.

동경하는 마음으로 무지개를 바라보는 현대인은 뱀의 존재를 완전히 잊고 있다. 그러나 땅을 기는 생물을 하늘에 올려, 하늘을 지상에 연결한 선인들의 창조력은 기후와 대지가 밀접한 관계에 있다는 것을 예민한 감각으로 깨닫고 있었던 것이다. 인간이 배출하는 온실효과 가스에 의한 이상 기상이 염려되는 현대야말로 대지의 생물과 천공天空을 결부시킨 선인들과 같은 감성이 요구되고 있는 것은 아닐까.

**하마다 요 지음 | 이향숙 옮김**

## 참고 문헌

荒俁宏, 『世界大博物圖鑑』(第三卷, '兩生・爬蟲類', 平凡社, 一九九〇)

笠間良彦, 『蛇物語 その神秘と傳說』(第一書房, 一九九一)

小島瓔禮, 『蛇の宇宙誌—蛇をめぐる民俗自然誌』(東京美術, 一九九一)

南方熊楠, 『十二支考』(上, 岩波文庫, 一九九四)

吉野裕子, 『十二支 易・五行と日本の民俗』(人文書院, 一九九四)

世田谷區立鄉土資料館, 『ジャの道は蛇 藁蛇の祭と信仰』(世田谷區立

鄕土資料館, 一九九五)

谷川健一編, 『蛇 (ハブ) の民俗』(日本民俗資料集成第二○卷, 三一書房, 一九九八)

鄭高詠, 『中國の十二支動物誌』(白帝社, 二○○五)

伊藤亞人監譯, 『韓國文化シンボル事典』(平凡社, 二○○六)


**Webページ**

關川村 홈페이지

제
5
부

# 뱀의 이미지와
# 상징성

**현대 대중문화와 뱀** 류관현

**뱀이 지칭하는 수많은 아이콘과 상징성** 이우환

**일본인과 뱀의 문화력** 하마다 요·이향숙

**인간의 욕망을 비추는 중국의 뱀** 왕민

# 현대 대중문화와
# 뱀

## 뱀을 숭상하는 문화와 뱀을 배척하는 문화

　뱀의 문화는 뱀을 숭상하는 문화와 뱀을 배척하는 문화의 둘로 나뉜다. 기독교 문화는 뱀을 적대시하고 배척하는 문화이고, 여타의 문화는 뱀을 숭상하는 문화이다. 선악과를 권유하는 나쁜 동물로 성경에서 등장하면서부터 뱀의 운명은 기독교 문화권에서 나쁜 캐릭터의 전형으로 자리 잡고 있다. 이에 따라 기독교 문화에 바탕을 두고 있는 나라에서는 뱀을 사탄이나 사탄의 심부름꾼으로 생각하는 경향이 강하다. 그러나 기독교 문화를 벗어난 문화권에서 뱀은 허물을 벗는 모습을 통해 재탄생의 신비를 품고 있는 동물로 인식되기도 한다. 예로부터 사람들은 뱀이 성장하면서 허물을 벗는 것을 죽음으로부터 다시 태어나는 것으로 인식하였다. 이에 따라 뱀의 신성神性은 불사不死의 존재라는 인식과 깊은 관련을 맺는다. 또한, 여러 개의 알과 새끼를 낳는 뱀은 풍요와 다산의 상징으로 여겨져 여러 지역의 무속 신화에 등장하는데 우리나라 민속에서는 집안 살림을 늘리거나 축나게 하는 상징적인 동물로 뱀(구렁이)을 묘사한다. 동면을 할 때는 사람들의 눈에 보이지 않고 땅속에 들어가게 되는데 그로 인해 뱀은 산 자의 세계와 죽은 자의 세계 모두를 왕래할 수 있는 동물로 인식되었다. 그 결과, 뱀에 관한 무수한 상징성 안에 이중성과 풍요, 원시 생명력, 지혜, 창조라는 테마가 들어가게 되었다. 그러나 점차 그 외형적 혐오감과 더불어 기독교 문화의 영향으로 뱀은 현대에 있어서 부정적인 이미지가 더 강하게 작용하고 있는 것이 주지의 사실이다. 그에 따라 현대 대중문화 속의 뱀의 이미지는 악한 캐릭터로 등장하는 등 부정적인 이미지이거나 긍정적인 이미지라 할지라도 보조적인 캐릭터로 등장하는 것이 대부분이다. 이에 대중문화의 여러 분야에서 나타나는 뱀의 이미지를 살펴보고자 한다.


## 뱀 주사위 놀이판

가장 먼저 기억나는 것이 권선징악의 계몽적인 놀이도구였던 뱀 주사위 놀이판이 떠오른다. 착한 일을 하면 고속도로를 타고 높은 위치에 오르고 나쁜 일을 하면 뱀을 타고 미끄러지듯 추락한다. 이런 형태의 게임은 기원전 2세기 인도에서 시작되

어 현대에는 동서양을 막론하고 만들어지고 있다고 한다. 한편, 원래는 용을 타고 상승하던 것을 1970년대 당시 고속도로의 유용성을 홍보하기 위해 용이 고속도로로 바뀌었다는 이야기도 있다. 여하튼 뱀은 부정적인 이미지로 그려지고 있다.


## 영화와 애니메이션에 나타나는 뱀의 이미지

동양의 문화는 아니지만 전 세계적으로 큰 인기를 모은 『해리포터』 시리즈에 등장하는 볼트모트의 7개의 호크룩스[2] 중 하나인 나기니[3]라는 뱀이 먼저 떠오른다. 나기니는 인도 고유의 뱀 신앙에서 형성된 여신의 이름이다. 보통 두상에 용개龍蓋를 지닌 인간의 모습으로, 또는 뱀의 모습으로 상반신은 사람, 하반신은 뱀으로 표현된다. 롤링이 아마도 인도 신화에서 뱀 이름을 차용한 것이라 여겨진다. 나기니라고 불리는 이 뱀은 볼트모트가 불사의 몸을 얻기 위해 자신의 영혼을 쪼개어 담아두는 호크룩스의 하나로써 이는 뱀이 상징하는 불사不死 혹은 재생의 상징으로 사용

---

2 조앤 롤링의 소설 『해리포터』 시리즈에 나오는 마법 물건이다. 불사의 몸을 얻기 위해 자신의 영혼을 쪼개어 어느 특정한 물건에 담아두게 되는데 그 물건을 호크룩스라고 부른다. 그 물건은 겉으로 보기엔 아주 평범한 물건들이 대부분이다. 물건뿐만 아니라 사람, 동물에게 영혼을 담아두는 것도 가능하다. 단순히 영혼이 담겨 있는 경우도 있지만 톰 리들의 일기장처럼 사람들을 현혹시키기도 한다. 영혼을 많이 쪼갤수록 자신의 영혼이 불안정해지며, 모든 호크룩스가 파괴되면 그 주인은 죽을 수 있게 된다. 호크룩스를 무효화시킬 수 있는 유일한 방법은 바로 '양심의 가책' 이다. 그러나 심한 고통으로 인하여 자신이 파괴될 수도 있다.
3 남성신의 이름은 '나가' 이다.

된 캐릭터로 보인다. 또한, 볼트모트는 극중 절대악으로 그려지는 인물로 이 절대악의 영혼을 담아두는 매개체이므로 기독교 문화에서 보이는 사탄 또는 사탄의 심부름꾼을 의미하는 것과 연관성이 있다 할 것이다. 이외에 나루토와 동료들이 닌자가 되기 위한 모험을 떠나는 이야기로 일본의 소년 만화이자 TV판 및 극장판 애니메이션, 비디오 게임으로도 제작되기도 한 「나루토」에 등장하는 뱀 역시 불로불사를 상징하고 있다. 극중 악한 캐릭터로 등장하는 '오로치마루'는 소환수召喚獸로 주로 뱀을 사용한다. 세상에 있는 모든 술법을 익혀 최강의 힘을 얻고자 하며, 불로불사의 술법을 얻기 위하여 마을 사람을 죽여 그 시체를 실험체로 사용하는 등 악행을 저지르는 나루토의 대표적인 적이다.

## 대중가요에 나타나는 뱀 이미지

앗! 뱀이다 뱀이다 몸에 좋고 맛도 좋은 뱀이다 뱀이다
요놈의 뱀을 사로잡아 우리 아빠 보약을 해드리면
아이구 우리 딸 착하구나 하고 좋아하실 거야

김혜연이라는 가수가 부른 「뱀이다(참아주세요)」라는 노래 가사의 일부이다. 이 노랫말에 나오는 뱀은 보신용, 식용의 의미를 나타내고 있다. "애들은 가라 한 마리만 먹어봐 오줌이 담을 넘고 요강을 뚫어." 60, 70년대만 해도 입심 좋은 뱀 장수가 시골 장터에서 뱀을 정력제로 팔면서 하는 소리다. 그 시절에 뱀은 최고 정력제의 대명사였고 그러한 인식은

요즘까지도 이어지는 듯하다. 뱀이 최고의 정력제가 된 이유는 뱀의 교미 시간이 24시간 이상 되어서 정력이 셀 것이라고 많은 사람들이 생각하기 때문이라고 한다. 그러나 뱀의 교미 시간이 긴 것은 불임이 되는 경우가 많아 교미를 오래 해야 수정되기 때문에 종족 보전을 위한 불가피한 이유였다는 사실을 아는 사람은 많지 않다. 뱀은 똑같은 대중가요라 하더라도 다른 의미로 사용되기도 한다.

> 너는 한 마리 뱀이지 슬슬 스르르륵
> 네 몸만 빠져나가면 아무 상관없이
> 뻔뻔스런 얼굴로 만족스런 미소를 짓지
> 너의 한마디 말에도 아무렇지 않게
> 지껄여대는 궤변과 내뱉어대는 욕설이 있지

2000년에 발표한 자우림의 3집 앨범에 들어 있는 「뱀」이라는 노래 가사의 일부다. 이 노래에서 뱀은 무책임하고 뻔뻔한 대상을 지칭하는 의미로 사용되고 있다.


## 로고, 상품에 나타나는 뱀의 이미지

어느 단체나 기관 혹은 기업이건 또는 상품이건 대중을 상대로 하는 상징 의미를 부정적인 의미로 사용하는 곳은 없을 것이다. 뱀의 이미지도 역시 이렇듯 어느 기업 혹은 단체를 상징하거나 상품에서 표출될 때

는 부정적인 의미가 아닌 긍정적인 의미를 지닌다. 특히
상품에 있어서는 여성의 아름다움을 부각시키는 이미지로
사용되는 경우가 많다. 주름 개선에 효과적이라고 하는 뱀
독 크림 화장품이 인기다. 이에 따라 이 화장품의 포장지
에 뱀의 이미지가 사용된다. 또한, 유독 여성들의 반지나
목걸이, 귀걸이 등 액세서리에 뱀 모양의 이미지가 많이
사용되는 것을 볼 수 있는데, 이는 뱀을 욕망과 관능적 이
미지로 표현하는 경우가 대부분이다. 한편 방송, 음반, 영
화 등 엔터테인먼트 전문 업체인 '초록뱀 미디어' 라는 기
업은 푸른색 도마뱀을 기업의 CI로 사용하고 있는데, 이는
적응과 변신에 초점을 맞춘 콘셉트라고 한다.

화장품 포장지

여성 장신구

반지

① 대한의사협회 CI

지난 2011년 4월 대한의사협회는 대의원 총회에서 새로운 CI가 통과
되었다고 밝혔다. 기존 두 마리 뱀이 그려진 '헤르메스의 지팡이' 가 사라
지고, 의사협회의 영문 약자인 'KMA' 의 M 자에 '아스클레피오스의 지
팡이' 에 나오는 한 마리 뱀만 그려진 형태로 바뀔 것을 예고했다. 이 둘
의 차이가 뭔지 신화 속 내용을 들여다보자.

② 아스클레피오스의 지팡이

아스클레피오스는 그리스 신화에 등장하는 의술의 신神으로 아폴론의 아들이다. 신화의 내용은 다음과 같다.

> 아스클레피오스가 제우스의 번개를 맞아 죽은 고린도 왕을 살리려 치료하던 중에 뱀 한 마리가 방 안으로 들어왔다. 깜짝 놀라 자신의 지팡이로 그 뱀을 죽였는데, 잠시 후 또 한 마리의 뱀이 약초를 물고 들어와 죽은 뱀의 입에 물렸는데, 죽었던 뱀이 다시 살아났다. 이것을 본 아스클레피오스가 뱀이 했던 대로 그 약초를 고린도 왕의 입에 가져다 대어 그를 살려냈다. 그러고는 감사하고 속죄하는 의미에서 지팡이를 휘감은 한 마리의 뱀을 자신의 상징으로 삼았다. 죽은 자를 다시 살려내는 아스클레피오스의 능력을 두렵게 여긴 제우스는 역시 그에게도 번개를 내려 죽인다. 이후 아폴로는 제우스에게 아스클레피오스의 별자리를 만들어주길 청하고 그 청을 받아들인 제우스는 뱀 주인 별자리에 아스클레피오스를 놓는다.

아스클레피오스의 지팡이는 고대에는 의학의 상징으로 널리 사용됐으나, 중세에 들어서는 로마 가톨릭 교회에 의해 사용이 금지되었다가 종교개혁 이후 다시 사용되기 시작하여 지금은 미국 등 여러 국가의 의사협회의 상징으로 쓰이고 있다.

③ 헤르메스의 지팡이

두 마리의 뱀이 감고 날개까지 달려 있는 지팡이가 있다. 이것 역시 그리스 · 로마 신화에 나오는 '헤르메스의 지팡이'로 불리는데 의사 진료

복장에서 쉽게 발견할 수 있다. 헤르메스는 제우스의 아들로 평소 날개 달린 모자와 신발을 신고 두 마리의 뱀이 감긴 지팡이를 지니고 다녔다. 장사하는 상인들의 수호신이 된 헤르메스의 날개 달린 지팡이와 두 마리의 뱀은 훗날 상업과 교역의 상징이 되었다. 또한 죽음의 안내자와 상인, 도박꾼, 도둑의 수호신을 뜻하는 전령의 신을 의미한다. 그런데 헤르메스의 지팡이가 언제부터 무슨 이유인지 모르나 일부의 의학 분야의 상징으로 사용되기 시작하였는데, 미국 군의 부대의 마크로 쓰이던 것이 우리나라 의무 부대의 심벌이 되었고, 지금은 대한의사협회를 포함하여 국내외 여러 의학, 약학, 보건 관련 기관이나 단체에서도 휘장으로 쓰고 있다.

## 동화책에 나타나는 뱀의 이미지

요즘에 와서 뱀의 이미지는 좀 더 긍정적인 이미지로 바뀌고 있는 듯 보인다. 인간이 가장 혐오하는 동물 중 하나로 자주 등장하는 뱀이 아이들이 읽는 그림책의 주인공으로 등장하기까지 했으니 말이다. 『뱀이 좋아』(황숙경 지음, 보림)라는 책에 등장하는 뱀은 사람들의 일반적인 편견과는 달리 무척 사랑스럽게 그려진다. 뱀을 무척이나 좋아해서 집에서 기르고 싶어 하는 한 소녀의 이야기를 그린 이 책에서 뱀의 캐릭터는 작긴 하지만 동그랗고 선한 눈을 가진 귀여운 동물로 그려졌다. 또 평소엔 순한 양이라는 것을 표현하기 위해 귀여운 양의 탈을 쓰고 등장하기도 하고 혀를 날름거리는 모습도 온순한 얼굴로 꽃을 향해 혀를 내밀고 있는 것으로 표현됐다. 이외에 『부끄럼쟁이 꼬마 뱀』(정은정 지음, 비룡소) 등 아이들 대상의 동화책에서 뱀은 밝고 긍정적 이미지로 그려지고 있다.


## 뱀 생태공원

이렇듯 뱀에 대한 재조명은 이제 뱀 생태공원이 조성되는 단계에까지
이르렀다. 나비 축제로 유명한 전남 함평에 조성 중인 뱀 생태공원은 함
평군 일원 5만여 평에 국내외에 서식하는 뱀 등 파충류를 자연 생태 상태
에서 체험하고 관찰하는 국내 유일의 뱀 생태 테마 공간으로, 뱀독 연구
소 건립 · 운영을 통해 항암제 등 기능성 신약 개발도 함께 추진할 계획
이라고 한다.

시대에 따라 문화적 환경에 따라 그 상징의 의미는 조금씩 바뀌어나가
는 듯하다. 뱀의 이미지도 인간에게 유익한 기능이 새롭게 발견된다면
굳게 자리 잡고 있는 부정적 이미지가 보다 긍정적 이미지로 바뀔 지도
모를 일이다.


**류관현 지음**

# 뱀이 지칭하는
# 수많은 아이콘과 상징성

가마쿠라는 녹음이 우거진 곳이기도 하지만 습기도 많다. 그 때문인지 추운 계절이 아닌 한 산길을 걷다보면 도처에서 뱀을 만난다. 집 뒤가 산이라서 뱀은 때때로 현관이나 마당 끝의 담장에까지 출몰한다. 도쿄에서 이사 온 지 이미 7년째나 되는데도 아직껏 뱀에게는 익숙해지지 않는다. 가늘고 거무스레하고 구불구불한 것이 근방에 굴러다니는 것을 알게 되면 소름이 끼쳐서 발끝에서 머리끝까지 차가운 것이 훑고 지나가는 것이다.

검붉은 세모꼴 머리를 가진 작고 민첩한 살무사 종류는 느닷없이 덤벼드는 일도 있다. 청보라색이나 적갈색 등 기이한 빛깔을 띤 몇 종류인가의 독사에게도 주의가 필요하다. 그러나 기다랗고 굵은 각종 산뱀은 이쪽에서 쓸데없이 접근하거나 하지 않는 한 대체로 온순하다. 그래도 어쨌든 뱀이라는 소리를 듣는 것만으로도 무섭고 언짢은 기분이 된다.

초등학교까지를 두메산골에서 자란 나는 어린 시절, 뱀을 보아도 그다지 놀라는 법이 없었다. 그러기는커녕 마을 악동들과 맨발로 산과 들을 쏘다니면서 뱀을 발견하면 누구든지 신이 나서 재빨리 그놈의 꼬리를 집어 들고 공중에서 빙빙 돌리다가 땅바닥에 패대기치곤 하였다. 뱀을 만나도 기분이 내키지 않을 때에는 그냥 지나쳤다. 뱀은 뱀이었고, 그 이상도 그 이하도 아닌, 그야말로 시골 동물 중 하나에 지나지 않았다. 시골 사람들에게는 그 성질이나 생태가 잘 알려져 있다. 이것은 시골 생활을 하면서 길러진 자연스런 의식이며 본능적인 사물의 시각이라 해도 좋다.

그것이 이제는 어떤가? 시골을 떠나 도시에서 도시로 십수 년을 전전하는 동안, 나는 이미 시골의 자연인과는 거리가 먼 인간이 되어버린 모양이다. 자연을 이야기하고 자연을 아낀다고는 해도, 그것은 자신의 이미지를 부풀리고 거기에 행색을 갖추기 위한 방편에 지나지 않는 경우가 많다. 이미 자연은, 그 있는 그대로에 가까운 모습이라든가 등신대의 상태로 받아들여지지는 않는 것이다. 모든 것은 출처 불명의 정보나 제멋대로인 이미지에 의해 덧칠되어 그 정체는 점점 숨겨져갈 뿐이다.

예로부터 뱀은 신화나 성경 속에서도 이미 요물시되어 두려움과 미움을 받아오기는 했다. 그 야릇한 빛깔의 비늘 덮인 피부며 날쌘 혀의 움직임, 차가운 감촉, 묘하게 길고 꾸불거리는 몸짓은 확실히 보통의 감각으로는 친근해지기 힘들고 시각적, 심리적으로 기묘하게 비친다. 게다가 지구상에서 가장 오래된 동물 중의 하나인데다가, 한번 노린 것은 놓치지 않고 일격의 맹독으로 상대를 죽여버리는 위력을 가졌다던가, 꼭 그런 것도 아니겠지만 집념이 강하고 독살스러운 사람을 뱀에 비유하기도 한다. 또한 드문 일이긴 하지만, 산에서 뱀에 물려 죽었다는 신문 기사가 도시 사람들을 놀라게 하는 경우도 있다.

그건 그렇다 치고 오늘날처럼 뱀의 이미지가 정체불명의 것, 나아가서는 이 세상에 존재해서는 안 되는 것으로까지 과장되어 왜곡된 시대도 드물지 않을까? 도시인이 뱀을 잘 모르는 데서 오는 오해라고도 할 수 있다. 또한 어디에서나 볼 수 있는 것이 아니라는 비일상성이 문제일 듯도 싶다. 아니, 사실은 그런 것이 아니라, 이제는 웬만한 근처의 산이나 들이라 해봤자 이미 인공적인 정원으로 화하여 뱀은 그곳에 어울리지 않는 동물로 남겨졌기 때문이라고 말해야 하는지도 모른다.

그리고 생각하건대, 나는 인공인이 된 지 이미 오래다. 나는 뱀에 한하지 않고 온갖 야생의 자연이라는 것을 진작 내 세계로부터 추방해버리고 있다. 뱀…… 따라서 이 단어의 울림은 맨발로 산과 들의 수풀 사이를 본능에 맡긴 채 무방비로 뛰어다니던 시절의 그것이 아니다. 이미 뱀이라는 말은 실제의 뱀과 너무 어긋나 있다. 오히려 실체를 잃어버렸다고나 할까, 그것을 가지고 있지 않다는 것이다.

나는 지금에 와서는 눈앞에서 뱀과 마주치면 그곳에서 요물을 보는 것 외에 사실을 사실 그대로로 인정할 능력을 가지고 있지 않다. 나야말로 요물이 된 증거라고도 말할 수 있을 것이다.

따라서 이렇게 고쳐 말해도 될 법하다. 도시에 의해 사육되어 스스로가 요물화해갈수록, 끈질기게 있는 그대로의 모습으로 남아 있는 것의 상징으로써 더욱더 뱀은 공포의 대상으로 부풀어 오를 것임이 분명하다고.

**이우환 지음**

# 일본인과
# 뱀의 문화력

### 현대에 있어서의 뱀의 힘

운수가 사납다는 액년厄年의 여성은 뱀의 힘으로 액막이를 하기 위해 뱀 비늘 모양의 오비帶를 한 기모노着物를 입거나 했다.

예로부터 뱀은 신비한 힘을 가졌다고 여겨져왔다. 현대에는 우선 사피蛇皮가 유명할 것이다. 지갑이나 가방에 이용되는 것이 가장 일반적이지만, 지갑에 넣어두면 금운이 붙는다고 하여 탈피하고 남겨진 낡은 표피를 지갑에 넣어두는 등의 풍습이 있다. 홋카이도의 노보리베츠登別 마린파크 닉스에 길조를 비는 엔기모縁起物로 뱀 가죽을 사용한 '합격 기원 오마모리お守り'가 등장해 인기를 끌었다. 입시에 임하는 수험생이나 취직시험을 앞둔 사람들이 사 간다고 한다. 이 부적은 마린파크 닉스에서 사

육하고 있는 남미 원산의 대형 뱀, 아나콘다가 탈피 후 남긴 표피를 투명 보호 필름에 넣은 것이다. 2010년부터 판매한 마린파크 닉스는 "반향이 커서 놀라고 있습니다. 꼭 부적의 힘으로 시험에 합격하시길 기원합니다"라고 인터뷰에 남겼다. 남미에서 온 아나콘다도 일본 사람들의 행운을 위해 한몫하고 있는 것이다.

사피蛇皮라고 하면 오키나와켄沖縄県 아마미奄美 지방의 류큐琉球 문화를 대표하는 현악기 산신三線이 떠오른다. 샤미센三味線의 원형으로 알려져 있으며, 소리를 내는 몸통의 북 부분이 뱀 가죽으로 되어 있는 것으로 유명하다. 고양이 가죽을 사용하는 샤미센과 구별하기 위해 자비센蛇皮線이나 자미센蛇味線으로 널리 불리고 있지만, 오키나와켄에서는 산신이나 샤미센이라는 호칭이 일반적이다. 옛 류큐에서는 고가의 뱀 가죽을 사용한 산신이 풍요로움을 상징하였다. 유복한 사족士族들은 한 그루의 원목에서 두 대의 산신三線을 제작하여 부부 산신, 장식을 뜻하는 카자리 산신이라 칭하고 옻칠 나무 상자에 수납하여 정중하게 도코노마床の間(일본 건축에서 객실인 다다미방의 정면에 바닥을 한 층 높여 만들어놓은 곳으로 벽에는 족자를 걸고, 바닥에 도자기나 꽃병 등을 장식해두는 곳)에 장식하는 문화가 있었다.

그런데 뱀 중에서도 백사白蛇는 행운의 상징으로 여겨져, 특히 야마구치켄山口県의 '이와쿠니岩國의 백사'는 유명하다. 눈은 루비처럼 붉고, 전신은 백자와 같이 희며, 매우 신비로워서 예로부터 그 모습에 '벤텐사마弁天様의 사자', '쇼바이한조商賣繁盛', '개운開運의 수호신'으로 우러르며 1924년에는 천연기념물로 지정되었다. 당시는 천여 마리 정도가 서식하고 있었지만, 생식권 내의 도시화가 진행되고 곳간, 수로, 돌담 등 백사의 서식지가 점차 사라지면서, 동시에 먹이가 되는 쥐도 1945년 이후 전염

병 대책의 일환으로 약제에 의한 구제의 대상이 되는 바람에 개체수가 점점 줄어들고 있다. 그 때문에 이와쿠니시 및 재단법인 이와쿠니 백사 보존회가 이와쿠니 시내의 여섯 개소에 백사의 번식 육성 시설 등을 마련하는 등의 보호책을 강구하고 있다. 관광객용으로 백사자료관 등의 관람소도 개설되어 백사 부적, 백사 반지, 건강이나 금운 부적, 스트랩, 인형 등이 줄어가는 개체수를 보충하듯 만들어지고, 그러한 상품이 행운을 불러들이려고 하고 있다.

다음은 뱀이 가지는 맹독의 면에서 살펴보자. 일본에서도 한방의학이나 민간요법에서 약으로도 종종 사용된다. 일본에서 독사의 대표 격인 니혼마무시를 통째로 담근 살무사주나 하브를 통째로 담근 하브주가 만들어져 약주로 유통되고 있다. 특히 하브는 쥐를 쫓아서 인가에 침입하기도 하여 인간의 생활 속에서 접할 기회가 많은데, 세계적으로 봐서도 매우 위험한 독사의 하나로 꼽히고 있다. 반면에 쥐를 잡는 점에서는 사람에게 이익이 되기에 '익수益獸' 로서의 면도 빠트릴 수 없다. 이전에는 자연에 대한 두려움과 하브의 공격성 때문에 숲으로의 출입을 두려워한 사람이 대부분이었기에 류큐 열도의 숲은 오랫동안 사람의 손이 뻗치지 않아 양호한 삼림 환경을 지켜왔다고도 한다. '자연으로의 두려움' 이라는 점에서 현대에 사는 우리에게 시사하는 바 크다고 할 수 있다.

친밀감의 측면에서 말하자면 애완동물로서의 뱀이다. 뱀의 습성은 살아 있는 동물을 잡아먹는다. 다시 말하면 산 먹이밖에 받아들이지 않는다는 점에서 파충류 중에서는 가장 사육이 어렵다고 한다. 그리고 애완동물 파충류 콘테스트에 참가하여 아름다움이나 건강 상태, 희귀성 등을 겨룬다. 뱀 이외에도 도마뱀, 거북, 악어 등이 출품된다. 여기에 기인한 화제가 '신칸센을 세운 뱀'이다.

토카이도東海道 신칸센新幹線 신오사카新大阪·교토京都 간을 주행 중이던 차량에서 체장 약 1미터의 뱀을 순회 중이던 차장이 발견했다. 차장은 승객을 다른 차량으로 이동시키고 뱀을 포획하여 가까운 경찰서에 습득물로서 신고했다. 전철 운행은 중지되고 승객 약 2백 명은 후속 신칸센으로 갈아타게 되었다. 신칸센으로의 뱀류의 반입은 금지되고 있지만, 애완용으로 판매되는 독이 없는 '온두라스 밀크뱀'이었다. 2011년 7월 오사카에서 참가자가 만 명을 넘는 '레프타이르즈 피버 2011'이라는 이벤트가 열려 많은 파충류가 전시 판매되고 있었는데, 거기서 애완동물 판매업자가 구입한 뱀이 도망간 것이었다.

그리고 얼마 후 뱀으로 인한 단수로 2만5천 세대의 수도 이용이 불가능하다는 뉴스가 들려왔다. 고래로부터 뱀은 물의 신이었는데 씁쓸한 뉴스가 아닐 수 없다. 뱀이 전신주를 기어올라 전선에 걸려 감전사하고, 그로 인해 수도국으로의 송전이 중단되었기 때문이었다. 뱀에게는 전신주를 오르는 것도, 나무에 오르는 것도 마찬가지다. 뱀은 단순히 현대 문명의 희생자였던 것일까. 그렇지 않으면 몸을 던져 수도 공급을 멈추게 하고, 자기들만이 물을 독점 관리할 수 있다고 믿고 있는 인간에로의 경고였던 것일까.


## 생명과 환경을 지키는 뱀 연구

일본에서는 공적 기관으로서 1968년에 문부과학성 관할의 재단법인

'일본사족학술연구소日本蛇族學術研究所'가 설치되어 의료 기관이나 일반으로부터의 뱀에 관한 문의에 대한 창구로의 역할을 하고 있다. 일본에서 유일하게 사류蛇類를 중심으로 여러 가지 연구를 실시하고 있는 기관이며, 지금까지의 연구 성과는 연구소의 기관지인 「The Snake」나 다양한 학회 잡지에 발표되고, 동시에 일반용의 해설서로서 간행되고 있다.

주된 연구 성과를 들면,

1. 온실 내에 있어서의 각종 뱀류의 사육 방법을 확립했다.
특히 멸종에 직면할 우려가 있던 천연기념물 '이와쿠니岩國의 백사'의 인공 번식에 성공했다.
2. 독사의 교증咬症 조사를 실시하여 치료와 예방 연구를 실시했다.
특히 아마미奄美·오키나와沖繩에 있어서의 하부 교증의 조사를 실시해, 치료 혈청의 정제, 동결 건조 및 치료 방법을 개량하여 중증 환자의 감소에 기여했다. 또한 야마카가시 교증의 원인을 연구하고 치료 혈청을 시작試作하여 중증 환자의 치료에 성공했다.
3. 히메하브독에서 항혈전제인 트론빈 효소의 분리 정제에 성공했다.
4. 살무사류 분류의 재검토를 실시했다.

일반에게 공개되고 있는 재팬 스네이크 센터는 세계 각지의 다양한 뱀이 사육, 전시되는 연중무휴의 시설이다. 그곳에서는 하브의 채독 실연이나 니시키 뱀과의 기념 촬영, 원하는 사람들에게 뱀을 친근하게 느낄 수 있도록 뱀과의 만남 타임 등 이벤트가 다양하게 준비되어 있다.

그런데 영국 왕립협회의 바이올로지 저널에 의하면 1998년경을 경계로 십수 년 안에 뱀의 개체수가 전 세계적으로 감소 경향에 있다고 한다. 영, 불, 이탈리아, 나이지리아, 오스트레일리아에 사는 17종의 뱀 중 8종이 감소 경향에 있고, 관찰한 뱀의 3분의 2가 큰 폭으로 감소하였으며 개체수가 회복되는 조짐을 볼 수 없다고 한다. 그중에 가장 유력한 원인으로 볼 수 있는 것이 과도한 환경 개발에 의한 먹이의 감소, 오염 물질에 의한 병의 만연 등 생식지의 변화라고 한다.

1억 년 이상을 살아남아온 고유종인 뱀이 종래의 개체수를 큰 폭으로 감소시키는 일 없이 살아갈 수 있는 개발이 진정한 지속 가능한 개발의 바로미터가 되지 않을까.

## 일본의 국토 계획과 뱀

일본에서도 많은 뱀이 멸종 위기에 처해 레드 데이터로 거론되고 있지만 그 사실을 알고 있는 사람은 적다. 일본의 NPO 법인인 야생생물조사협회와 Envision환경보전사무소가 작성, 운영하고 있는 '일본의 레드데이터 검색시스템'은 전국 47도도후켄都道府県과 환경성의 최신 레드 데이터를 게재하고 있다. 레드 데이터란 멸종의 위기에 직면하고 있는 야생 동식물의 정보를 말한다. 세계에는 약 2350종의 뱀이 있지만 일본에서 생식하고 있는 거의 전부인 41종의 뱀이 리스트에 거론되고 그중 환경성의 레드 데이터의 카테고리로 거론되고 있는 것이 22종. 6종이 멸종의 위기에 직면하고 있으며, 8종이 멸종의 위험이 커지고 있고, 8종이 멸종 위기에 직면할 가능성이 있는 상태이다.

현대인이 뱀 신앙을 가지고 있지 않다고는 하나 다양한 환경을 파괴하는 일 없이 적응해온 뱀이라는 생물의 특성을 존중하고 이를 배우고 공생함으로써 보다 좋은 문명을 만들 가능성이 있다는 것을 알아야 하지 않을까.

현대인은 뱀에게서의 이익을 바라며 기대를 모으지만, 생명이나 생활을 걸 만큼 뱀에게 의지하지는 않는다. 토지를 양도받기 위해서도, 기우를 위해서도, 식량을 쥐로부터 지키기 위해서도, 이미 뱀은 필요가 없어졌다. 그렇다고 해서 1억 년 이상을 환경에 적응해온 뱀을 멸종 위기에 빠트리는 문명에서 우리는 잘 살아갈 수 있을까.

뱀 신앙 자체가 아닌, 그 신앙이 태어난 배경을 아는 것이 중요하다. 그러면 뱀과의 관계는 과거형이 아닌 현재진행형이란 것을 알 수 있다.

뱀의 신앙으로부터 뱀 존중으로, 또한 종교로부터 학습으로의 전환이다. 뱀을 존중하고 학습하기 위해서, 고래의 사람들이 현대에 전한 뱀 신앙, 민속이 새로운 가치를 가지고 온다. 고유종의 뱀을 잃는 것은 생물의 신체에 새겨져 있는 환경 적응의 1억 년의 기억을 잃는 것이다.

'일본의 레드 데이터 검색시스템'과 각 장소에서 행해지고 있는 지진제의 정보가 인터넷상에서 관련지어져 이용되면 이상적일 것이다. 진정한 선진적 토지 개발은 개발에 종사하는 건축가, 토목업자, 멸종 위기종의 지식을 가지는 동물학자나 환경학자, 전통적인 제사 지식을 가지는 민속학자나 신주神主가 각각의 전문 정보를 공유하면서 진행되어야 하지 않을까.

**하마다 요 · 이향숙 지음 | 이향숙 옮김**

## 참고 문헌

荒俁宏, 『世界大博物圖鑑』(第三卷, 兩生・爬蟲類, 平凡社, 一九九〇)

笠間良彦, 『蛇物語 その神秘と傳說』(第一書房, 一九九一)

小島瓔禮, 『蛇の宇宙誌-蛇をめぐる民俗自然誌』(東京美術, 一九九一)

南方熊楠, 『十二支考』(上, 岩波文庫, 一九九四)

吉野裕子, 『十二支 易・五行と日本の民俗』(人文書院, 一九九四)

世田谷區立鄉土資料館, 『ジャの道は蛇 藁蛇の祭と信仰』(世田谷區立鄉土資料館, 一九九五)

谷川健一編, 『蛇(ハブ)の民俗』(日本民俗資料集成第二〇卷, 三一書房, 一九九八)

鄭高詠, 『中國の十二支動物誌』(白帝社, 二〇〇五)

伊藤亞人監譯, 『韓國文化シンボル事典』(平凡社, 二〇〇六)

# 인간의 욕망을 비추는
# 중국의 뱀

## 똬리를 틀고 있는 '음수陰獸'

인간이 있는 곳에는 반드시 뱀이 서식하고 있다. 뱀이 살지 않는 곳은 지구상에서 한랭지 정도라고 한다. 이는 인간과 뱀이 얽혀 생활해온 것을 연상시키는데 뱀은 일반적으로 꺼려지는 존재다. 원래 파충류에 속한다는 사실이 꺼리고 피해지고 두려워하게 하는 건지도 모른다. 아무튼 너무 긴 생물이다. 건조로부터 몸을 보호하기 위해 전신이 비늘에 덮여 있는 것도 뱀의 섬뜩한 이미지를 더해주며, 둔한 광택이 '음수'인 것을 두드러지게 한다. 뱀 눈에는 눈꺼풀이 없다. 깜박거리지 않고 항상 열린 채로 가만히 노려보는 것도 뱀에 대한 섬뜩한 두려움을 느끼게 한다고 할 수 있다.

뱀은 한자로 '사蛇'라고 쓰며, 십이지에서는 '미巳'다. 한자는 상형문자다. 巳라는 글자는 똬리를 튼 뱀의 형태를 그대로 표현하고 있다고 한다. 음양오행설에서는 십이지의 홀수 번의 여섯 종이 양수陽獸, 짝수 번이 되는 여섯 종이 음수陰獸가 되며, 여섯 번째의 '미巳'도 축丑·묘卯·미未·유酉·해亥와 같이 음수 번에 맞춰져 있는 것에 불과하나 巳는 특히 일본에서는 '陰'이라는 한자가 가지는 이미지에 딱 들어맞는 것으로 여기는 것 같다.


## 뱀에 모든 것을 거는 마을

현대 중국인의 뱀관은 어떨까. 독이 있는 전갈도 먹고 '날아다니는 것은 비행기 외에는 다, 다리가 네 개인 것으로는 의자 외에는 다, 뭐든지 음식 재료로 해온 것이 중국 요리다. 중국 요리는 뱀을 진미로 중용한다. 왕성한 중국인의 식욕에 맞게 흰 육질의 뱀 고기는 조리하기 좋기로 무엇에도 견줄 수 없다. 그런 만큼 뱀의 수요도 많아 공급 기지도 번창하게 된다.

중국 제일의 '뱀 마을'을 찾으면 보통 절강성浙江省 덕청현德淸縣 신시진新市鎭의 자사교촌子思橋村에 이르게 된다. 연중 온화한 기후의 땅으로 여름은 뱀에게 안성맞춤인 습윤한 지역이다. 현지의 말로는 뱀 양식이 활발히 이루어지게 된 것은 대략 20년전부터라고 한다. 현재 마을의 170가구 중 150가구가 뱀 관련 일을 하고 있다고 하니 '뱀 마을'로 불리는 연유다. 양식 대상으로써 세계 각지의 뱀에도 관심이 있어 코브라의 인공부화와 양식에도 성공했다. 마을 인구가 8백 명에 미치지 않지만 양식

사육하고 있는 뱀 수는 3백만 마리 이상이라고 한다. 책임자의 말에 의하면 20년 전까지만 해도 가난한 작은 어촌에 지나지 않았지만, 지금은 뱀 덕분에 생활하고 있다고 한다. 마을 사람의 일상 이야기도 거의 뱀이 화제가 되는 것도 당연하겠다.

마을의 시산試算에 따르면 20년간 사육한 뱀이 7천만 마리 정도. 어린 뱀에서부터 키운 마릿수로 정확한 매출액을 알 리도 없지만 대충 1억 위안元 이상은 확실하고 3억 위안에 달할지도 모른다. 마을 농민들의 순이익은 5천만 위안은 넘을 것이다. 현재 대부분의 가구의 연수입이 5~6만 위안 정도로 보이며 조건이 좋으면 10만 위안에 달한다고 한다. 중국 최고의 뱀 생산지인 것은 말할 것도 없고, 세계 최고의 거점일지도 모른다.

마을 전체가 뱀에 투자하고 있다. 모든 생활이 뱀을 위해 이루어지는데 먹이가 되는 작은 동물이나 곤충이 서식하기 쉬운 환경을 유지 확대하여 토지개량에 힘을 쏟고 있다. 뱀 문화센터의 건설 운영, 뱀 식문화 등을 어필함으로써 관광에도 한몫하고 있다. 뱀에 의해 자사교촌은 앞으로 한층 더 풍요로워질 것임에 틀림없다.

뱀 정도는 친숙한 것들 중의 하나로 여기는 것은 중국인 정도일지도 모른다. 서구 기독교에서는 창세기에 악역으로 뱀이 등장한다. 에덴동산에서 평화롭게 살고 있던 아담과 이브에게 금단의 열매를 먹도록 유혹하여 인간에게 원죄를 초래한 악의 화신으로 여긴다. 이와는 대조적으로 중국의 천지개벽 신화에서는 두 인면사신人面蛇身 신이 잘 알려져 있다. 복희伏犧와 여와女媧는 신체의 뱀 부분을 서로 휘감고 있으며 부부 관계로서 사이가 정답다. 중국 조신祖神으로 모셔져 있다. 이 대비에서도 중국 뱀에 대한 이미지가 서구와 차이가 있음을 엿볼 수 있을 것이다. 물론 중국도 기분상으로는 대부분 뱀을 싫어한다고 해도 뱀 숭경의 예로 볼 수 있는 이 두 신에 관해 모르는 사람이 없을 정도인 것을 보면 예로부터 중국인의 뱀 이미지 형성에 영향을 끼치지 않았을 리가 없다. 뱀이 꿈에 보이면 딸을 낳는다는 것도 여과라는 여신에 대한 사모思慕와 무관하지 않을 것이다. 딸을 낳기 위한 길상으로 아주 좋아한다.


## 토템에 관련된 이야기

흥미로운 것은 전설에 전해오는 한족 조상의 대부분이 뱀의 화신이라는 것이다. 『열자列子』에는 "疱犧氏, 女媧氏, 神龍農氏, 夏后氏, 蛇身人面, 牛首虎鼻"라고 기재되어 있다. 『산해경山海經』에는 "共工氏蛇身朱髮"이라는 설이 있다. 복희伏羲부락에는 飛龍氏, 飛龍氏, 居龍氏, 降龍氏, 土龍氏, 水龍氏, 赤龍氏, 靑龍氏, 白龍氏, 黑龍氏, 黃龍氏 등 열한 씨족氏族이 있어 그들은 각각 다양한 뱀을 모티브로 한 토템을 가진 씨족으로 볼 수 있다. 중국의 전설에서 전해지는 용은 뱀이 신이 된 것으로 볼 수 있는데 예를 들어 동방에 거주하고 있던 이족夷族은 그중에서도 저명한 추장을 '태호太暭'라고 불렀다. 그는 사람의 머리, 뱀의 몸통을 하였거나 용의 모습을 하고 있었다고 한다.

예로부터 뱀은 토템으로 이용되어왔다. 원시사회의 앙소仰韶 문화에서는 도자기에 뱀 문양을 그렸다. 파촌坡村에서 출토된 도자기는 인두人頭, 조수鳥獸의 그림이 있고 이 그림의 일부는 당시 씨족 토템으로 볼 수 있다. 원시사회 이후 토템은 점차 잊혀졌으나 토템 숭배의 영향은 커서 특히 뱀을 숭배하는 풍속은 여러 민족에게 매우 보편적인 것이다.

특히 중국의 남부는 고대에 백월百越이 거주한 지역으로서 토지 환경은 습지로 초목이 무성하고 뱀이 출몰하였다고 한다. 뱀은 수륙양생水陸兩棲으로 생명력이 강하고 육식으로 짐승을 잡아먹고 사람에게 상처를 입히기도 한다. 옛사람들은 그 신비로운 색채로 인해 자연신의 화신으로서 숭배했던 것이다. 허신許愼의 『설문說文』에는 "蠻, 南蠻, 蛇種, 閩, 東南越, 蛇種"이라고 기록되어 있다. 고대에는 백월百越, 백만百蠻 같은 다양한 민족이나 종족이 있었으나 대부분의 씨족들에게 뱀을 토템으로 한 문화는 여전히 남아 뱀 신앙도 어떤 지역에서는 한漢 민족 문화 속에 뿌리내린 지역도 있다.

중국 서남 지방의 소수민족 지역에서는 뱀에 관련된 토템 문화를 남기고 있는 씨족도 있다. 이족彝族인 보普씨족, 운남雲南 도강怒江 지구에 거주하는 이수족傈僳族인 뇌부배雷府扒 씨족, 운남 복강碧江현 보악향普樂鄕에 거주하는 노족怒族인 납조제臘鳥齊씨족 등은 모두 '뱀'을 의미하는 것으로 지자악知子樂 등 세 향鄕과 여섯 가족 중에는 흑화족黑華이 있다. 서장西藏의 낙파족珞巴族에게는 뱀을 토템으로 하는 씨족이 있다.

뱀을 토템으로 숭배하는 것은 우선 민간의 묘廟 등에서 시작된 풍속이다. 동족侗族은 스스로를 '사가蛇家'로 부르며 뱀에 관한 제를 올리는 풍습을 남기고 있다. 원소절元宵節에 동족 중에서 비교적 큰 부락에서는 '무초사舞草蛇(龍)'라는 의식이 거행되어 뱀신이 토지의 사람들을 지키고 번영할 수 있도록 기원한다. 고대에는 민월閩越족에게 뱀을 숭상하는 풍습이 있었는데 현재 한漢 민족의 풍습에서도 볼 수 있다. 뱀을 모시는 많은 묘廟는 복근福建 각지에 분포하고 있다.

## 이면성二面性 **문화를 상징**

　뱀도 결국 뱀이라는 측면이 중국에도 없는 것은 아니다. 뱀의 길상을 살펴보면 불길한 것도 같이 드러나는 불가분의 관계에 있는 것 같다. 따로 뗄 수 없는 이면성이다. 먼저 떠오르는 것은 뱀의 독일 것이다. '농부와 뱀'의 우화는 잘 알려진 누구나가 아는 이야기다. 몹시 추운 겨울 어느 날 한 선량한 농부가 길가에서 얼어붙은 뱀을 발견했다. 농부는 뱀을 불쌍히 여기고 품에 넣어 데워주었다. 뱀은 서서히 회복하게 되었지만 은혜에 보답하기는커녕 농부를 물어버리고 마는 것이었다. 임종을 맞은 농부는 "나는 배은망덕한 뱀을 불쌍히 여겼으니 이런 보답을 받는 것도 당연한 것이다"라고 했다고 한다. 이것은 뱀을 위험시한 전형적인 우화다.

　그러나 한편에서는 뱀에 전갈, 지네, 두꺼비, 도마뱀을 합친 '오독협합五毒協合'이 아이들을 위한 부적 도안이 되었다. 독으로 독을 제制하여 사기邪氣를 물리치는 데에 뱀의 맹독은 효능이 높다고 여겨져 지금도 부모가 특히 사내아이의 무사한 성장을 기원하여 몸에 지니게 한다. 뱀의 두 번째 이면성으로 마이너스 면에서는 음험과 냉담이다. 뱀의 두 눈은 눈꺼풀이 없기 때문에 깜박임 없이 차가운 시선을 발하고 있다. 더구나 성대가 없으니 음성과는 인연이 없는 생명이기에 냉담함에 더해 기분까지 나쁘게 한다. 외관은 아름답지만 내심은 음험하고 독이 있는 여성은 '미녀 뱀'이라 하여 여성 스파이가 활약하는 작품은 미녀 뱀의 이미지가 잘 맞는다.

　이에 대응하는 플러스 면이 애정과 행복 추구다. 상징적인 민간설화인 「백사전白蛇傳」에 잘 나타나 있는데 자세한 것은 신화·전설의 편에 양보

하고자 한다. 백사白蛇의 정령인 백낭자가 강한 의지로 요괴를 무찔렀다고 나와 있다. 이면성의 세 번째 이미지는 장수나 생식, 부富가 될 것이다. 중국 문화에서는 똬리를 튼 뱀에게는 강력한 에너지가 깃든다고 여겨 거북이 등과 함께 장수의 심벌이다. 요가의 수행자는 '뱀의 힘'에 근접하고자 단련한다고 한다.

수목 주변을 기어가던 뱀이 갑자기 사라지는 일이 있다. 지중에 숨기 때문일 것이다. 대지나 지하와 관계가 깊은 생물로 여겨지는 습성이다. 다리도 없이 민첩한 움직임으로 자취를 감추는 것에 사람들은 어떤 종류의 두려움과 존경을 느낀다. 부의 상징과 더불어 지하에 쌓아 올린 자신의 왕국에 무진장의 재보를 숨기고 있다고 믿는 사람들도 많다. 부와 번영을 기원하며 뱀을 모신 묘廟에서 열심히 기도하는 민간신앙도 전해지고 있다.

장수를 위한 기원은 의약·의학과 결합된다. 중국에서는 민간신앙에서 뱀에게는 약초를 식별하는 능력이 있다고 여겨왔다. 어찌 되었건 뱀을 친숙한 생물로서 받아들여온 중국에는 일화가 실로 많다. 민간신앙인 풍수에서는 뱀을 꺼려 한다. 열거해보자.

*뱀의 흉포한 성질에 주의하고 몸에 거는 장식품으로는 하지 말 것 등을 말한다. 뱀의 냉담함이나 섬뜩한 숨결이 장식품을 몸에 단 사람에게로 감염될 가능성이 있다고 한다. 게다가 뱀에게는 음란한 특성이 있으니 몸에 거는 것은 적당하지 않다. 특히 여성은 금물이다.

*집 안에 두지 않을 것. 집 안에 뱀을 모티브로 한 토템이나 장식물이 있

으면 가족의 감정이 점차 냉담해지고 마음이 떠나가 싸움이 끊이지 않는다. 어린아이가 있는 경우는 무서운 이미지가 아이의 심리 형성에 악영향을 줄지도 모른다.

　*'음陰'이라는 성질도 있기 때문에 불임 부부에게는 좋은 결과가 있을지도 모른다고 한다. 뱀 그림이나 장식물을 침대의 머리맡이나 발밑에 두는 것이다. 풍수에서 뱀은 독에 의해 정화되고 변화한다는 의미도 있으므로 나쁜 영향을 최소화하면 효과도 기대할 수 있다. 풍수로 이용되는 뱀은 안경眼鏡뱀이라는 종류가 가장 적당하다. 주의해야 할 것은 돼지띠 사람에게 이 방법은 적절하지 않다. 왜냐하면 '巳年'과 '亥年'은 좋지 않은 관계로 여겨지고 있기 때문이다. 방위는 당연히 동남쪽이 바람직하고, 서북은 피해야 한다고 한다.


이제 뱀 요리로 돌아가서 끝을 맺고자 한다. 조금 긴장하고 나니 진미가 그리워진다. 겨울철은 '뱀탕' 스프가 인기 메뉴다. 혈행을 촉진하고 뱀 에너지로 몸을 덥히고자 하는 것으로 의식동원醫食同源의 중화요리에서 가능한 발상이다. 그 외에도 볶은 것이나 튀김 등 각지에 다양한 뱀 명물 요리가 있다. 뱀을 술에 담근 '뱀주'도 약효가 기대된다. 자양강장제로써 한약방에서는 다양한 뱀주가 진열되어 있다. 사족蛇足이 되기 전에 뱀주로 건배!


**왕민 지음 | 이향숙 옮김**

## 참고 문헌

宮田登 馬興國編, 『日中文化交流史叢書(5) '民俗'』(大修館書店, 1998年 11月)

王敏 梅本重一編著, 『中國シンボル · イメ圖典』(東京堂出版, 2003年 4月)

王敏, 『中國人の'超'歷史發想 · 食 · 職 · 色5000年の研究』(東洋經濟新報社, 1995年 6月)

王敏, 『花が語る中國の心 - 美女 · 美酒 · 美食の饗宴』(中公新書, 1998年 5月)

諸橋轍次, 『十二支物語』(大修館書店, 1968)

諸橋轍次, 『中國神話』(東洋文庫 · 平凡社, 1989)

聞一多, 『中國神話』(東洋文庫 · 平凡社, 1989)

澤田瑞穗, 『中國動物譚』(弘文堂, 1978)

五十嵐謙吉, 『十二支の動物たち』(八坂書店, 2006)

阿部禎, 『干支の動物誌』(技報堂出版, 1994)

### 자사교촌子思橋村에 관한 인터넷 소개

http://baike.baidu.com/view/2716665.htm

http://hi.baidu.com/fxyq2001/blog/item/928a0ff7646ee12b720eec94.html

http://bbs.voc.com.cn/viewthread.php?tid=3438302

# 십이지의
# 민속 전승

## 이서령 편역

뱀의 민속 전승
십이지의 화제사전에서

# 뱀蛇의
# 민속 전승

## 뱀<sup>巳</sup>에 얽힌 민속

나는 도쿄東京에서 태어나 도쿄에서 자랐는데, 내가 고교와 대학 시절을 보낸 후추시府中市의 니시후마치西府町에는 쿠마노진자熊野神社라는 진자가 있었다. 그리고 그 진자의 주인은 뱀이라는 이야기가 전해져 내려오고 있었고, 행여 이 뱀을 만나게 되더라도 건드리거나 죽여서는 안 된다는 어른들의 말을 듣고 자랐다. 요다타니오쿠사와世田谷奧澤의 오쿠사와진자奧澤神社의 고신타이御神體(신령의 상징으로 모신 예배의 대상물)는 뱀으로서, 경내境內의 사전社殿에 짚藁으로 만든 뱀을 모시고 있고, 그 진자神社의 에마繪馬(기원 또는 소원 성취의 사례로 진자에 말馬 대신 봉납하는 그림 액자)는 짚으로 만든 뱀 형태의 훌륭한 걸작품이다. 게다가 아시타치쿠足

276

立區의 대승원大乘院에서는 1월 7일, '진간나마츠리じんがんな祭'가 열린다. 'じんがんな'란, 'へび(蛇)のなわ繩'라는 말이 음전音轉된 것이라고 주지 스님은 말하고 있다. 이날 새벽, 근처의 주민들이 각기 짚을 들고 나와 대사大蛇를 만들어 나무 위에 걸고, 무병식재라든가 풍년을 빈다. 이 대사의 눈을 만들 때는 지난해의 대사를 불살랐던 재를 종이에 싸, 뭉개어 붙이게 된다. 이렇게 함으로써 대사의 혼이 되살아나게 된다는 것이다.

　연중행사로 이루어지는 뱀의 민속으로는 ① 미노히巳の日, ② 미노히노하라이巳の日の祓, ③ 미마치巳待ち를 들 수 있을 것이다. ②, ③을 제외한 사일巳日의 행사로써 인기隱岐 지방에서는 3월과 11월의 사일巳日을 '이미상いみさん'이라고 하여 큰 소리로 떠든다거나 물건들이 내는 요란한 소리들을 금기하고 있는 마을들도 있다. 시코쿠四國에서는 신불新佛이 있는 집에 한하여, 12월의 사일巳日에 제례를 올리는 풍속이 있다.

　코치켄하타쿤高知縣幡多郡에서는 집안에 사망한 사람이 있었던 집에서는, 12월 초사일巳日에 새로 지은 묘에 소나무를 장식하고 설을 차렸다. 이것을 미노에みのゑ 설이라고 하는데 가토마츠門松(설날에 문 앞에 세우는 장식용 소나무) 등과는 다른 점은, 지주支柱로 쓰이는 나무로는 반드시 감나무를 써야 한다는 것과, 잇쇼모치一斗餠(일종의 찰떡)를 작은 상에 올려 바치고, 그 위에서 짚을 조금 살라, 모치(떡)를 구워 참례자들이 함께 나누어 먹는 것이다. 이것을 미노마츠리巳の祭라고 하는 곳도 있다. 이렇게 구운 떡을 형제들이 서로 찢어 먹는다.

　빻은 떡살을 당일에 쪄 먹는 일은 이때뿐이고 평소에는 꺼린다. 가카와켄 나카타도군香川縣仲多度郡에서도 12월 초사初巳일을 '미노히巳の日'라고 하여 친척들이 서로 두부를 가지고 와, 여기에 저금을 꽂아 불단에 올린다.

미토미군三豊郡에서는 12월 초의 신사辰巳일을 신사정월辰巳正月이라고 하여 성묘를 하는데, 그때는 남의 집 사람들의 성묘객들과는 서로 대화를 나누지 않는다. 또한 '사巳 두부'라고 하여 그날 밤 두부를 저금에 꽂아 올리고 그것을 떡국처럼 해서 먹는 풍습이 있다.

토쿠지마켄德島縣에서도 신사정월을 쇠는데, 이날 신일辰日에는 조상의 묘에 꽃을 바치거나 떡을 찌기도 하고 사일巳日 이른 아침에는 성묘를 간다. 사일巳日에 대한 신일辰日을, 설正月에 대한 묵은 설쯤으로 여기고 있었던 것 같다. 이에 대해 '미우마巳午'라고 하여 사巳의 다음 날인 오午일에 계속하는 풍습이 있는 곳도 있다. 이와 같이 12월의 사일巳日은 그해의 마지막 조상 공양의 중요한 날이었음을 짐작할 수 있다.


②의 미노히노하라이巳の日の祓는, 조오시上巳의 셋구節供·히나마츠리雛祭라고도 한다. 음력 3월의 사일巳日에, 히토가타ヒトガタ(인형)에 신체의 더러움을 옮겨, 이것을 바다나 강 위에 띄워 보내, 재액災厄을 떨쳐버리는 행사를 말한다. 주로 3월의 초사일巳日에 행하여졌기 때문에 조오시노하라이上巳の祓라고도 하는데 카마쿠라鎌倉 시대에는 주우시中巳에 행한 적도 있다.


③의 미마치巳待는, 기사일己巳日에 벤자이텐弁財天을 봉제奉祭하는 날이다. 벤자이텐은 칠복신七福神의 한 신으로, 음악이라든가 재복財福 또는 지혜와 변설辨說을 담당하고 있는 여신이다. 일본에서는 원적怨敵을 물리

치고 복덕福德, 지혜, 재보財寶를 내려주시는 신으로 섬기고 있다.


## 뱀蛇과 쇠鐵

어업에 종사하는 어민에게는 갖가지 금기 사항이 있었는데 이를테면 바다 위에서 배를 타고 가다가 배 위에서 쇠붙이를 떨어뜨리는 일을 금기시하고 있었다. 이는 전국적으로 공통적으로 지키고 있는 금기 사항이었는데 금기 사항 중에서도 가장 엄격한 터부였다. 미야기켄 오스시카군宮城縣牡鹿郡 메가와마치에지마女川町江島에서는 배 위에서 바닷속으로 식도라든가 그 밖의 쇠붙이를 떨어뜨렸을 때는 섬으로 되돌아가 '호토마쓰리ほとまつり'라고 하여 대장장이를 찾아가 기도를 부탁하고 떨어뜨린 것과 똑같은 것을 만들어 약사여래님께 바쳤다고 한다. 오늘날에는 간략화되어 그림으로 그린 것을 대신 봉납하게 되었다.

이와데켄 가마이시시岩手縣釜石市 가모스마이住居에서는 쇠붙이를 배 안에 들여놓는 것 자체를 금지하고 있다. 히로시마켄 토요타군廣島縣豊田郡 오사키마치大崎町에서는 쇠붙이를 바다에 떨어뜨리게 되면 "쇠붙이를 떨어뜨려 죄송하오니 용서하여주십시오, 용왕님" 하고 말하면서 신주神酒를 바다에 붓고 말에 담은 쌀을 바다 위에 뿌리면서 용서를 빌었다고 한다. 이것은 산공散供의 한 형식이다. 나가사키켄 이치기시마長崎縣壹岐島에서는 바닷속에 떨어뜨린 쇠붙이 때문에 3월과 10월의 콘피라마츠리金毘羅祭때 '카나아게마쓰리金揚げ祭'도 함께 지내기도 한다.

쇠붙이를 바닷속에 떨어뜨리는 일 따위의 금기 사항이라든가 행사는 어민들의 용왕 신앙에 유래된다. 용왕 신앙의 기반은 수신水神의 표상인 사령신앙蛇靈信仰에 있다. 뱀이 쇠붙이를 싫어한다는 신앙은 세계적인 것으로써 우리나라의 옛날이야기에도 그 모티브가 있는 것을 찾아볼 수 있다. 나중에 기술하게 될 이류혼인담異類婚姻譚의 대표적인 것으로 '뱀 사위 들이기蛇壻入り'도 그런 것인데, 딸을 만나러 오는 남정네의 옷에 실을 꿴 바늘을 꽂아 그 실을 따라 산속에 들어가보니, 바늘에 찔려 독이 퍼진 뱀 한 마리가 거의 죽어가고 있었다는 이야기이다. 뱀의 마력魔力을 피하기 위해서는 쇠붙이를 이용한다는 신앙이, 거꾸로 생산신生産神으로서의 뱀을 노하게 하는 일 따위는 삼간다는 배려인 것이다.

근원적으로는 대장장이는 수신水神과 화신火神을 함께 섬기지 않으면 안 되지만 대장장이의 수호신으로서는 뱀을 받들었던 것이다. 칼에는 용을 새겨놓은 것들이 있고, 험상궂게 생긴 소위 형님(조폭) 등에는 구리가라몽몽俱利迦羅紋紋이라고 하여 용이 칼을 휘감고 있는 문신 등을 볼 수 있는 것과 같이, 칼과 뱀(용)은 끊으려야 끊을 수 없는 것이었다.

**소사생장담**小蛇生長譚

어느 집 인간의 부부 사이에서 자식으로 자라난 소사小蛇가, 단시일 내에 너무나도 비정상적으로 빠르게 자라나는 바람에, 맨 먼저 사용했던 작은 용기를 잇달아 큰 용기로 바꿔가며 길렀는데 결국 나중에는 대사大

蛇로 자라나 그 부모에게 은혜를 갚게 되는 이야기가 이것이다. 조리쿠코쿠후토키常陸國風土記 쿠레후시로야마くれふしろやま晡時臥之山 이야기에 따르면 조리쿠코쿠나가쿤이바라기常陸國那賀郡茨城 마을에 누카비코ぬかびこ努賀古와, 누카비메ぬかびめ努賀眸라는 두 남매가 살고 있었다. 그런데 이 여동생한테 낯모르는 한 남정네가 늘 밤이면 찾아와서는 낮에는 되돌아가며 여동생한테 구혼을 하고 있었다. 그러다 결국 이들 둘은 부부가 되어 하룻밤 사이에 회임하여 이윽고 소사小蛇를 낳게 된다. 그런데 이 아이는 낮에는 통 말이 없고, 꼭 밤이 되고서야 엄마하고 이야기를 나누었기 때문에, 어머니나 큰외삼촌도 놀라, 마음속으로 아마도 이 아기가 신의 아들일는지도 모른다고 생각하여 숲 속으로 데려가 단壐 위에 안치해놓고 나왔다. 그런데 이 뱀 아기는 하룻밤 사이에 온 숲 속이 가득하리 만큼 성장하여 다시 독 안으로 넣어주었더니 이번에는 또 독 안 가득히 넘칠 정도로 자라나고 있었다. 이 짓을 서너 차례 되풀이하다 더 이상 도저히 독으로도 감내가 되지 않자, 뱀 아기의 어머니는 아들에게 말했다. "그대는 신의 아들로서 도저히 우리 인간 권속의 힘으로는 기를 수가 없으니 그대의 아버지 곁으로 돌아가라"고 일렀다. 아들은 슬피 울며 그리하겠노라고 하면서 동자童子 한 명만 달라고 부탁했다. 어미가 우리 집에는 남매 이외는 아무도 없기 때문에 그럴 수가 없노라고 거절했다. 그러자 아이는 원한을 품고 헤어질 때, 큰외삼촌을 죽이고 하늘로 오르려고 하자 어미는 놀라 아이에게 독을 던져 아이가 독에 맞아 하늘로 오르지 못하게 되고, 그리하여 이 산봉우리에 주저앉고 말았다. 그 독은 카타오카片岡 마을에 남겨지게 되었고 자손들이 사당을 지어 그 안에 모시어 지금에 이르게 되었다고 한다. 모賀茂라든가 미와三輪의 전설과도 같은, 뇌신雷神,

사신蛇神의 신혼神婚 및 탄생의 설화이며 옛날이야기의 뱀 아들과도 맥을 같이하는 설화이다. 뱀 아들이 한밤 사이에 성장하여 몇 번씩이나 그릇을 바꾸게 되는 이야기는 이상성장담異常成長譚의 일종이며 뱀 아들의 옛날이야기에도 나온다.

또한 이와데켄 사이와쿤岩手縣柴波郡의 뱀 할아범 옛날이야기는, 자식이 없는 이들 부부가 삿갓 안에 들어 있는 웬 작은 뱀을 발견하고 여러 번 쫓아냈지만 막무가내로 다시 기어 들어오는 바람에 집으로 데리고 와 주발 안에 넣어 기르고 있었는데 금시 커버려 이번에는 대야 안에 넣어 기르고 그것도 안 되어 결국은 구유 안에 넣어 기르게 되었다. 이 뱀이 부잣집 딸과 결혼을 하게 되고 마침내는 잘생긴 남자로 환생하게 된다. 이 이야기는 고대의 성년계成年戒의 사상을 나타낸 것으로 보여진다.

야마나시켄 니시야요군山梨縣西八代郡 조큐이치시키손上九一色村의 이야기에서도 어느 노부부가 치성드려, 신이 점지해준 아들 류키치龍吉를 얻게 되었는데, 이 아들이 차츰 몸이 길어지기 시작하더니만, 마침내 대사大蛇가 돼버려, 노부부들이 잘 타일러 산속으로 방생하게 되었다. 그 후 어느 해 심한 가뭄이 들어 마을 사람들이 낭패를 겪고 있었을 때, 이 대사는 노부모의 청으로 비를 내리게 해주어, 은혜를 갚게 되었다는 이야기도 있다.

이런 유의 이야기는 일본 도처에서 들어볼 수 있다. 말하자면 신이 인간 사회에 뱀으로 화신하여 나타나, 빗물이라든가 풍작을 가져다준다고 하는 신앙적 설화이다. 더구나 소사小蛇가 금시에 대사大蛇로 자라는 이야기는 쿠레후시오야마晡時臥之山의 이야기로, 신성한 숲 속이라든가, 독 안으로 넣어주었다는 이야기에서도 알 수 있듯이, 마츠리祭에 미아레ミアレ

(고대인들이 숭배하던 태양, 달, 바람, 비 등 자연 신앙의 신위가 하늘에서 땅으로 내려와 지상에 그 모습을 나타내는 일)의 신령이 성스러운 용기 안에 모셔져, 가마 위에 메워지는 이야기가 되는 것이리라. 『쇼샤콘겐케諸社根源記』에, 와히메메이倭姬命가 맨 처음에는 상자 속의 작은 벌레였지만 이것이 성장하여 와히메倭姬가 되었다고 적혀 있는 것도 같은 사상인 것이다. 이와 비슷한 이야기는 인도네시아의 통킨東京 지방, 타이족에게도 있다. 어느 노부부가 흰 알을 발견하게 되고 이를 집으로 가지고 와, 부화를 시키자 안에서 흰 교룡蛟龍의 새끼가 태어났다. 그런데 이것이 어찌나 빨리 자라는지, 잇달아 커다란 옹동이를 바꿔가며 기르다가 나중에는 연못에 내다 길렀다. 그런데 이 교룡이 자기를 길러준 양모를 위해 물고기를 잡아다주어 나중에는 신으로서 모셔지게 된다는 이야기가 있다. 이것은 동남아시아계의 사룡蛇龍 신앙에 바탕이 되는 설화일 것이다.


## 뱀 사위蛇壻 들이기

일본의 옛날이야기 가운데는 인간 이외의 것(대개는 동물이며, 또한 수신水神에 관련된 동물이 주이다)이 인간과 결혼한다고 하는 이류혼인담異類婚姻譚이 많다. 이 이류혼인담에는 이류異類의 남성이 인간의 여성과 결혼을 하게 되는 것과 이류의 여성이 인간의 남성과 결혼을 하게 되는 것이 있다. 우선 전자에 대해 알아보기로 한다.

뱀 사위 들이기 이야기蛇壻入譚에는 딸과 내통하는 남정네의 정체를 알아내기 위해 남정네의 옷에 실을 꿴 바늘을 꽂은 형태의 이야기를 오타

마키おだまき苧環형型, 또는 삼륜산三輪山형이라고 하며, 논에 물이 말라 낭패를 겪고 있어, 누구라도 물을 대주는 사람이 있으면 사위로 들이겠노라고 하여, 이에 뱀이 나서는 것을 수걸水乞형이라고 한다. 세 번째로는 뱀에게 잡아먹히려고 하는 개구리를 할아범이 도와주어, 나중에 이 개구리가 은혜를 갚기 위해, 뱀을 죽여 할아범의 딸을 구해주게 되는 와보은蛙報恩형의 세 가지 형태가 있다.

옛날이야기로써의 오타마키형의 예로는 "어느 집 외동딸한테 매일 밤, 잘생긴 한 젊은이가 놀러 오는데, 비 오는 밤이나 바람 부는 밤이나 가리지 않고 찾아왔다. 이름을 물어봐도 가르쳐주지를 않는다. 어느 날 밤, 실타래의 실을 바늘에 꿰어, 잠들어 있는 젊은이의 머리카락에 꽂아놓았다. 머리카락에 꽂았는데도 젊은이는 아프다고 소리치며 뛰어 돌아가고 말았다. 그다음 날 아침, 실타래의 실을 따라가보았더니, 실은 커다란 연못 안으로까지 이어졌는데, 안에서 이야기 소리가 들려오고 있었다. 귀를 기울여 듣자 하니 "너는 검은 쇠를 머리에 꽂고 있어서 살아남을 수가 없다"고 뱀의 어미가 아들 뱀에게 말하고 있는 것이었다. 아들 뱀이, "나는 죽더라도 그 아가씨에게 애를 배게 했으므로, 태어난 내 아들이 나의 원수를 갚아줄 것이다"라고 말하고 있었다. 어미 뱀이 "분명 그 아가씨는 3월 셋쿠節供의 도주桃酒와 5월의 창포주, 9월의 국주菊酒를 알지 못하고 있을 것이다. 만약 이 술들을 마시게 되면, 배 속의 아이가 떨어지고 말 것이다"라고 말하고 있는 것을 엿듣게 된 딸의 어머니는, 황급히 집에 돌아와 도주, 창포주, 국주를 딸에게 마시게 하여 배 속의 뱀의 아기를 지우게 되었노라고 되어 있는데, 이런 형의 이야기에서는 셋쿠節供의 술에 유래되는 것이 대단히 많았다.

수걸水乞형의 이야기에서는, 세 딸을 둔 어느 부자가 논의 물을 보러 갔었는데 논에 물이 말라 벼들이 몽땅 건초같이 돼버린 것을 바라보게 되었다. 부자는 너무나도 어이가 없어서 어느 누구든 이 논에 물을 댈 수 있는 자에게는 자기 세 딸 가운데 한 명을 색싯감으로 보내줄 수 있을 텐데…… 하고 혼잣말을 중얼거리고 있었다. 이 부자가 다음 날 아침, 다시 논에 나가보니 논에는 물이 가득 넘쳐나고 있었다. 아래 논 한가운데 커다란 뱀 한 마리가 눈에 띄어, 그 부자는 바로 이 뱀의 소행이라 여겼다. 집에 돌아온 부자는 큰딸에게 넌지시 이런 이야기를 건네자, 큰딸은 뱀만은 안 되겠노라고 도망치고 말았다. 작은딸도 마찬가지로 거절을 하게 되고 결국은 막내딸만이 이를 받아들이고 아버지에게 청을 했다. 바늘 천 개와 박瓢 천 개, 그리고 무명 천 장만 마련해달라는 것이었다. 드디어 시집가는 날, 막내딸은 늪으로 가서 박 속에 무명을 꽉 채워 바늘을 꽂고, 오직 이 박을 몽땅 물속에 가라앉힐 수 있는 자에게만 시집을 가겠노라고 했다. 뱀은 박을 모두 물속에 가라앉히려고 물속을 휘젓고 돌아다니다 바늘에 찔려 죽고 말았다는 이야기이다.


## 뱀 색시

위에서의 뱀 사위 이야기와는 달리, 이류異類의 뱀女性이 인간에게 구혼을 하는 이야기가 뱀 색시蛇女房譚 이야기이다. 어느 한 사나이가 산에 나무하러 갔다가 돌아오는 길에, 따라온 여인과 부부가 되어 아이를 낳고 살게 되었다. 그런데 이 부인은 남편에게 산에서 일을 하고 집에 돌아오게 되면, 반드시 밖에서 "나 돌아왔어"라고 기척을 내달라고, 매번 신신 당부하는 것이었다. 어느 날, 남편은 이를 어기고, 아무 기척 없이 집에 들어와보니 아내는 온 방 안에 똬리를 틀고 있는 백사였다. 아내는 정체를 드러내 보일 수는 없는 노릇이라고, 아이에게 젖 대신 빨아 먹이게 하라고 자신의 한쪽 눈을 파내어 남겨놓은 채 근처의 연못에 그 모습을 감추고 말았다. 아이는 그 눈을 젖 대신 빨아 먹으며 자랐는데 눈알은 차츰 줄어들어 마침내는 없어지고 말았다. 남편은 연못가에 가서 그 일을 한탄하고 있자니, 아내는 또 한쪽의 눈을 파내어 남편에게 건네주고 말았다. 그리하여 눈이 멀게 된 아내는 남편에게, 아침에는 종을 세 번 울리고 밤에는 여섯 번 울려 밤과 낮을 분간할 수 있게 해달라고 부탁했다. 그래서 남편은 그 연못가에 절을 세워 지금도 그 종을 울리고 있다는 이야기이다. 그 절은 나라켄 요시노쿤奈良縣吉野郡 텐카와무라도센天川村洞川에 있는 류센지龍泉寺라고 하는 이야기가 전해져 내려오고 있다. 뱀은 수신水神이어서 벼를 자라게 하여 쌀을 영글게 하고 어린아이를 길러내는 신이기 때문에 이와 같은 이야기가 전승돼 내려오는 것이다. 뱀은 봄에는 동면에서 깨어나 논의 신으로서 산에서 마을로 내려오고, 겨울에는 산의 신으로서 산으로 되돌아가는 것으로 여겨지고 있었던 것 같다.

뱀 몸 형태를 하고 있었다는 이야기는 그 사람이 어떠한 일을 성취하려 할 때, 그 씨족氏族의 '토템族靈 본원영本願靈에 대해, 제사를 지내는 그 제사실수祭祀實修에서 비롯된 이야기일 것이라고 생각된다. 족령숭배族靈崇拜라고 하는 것이 결혼 형태에 있어서 내혼제內婚制(씨족내혼제 또는 마을村내혼제)를 관철하기 위해 존재한 것이었느냐 아니면 외혼제外婚制(씨족혼제 또는 마을외혼제)를 관철하기 위해 존재한 것이었느냐가 논의되고 있는 마당이지만, 적어도 우리나라에 있어서는 종교의 보전, 혈통의 존중 때문에 내혼제도가 이른 시대로부터 오랫동안 이어져 내려온 것으로 생각되고 있다.

**이시가미 나나사야**石上七梢 **저**著**에서**

# 십이지의
# 화제사전話題事典 에서

## 뱀蛇에 관한 고사故事와 속담

[귀신이 사는지 뱀이 사는지]

어떠한 무서운 것이 살고 있는지 알 수 없다는 말.


[풀숲을 두들겨 뱀을 놀라게 하다]

무심코 한 일이 뜻밖의 결과를 낳게 하다.


[뱀이 모기를 삼킨 듯]

너무나도 사소한 일이어서 문제가 되지 않는다는 비유.

[뱀이 나올 듯하면서도 모기 한 마리 나오지 않는다]
큰일이 날 것 같았지만 결국은 아무런 일도 일어나지 않았을 때.

[뱀이 다니는 길은 뱀이 안다]
같은 부류들이 하는 일은 같은 부류의 사람들에게는 손쉽게 알아차릴 수 있다는 뜻.

[뱀은 한 치一寸만 드러내도 그 대소大小를 알게 되고 사람은 한마디 말만으로도 그 장단점을 알게 된다]
뱀은 몸체의 일부를 드러내는 것만으로도 그 길이의 대소를 알 수 있게 되고, 인간은 한마디 말만으로도 그 사람의 됨됨이, 현우賢愚, 장단長短을 분간할 수 있게 된다는 뜻.

[대사大蛇를 볼지언정, 계집은 보지 말라]
여자는 사람을 홀리어 수행의 방해가 되므로 대사보다도 더 무섭다고 하는 타이름.

[뱀은 대나무를 타고 지네는 땅 위에 긴다]
다리가 없는 뱀은 나무를 타고 오를 수 있는데 다리가 많이 달려 있는 지네는 겨우 땅 위를 기어간다는 비유에서, 사물의 이치가 정반대인 현상을 이르는 말.

[뱀이 되어 돈을 지키다]

죽은 뒤에까지도 금전에 집착한다는 뜻. 『현우경賢愚經』에서 가로되, 어떤 자가 일생 동안 고생하며 돈을 모아 병 안에 모은 돈을 가득 채워 땅속에 묻어놓았다. 그가 죽은 뒤, 뱀이 되어 그가 묻어놓은 병 곁을 지키며 잠시도 그 곁을 떠나지 못했었다고 한다.

[뱀 만난 개구리 같다]

무서운 것과 맞닥뜨려 공포에 질려 꼼짝달싹 못하는 모양새.

[뱀에 한번 물리고는 썩은 새끼줄만 봐도 놀란다]

뱀에 한번 물리고 난 뒤로는 뱀과 비슷하게 생긴 썩은 새끼줄만 봐도 놀란다는 비유.

[뱀 구멍에 개구리 쳐넣기]

일부러 잔혹한 짓을 하는 비유.

[뱀처럼, 비둘기처럼]

무릇 인생은 현명하고 온화해야 된다고 하는 처세훈.
예수 그리스도께서 그의 열두 제자를 전도傳導 일로 내보내실 때, 그들의 앞날을 염려하시어 "뱀처럼 현명하게, 비둘기처럼 온순하게 하여라" 이르셨다(『신약 성서』「마태복음」).

[생生으로 뱀 죽이기]

반생半生, 반사半死의 지경으로 방치해놓는 일.


[뱀의 눈 정도라도 먹는 것이 득]

뱀 눈 정도의 아주 작은 이익이라도 취하는 편이 낫다는 말.


[뱀은 다리 없어도 갈 수 있고, 매미는 입 없어도 울 수 있고, 물고기는 귀 없이도 들을 수 있다]

각기 동물의 불가사의한 특징. '다리 없는 뱀, 귀 없는 물고기'라고도 한다.


[뱀은 대나무 통 안에 집어넣어도 곧아지지 않는다]

타고난 근성이 삐뚤어진 자는 고쳐지기 힘들다.


[뱀도 한평생, 활유蛞蝓도 한평생]

인간 한평생, 현우賢愚와 처지의 차이는 있겠지만 일생은 다를 바 없다는 이야기.


[숲을 쑤셔대, 뱀 나오게 한다]

공연한 짓을 해서 오히려 화를 당하게 된다는 비유.

# 뱀을 다룬 옛날이야기

[자코츠토오게蛇骨峠]

그 옛날, 자코츠토오게(蛇骨峠=新潟縣岩船郡關川村와 山形縣과의 경계에 있는 大里峠)에 한 마리의 대사大蛇가 살고 있었다. 어느 날, 쿠라이치藏市라고 하는 맹인이, 야마카타료코쿠니山形領小國 쪽에서 이 고개를 올라오고 있었다. 고개를 다 오른 장님은, 고갯마루 위에서 잠시 쉬어 가려고 자리에 앉아 비파를 타고 있자니 어디선가 여인의 목소가 들려왔다. "나는 흙 속에 살고 있는 대사大蛇인데, 곧 땅 밖으로 나가게 되오. 그때, 바로 산이 무너져 계곡이 막히고 산 밑의 동네들은 순식간에 진흙 바다로 뒤바뀌고 말 것이오. 한데 당신이 비파를 타, 그 아름다운 소리를 들려주어, 내가 답례로 미리 알려주는 것이니, 당신은 빨리 이 땅을 벗어나시오"라는 것이었다. 장님은 서둘러 하산하여 마을에 들어가 마을 사람들에게 다급한 상황을 알리고, 산허리에 쇠말뚝을 박아놓았다. 이로 말미암아 대사는 죽게 되고 장님 또한 죽고 말았다. 마을에서는 이 쿠라이치 장님을 오오쿠라콩겐大藏權現으로서 모시고, 고개에는 대사大蛇의 사당을 지어 오오사토다이멘신大里大明神으로 삼았다. 그 후 그 근방에서 흰 사골蛇骨(일종의 鑛物)이 출토되고 이것이 다친 데 바르는 상약傷藥으로 쓰이게 되었다(新潟. 福島. 三重縣).

[헤비뇨보蛇女房(뱀 아내)]

옛날, 어느 한 젊은이가 뱀을 살려주게 되었다. 이윽고 한 아리따운 여인이 나타나, 이 젊은이와 부부의 연을 맺게 되었다. 아내는 아기를 임신하게 되었는데 절대로 들여다보지 말라고 남편에게 단단히 이르고는 방 안에 들

292

어가 아이를 출산하게 되었다. 남편이 참지 못하고 방 안을 들여다보니 대사大蛇가 아기를 낳고 있는 것이 아닌가. 그런데 아내는 남편이 들여다보고 있는 것을 알아차리곤 자신은 '연못의 주인이 살려준 뱀'이라는 말을 남기고, 아이를 기르기 위한 옥玉(그녀의 한쪽 눈)을 놓아두고는 사라지고 말았다. 그 옥이 유명해져 마침내 그 지방 영주(토노사마)에게 빼앗기고 말았다.

남편이 연못을 찾아가자 외눈박이 뱀이 나타나, 남은 한쪽의 눈마저 빼주어, 눈이 완전히 멀고 말았다. 그리하여 시간을 분간하기도 어려워진 뱀은 남편에게 절에 종을 바치게 하여, 조석으로 이 종을 울려 시간을 알 수 있게 해달라고 부탁하였다(전국적으로 분포되고 있는 이야기).


[헤비무코이리蛇婿入(뱀 데릴사위)]

한밤중에 딸과 내통하고 있는 낯모르는 남정네를 수상하게 여긴 딸의 어머니가 그 남정네의 옷에 실타래의 실을 꿴 바늘을 꽂아두었다. 다음 날 아침 남정네가 돌아가자 그 실을 따라 찾아가보니 그 남정네가 뱀인 것을 알게 되었다. 그런데 그 뱀의 모자母子가 이야기하는 것을 엿듣게 된 딸의 어머니는, 이들 대화에서 아이를 떼는 방법을 알아가지고 돌아왔다. 그 방법이란 5월 5일에 창포주를 마시게 하는 것이었다(新潟. 長野. 香川. 岩手縣).

말라비틀어진 논에 물을 대주면, 대신 딸 셋 중 하나를 뱀의 색시로 주겠노라고 어느 부자 노인이 약속을 했다. 막내딸이 바늘 천 개와 표주박을 지참하고 뱀에게 시집을 가게 되는데, 결혼 조건으로 뱀에게, 연못에 띄운 표주박을 물속에 가라앉게 하도록 하고 뱀이 그러는 사이 바늘을 던져 뱀이 죽게 했다(전국적으로 분포되고 있는 이야기).

어떤 사람이 아이혼교愛本橋 다리 위에서 손수건을 주었는데 대사大蛇가 그 사람의 딸을 보고 반해버려 결국 딸은 대사의 아내가 되고 말았다. 딸이 친정에 돌아와 방에서 대사의 아이를 낳게 되었는데, 친정 식구들이 몰래 들여다보았다. 이를 알게 된 딸은 다시는 친정에 돌아오지 않게 되었다(富山縣).

## [헤비무스코蛇息子(뱀 아들)]

어느 마을의 할아버지가 산에 꿀을 베러 갔는데 소나무 뿌리 곁에 굴러 있는 알 하나를 발견하고 이를 주워 왔다. 사흘 만에 뱀 새끼가 알을 깨고 나와, 할아버지는 '하루(봄)'라는 이름을 지어주고 몹시 귀여워했다. 마을 사람들은 할아버지가 뱀을 기르고 있다 하여 두려워들 하고 있어, '하루'를 산속에 버리지 않으면 안 되었다. 할아버지는 '하루'가 불쌍해 다음 날 경단을 갖다주었다. '하루'는 산속에 흙을 파 다음 날에는 그곳이 연못이 되어 있었다. 연못 둘레에는 매화라든가 벚꽃, 진달래들이 예쁘게 피어나 해마다 마을 사람들은 꽃구경을 즐기게 되었다. 어느 날 그 마을 부잣집 딸이 꽃구경을 하다가 연못에 빠져 죽을 뻔한 것을 '하루'가 입에 물고 나와 살려냈다. 부자는 고마워, 답례로 '하루'가 좋아하는 떡을 그의 등에 얹어주었는데 '하루'는 이것을 먹지 않고, 병들어 누워 있는 할아버지한테 갖다주었다. 그 모습을 본 부자가 이를 기특히 여겨 자기가 할아버지와 할머니를 맡아 잘 보살펴드리겠다고 '하루'에게 약속했다. '하루'는 매우 기뻐하고 연못으로 되돌아갔다. 마을 사람들은 그 연못을 '春が池(=春池)'라고 이름 지어 부르고 자그마한 사당을 지어 '하루'를 모셨다고 한다(廣島, 福島, 山梨, 靜岡, 山口, 佐賀, 熊本縣).

[카에루토헤비蛙と蛇(개구리와 뱀)]

　아하阿波의 나라에 한 카미사마神様＝神가 있었다. 이 신은 이 세상 모든 생물을 다루고 있던 신이었는데, 모든 생물이 갓 만들어져, 어느 생물에 어떤 것을 먹고 살게 할지 아직 정하지를 못하고 있었다. 그러다 드디어 내일 아침, 각자에게 먹을거리를 정해주겠노라고 모든 생물들을 모이게 했다. 날이 밝기를 기다리다가 모든 생물들이 모여들기 시작했는데 그중에는 한 마리의 뱀도 끼어 있었다. 너무나도 배가 고파 느릿느릿 기어가노라니, 개구리가 그 뒤를 쫓아오다 뱀을 스쳐 지나가며 "이 느림보야" 하고 놀려대면서 "내 뒤에 따라오며 내 궁둥이나 핥아 먹으렴" 하고 앞서나갔다. 모여든 생물들은 신으로부터 각기 먹을거리를 정해 받았는데, 맨 마지막에 개구리한테는 "너는 여기 오는 도중에 뱀을 조롱하였느니라. 그대의 바람대로 이제부터는 뱀에게 너의 궁둥이를 핥게 하거라" 하고 정해주었다. 신의 결정은 변경할 수 없으므로 지금까지도 뱀은 개구리를 삼킬 때 궁둥이 쪽으로부터 삼키게 되었다는 것이다(大分縣).


[헤비토미미즈(뱀과 지렁이)]

　뱀과 지렁이가 있었다. 뱀은 눈은 보이지 않았지만 목소리는 컸다. 지렁이는 눈은 보였지만 목소리는 낼 수 없었다. 어느 날 길에서 마주친 이들은 "뱀님, 나는 뱀님의 목소리가 부럽습니다" 하고 지렁이가 말을 하자 "지렁이님, 목소리 같은 것은 나오지 않더라도, 볼 수 있는 눈만 있다면 얼마나 좋겠습니까" 하고 뱀이 응답했다. 그렇다면 목소리와 눈을 서로 맞바꾸자고 해서, 뱀은 눈이 있어 볼 수 있게 되고, 지렁이는 눈이 없어 볼 수 없게 되자, 땅속으로 뚫고 들어가 듣기 좋은 소리로 노래를 부르게 되었다(新潟.

長崎．福岡．德島．廣島縣).

[장사꾼과 뱀]

　어느 장사꾼이 서리가 내린 풀숲에 한 마리의 뱀이 웅크리고 추위에 굳어 있는 것을 발견하고 불쌍히 여겨 자기 호주머니 속에 넣어주었다. 그러자 호주머니 안에서 차츰 온기에 몸이 풀린 뱀이 꿈틀대기 시작하더니만 장사꾼에 대들어, 그의 배를 물고 늘어졌다. 이 뱀은 실은 독사였기 때문에 장사꾼의 몸에 독이 퍼지기 시작했다. 장사꾼이 "어째서 내 배를 문단 말이냐. 네가 얼어 죽을 것 같아 내 호주머니 안에 너를 넣어 따뜻하게 녹여주었는데 말이다" 하고 나무랐지만, 뱀은 도무지 뉘우치는 기색이 없었다. 인간도 마찬가지로 호의를 베풀어주어도 오히려 원수로 대하는 사람이 있게 마련이니 조심할지어다(山形縣).

[나나츠카마노다이자ヒッ釜の大蛇(일곱 개 가마솥의 대사大蛇)]

　니이카타켄新潟縣 나카우오누마쿤中魚沼郡 나카사토마치 다시로中里町田代의 나나츠카마ヒッ釜. 미즈사와무라바바水澤村馬場의 촌장, 오오타신우에몽太田新右衛門은, 나나츠카마(아름다운 계곡 안에 여러 개의 폭포가 있고 그 폭포의 용소龍沼가 마치 가마솥 모양같이 보였으며 그런 것이 일곱 개가 있어서 붙여진 이름)에 살고 있다는 대사를 무서워해서 마을 사람들이 좀처럼 가까이 가지 않는 그곳을 가보기로 했다. 폭포수 용소 안에 물고기들이 떼 지어 돌아다니고 있는 것을 발견하게 된 촌장은 용서의 바위 위에 모셔놓고 있는 벤텐사마(칠복신의 하나)에게, "딱 한 그물만 고기를 잡아 가게 해주십시오" 하고 빌고는, 투망을 하자, 많은 고기를 잡을 수가 있었다. 촌장 신우에몽

296

은 너무나도 기쁜 나머지, 깜박 약속을 잊고 또 한 번의 그물을 던졌다. 그런데 어떤 강력한 힘이 그 그물을 잡아끌어 그물을 건져 올릴 수가 없었다. 그는 할 수 없이 엽총으로 용소 안에다 대고 한 발의 총알을 당겼다. 그러자 갑자기 주변이 캄캄해지더니만, 한쪽 눈에 총알이 박힌 대사가 튀어 올라와 촌장을 덮쳤다. 촌장은 허리에 찬 칼로 간신히 뿌리치고 부랴부랴 자기 집으로 도망쳐 왔지만 뒤쫓아 온 대사는 집채로 촌장을 감아서 죽여버렸다고 한다. 그 이후 나나츠카마에서 잡히는 물고기들은 모두가 외눈박이 물고기라는 이야기(전설).

[헤비이시蛇石]

　　나가노켄 미나미사큐쿤長野縣南佐久郡 코우미마치바류小海町馬流 뒷산 것들은 야츠가오카八ヶ岳에 살고 있던 대사大蛇가 산사태로 떠밀려 내려와 화석이 돼버린 것이라고들 하며, 뱀이 흙 속에서 얼굴을 내밀고 있는 형태와 비슷하다. 이 돌에서 물방울이 떨어지면 비가 온다고 하고, 비가 내리기를 바랄 때는 이 헤비이시蛇石에 비를 빌었다고 한다.


　　나라켄 타카이치쿤奈良縣高市群 아사히고손明日香村의 헤비이시蛇石는 맑은 날씨가 계속되면 갈라진 돌 틈에서 노란 뱀이 나오고, 가뭄이 들어 여기에서 독경讀經을 하면 뱀이 나타나 비가 내린다고 한다.

　　오오이타시大分市시 시카스미鹿隅의 밭에 있는 돌은 헤비마쿠라이시蛇枕石(뱀 목침)이라고 한다. 옛적, 밭이 연못이었을 때, 이 연못의 주인인 대사大蛇가 목침으로 썼다고 한다. 사람들은 이 돌을 콘류오사마龍王樣로 모시어 봄, 여름, 겨울에 제례를 지낸다. 기우제를 올릴 때는 이 사당에서 거행한다. 이 돌을 가지고 가는 사람은 요통에 걸리게 된다고 한다(각 지방의 전설).


## 마츠리祭り祭 행사

[헤비노고넨시ヘビの御年始(뱀의 새해 인사)]

후쿠지마켄 오오누마쿤福島縣大沼郡 에츠타카타마치會津高田町에서는, 매해, 1월 7일에 이 새해 행사가 이루어진다. 남자들이 짚으로 만든 뱀 모양을 둘러메고 집집마다 돌아다니며 오곡풍작을 빈다. 짚으로 된 뱀 모양은, 길이가 4미터, 무개가 30킬로로, 해마다 다시 꾸민다. 한 해 동안 동내의 호요지法用寺에 모셔둔다.


[헤비마츠리蛇祭(뱀 축제)]

쿤마켄 토시네무라群馬縣利根村의 로신온센老神溫泉에서 음력 4월 8일에 거행된다. 이른 아침부터 오전 10시경까지, 온천장 주변에 금줄을 둘러 일반인들의 입욕을 금하고, 길이 25미터, 몸둘레 1.3미터의 천으로 된 대사大蛇(御神體)를 20명가량의 청년들이 메고 다니며 각 여관의 욕탕을 돌고 다닌다.


[츠지기리(ツジギリ)]

치바켄千葉縣에 속해 있는 농촌들에서 묵은 설 행사로 이루어진다. 마을 동서남북 네 구석에 짚으로 만든 뱀을 나무에 비끄러매고 액운이 들어오는 것을 막는 푸닥거리를 한다.

[헨베토리へんべとり]

　천 년 전쯤 기후켄 요시지로쿤岐阜縣吉城郡 조호손후쿠지上寶村福地에, 마을 사람들을 괴롭히는 한 마리의 독사가 있었다. 어느 계제에, 사람들의 눈을 피해 후쿠지 온천에서 온천 요양 중이었던 무라카미천황村上天皇이, 마을 사람들이 겪고 있는 이런 고충을 보다 못해 피리와 북, 그리고 춤으로 뱀을 달래자 독사는 바로 얌전해 져 마을에 평화가 깃들게 되었다고 한다. 이와 같은 독사 전설을 바탕으로, 피리와 북소리에 맞춰 사자가 헨베(뱀)를 입에 물고 추는 사자무獅子舞가 이 마을의 중요무형문화제가 되었다. 해마다 7월에서 8월에 걸쳐 행해지는 후쿠지 온천 여름 축제로, 매일 밤 펼쳐진다.

**이시가미 나나사야**石上七梢 **저**著**에서**

집필진 약력


류관현 남산골 한옥마을 소장, 한국의집 관장, 전주전통문화센터 관장, 한국문화의집 관장
을 역임했으며, 현재 한국문화재보호재단 문화예술실장으로 활동 중이다. 전통문화콘텐츠
의 개발과 연구에 관심을 두고 있다.

서영대 인하대학교 사학과 교수로 재직 중이다. 공저로『단군: 그 이해와 자료』,『성황당과
성황제』, 역서로『조선무속고』등이 있다.

왕민 호세이 대학교 국제일본학연구소 교수이다. 중국 하북성 출신으로, 다이렌 외국어대
학 일본어과를 졸업했고, 시센 외국어학원 대학원을 수료하여 인문과학박사(오차노미즈 여대)
학위를 받았다. 도쿄 세토쿠 대학 교수를 거쳐, 2003년부터 현직 중이다. 주 전공은 문화외
교이며, 비교문화와 일본, 미야자와 겐지 등의 연구를 하고 있다. 총리간담회 위원, 중국 국
가우수자비유학상 심사위원을 역임, 2009년에는 문화 장관의 표창을 받았다. 저서로는『日
本と中國 相互誤解の構造』(中央公論社, 2008年),『日中2000年の不理解-「異なる文化
'基層'を探る』』(朝日新書, 2006年),『謝謝! 宮澤賢治』(朝日新書, 2006年),『日中比較‧
生活文化考』(原人舍, 2005年),『宮澤賢治と中國』(サンマーク出版, 2002年),『宮澤賢治
中澤に翔ける想い』(岩波書店, 2001年) 등이 있다.

이나가 시게미 도쿄 대학교 교양학부를 졸업했으며, 도쿄 대학교 대학원과 파리 제7대학
에서 수학했다. 파리 제7대학에서 문학박사를 받았으며, 미에 대학교 조교수를 거쳐 현재 국
제일본문화연구센터 교수로 활동하고 있다. 저서로『繪畵の黃昏』,『繪畵の東方』등이 있
으며, 편저로『異文化理解の倫理にむけて』,『傳統工藝再考‧京のうちそと』,『描寫
と記述 礎近代視覺世界の形態學と市場の遷移』등이 있다.

이우환 1936년에 태어났고, 1973년부터 현재까지 다마미 미술대학 교수로 재직 중이다. 서울대학교를 중퇴하고, 니혼 대학교 철학과를 졸업했다. 1996~1997년 프랑스 국립 미술대학 객원교수, 1997년 프랑스 파리 국립미술학교 초빙교수, 1999년 대통령 자문 새천년준비위원회 위원을 역임했다. 1969년 국제청년미술가전 일본문화포럼상, 1977년 제13회 현대일본미술전 동경국립근대미술관상, 1979년 제1회 헨리 무어 대상전 최우수상, 2001년 제13회 세계문화상 회화부문, 호암상 예술상, 일본미술협회 세계문화상, 2007년 레지옹도뇌르 훈장을 수상했다.

이원복 충청남북도, 전라북도 문화재 위원을 역임했으며, 현재 광주광역시 문화재 위원으로 재직 중이다. 국립전주박물관, 국립청주박물관, 국립공주박물관 관장을 거쳐 현재 국립광주박물관 학예연구실장으로 재직 중이다. 저서로『나는 공부하러 박물관 간다』,『한국의 말 그림』,『회화-한국미 대발견』,『홀로 나귀 타고 미술 숲을 거닐다』 등이 있다.

이어령 서울대학교 문리과대학 및 동 대학원을 졸업했다. 이화여자대학교 교수, 이화여자대학교 기호학연구소장, 조선일보, 한국일보, 중앙일보, 경향신문 등의 논설위원, 월간『문학사상』주간, 초대 문화부 장관을 역임했다. 현재 이화여자대학교 명예 석좌교수, 중앙일보 고문, (재)한중일비교문화연구소 이사장이다. 저서로는『축소 지향의 일본인』,『흙 속에 저 바람 속에』,『디지로그』,『젊음의 탄생』,『생각』 등이 있다.

이향숙 울산대학교 인문대학을 졸업하고, 교토 시립예술대학교 미술연구과 석사, 교토 대학교 대학원 인간·환경학연구과 박사 과정을 수료했다. 문화·지역환경학 전공으로 국제일본문화연구센터 공동연구원, 교토 대학교 인문과학연구소 공동연구원, 교토 시립예술대, 교토 조형예대 강사를 거쳐 현재 테이쿄 대학 종합교육연구센터 강사로 활동하고 있다. (재)한중일비교문화연구소 객원연구원, 호세이法政 대학 객원학술연구원으로 한일 문화 비교연구를 담당하고 있기도 하다. 공저로『文化としてのテレビ·コマーシャル—日本との比較から見えてくる個性と交流』,『『東アジア海』の信頼助成-韓國—多樣なる「海」のイメージに見る可能性』,『十二支神 호랑이』 등이 있다.

정재서 서울대학교 중문과에서 석·박사 학위를 받았다. 미국 하버드 옌칭 연구소, 일본의 국제일본문화연구센터에서 연구원을 역임했으며, 계간『상상』, 『비평』 등의 편집위원으로 활동했다. 현재 이화여자대학교 중어중문학과 교수이다. 저서로『산해경 역주』, 『불사의 신화와 사상』(1994년 한국출판문화상 저작상 수상), 『동양적인 것의 슬픔』, 『도교와 문학 그리고 상상력』, 『정재서 교수의 이야기 동양신화 1, 2』, 『한국도교의 기원과 역사』 등이 있다.

천진기 안동대학교 민속학과를 졸업하고, 영남대학교 대학원에서 문화인류학과 석사를, 중앙대학교 대학원에서 국어국문학과 박사 과정을 마쳤다. 중앙대학교, 가톨릭대학교, 한국전통문화학교 등에서 강의했다. 현재 국립민속박물관 관장이다. 주요 저서로『한국동물민속론』, 『한국 말 민속론』, 『한국의 馬 민속』, 『전통문화와 상징 1』, 『돼지의 발견』 등이 있다.

최원오 서울대학교 국문학과에서 동아시아 영웅서사시 비교로 문학박사 학위를 받았으며, 미국 인디애나 대학교 민속학 및 민족음악학과에서 박사 후 과정을 밟았다. 목포대학교 도서문화연구소 연구전임교수, 건국대학교 인문과학연구원 및 안동대학교 민속학연구소 전임연구원, 고려대학교 아세아문제연구소 HK연구교수 등을 역임했다. 현재 광주교육대학교 국어교육과 교수로 재직 중이다. 저서로『동아시아 비교서사학』, 『An Illustrated Guide to Korean Mythology』 등이 있으며, 공저로『신화/탈신화와 우리』, 『인류문화의 판타지 신화』 등이 있다.

최인학 동경교육대학 대학원 문학연구과에서 문학박사 학위를 취득했으며, 일본국제교류기금으로 1년간 유구대학 교환교수, 미 풀브라이트 기금으로 1년간 인디애나 대학 교환교수를 역임했다. 현재 인하대학교 명예교수, 비교민속학회 평의회 회장이다. 저서로『구전설화연구』, 『백두산설화』, 『조선조말 구전설화집』, 『한국민속학새로읽기』(공저), 『옛날이야기 꾸러미 전5권』, 『한국의 설화』(공편) 등이 있다.

카미가이토 켄이치 오테마에 대학교 교수로 재직 중이다. 저서로『日本文化交流小史:東アジア傳統文化のなかで』, 『暗殺伊藤博文』, 『空海と靈界めぐり傳說』, 『富士山聖と美の山』 등이 있다.

하마다 요 교토 대학 법학부를 졸업했으며, 동 대학 인간 환경학연구과에서 석·박사 학위를 받았다. 맥길McGill 대학교 종교학부 객원연구원, 국제일본문화연구센터 강사를 역임했으며, 현재 테이쿄 대학교 일본문화학과 준교수로 재직 중이다. 주로 비교종교, 일본문화 전공으로 자연과 복수 종교 전통문화를 중시하는 '공존의 철학', '복수 종교 경험' 등 새로운 개념에 의한 연구를 전개했으며, 더불어 '동아시아 공유 문화유산' 을 제창하고 있다. 저서로 『共存の哲學』, 공저로 『環境と文明』, 『A New Japan for the Twenty-First Century』, 『國際日本學と渓何か』, 『宗敎多元主義を學ぶ人のために』 등이 있다.

## 문화로 읽는 십이지신 이야기 뱀

초판 1쇄 인쇄  2011년 10월 25일
초판 1쇄 발행  2011년 10월 31일

책임편집 이어령 | 기획위원 최규복 송명식
펴낸이 정중모 | 펴낸곳 도서출판 열림원

편집장 김도언 | 편집 이성근 | 디자인 이기쁨
마케팅 남기성 | 홍보 장혜원 | 제작 윤준수 | 관리 박정성 김은성 조범수

등록 1980년 5월 19일(제406-2003-026호)
주소 서울시 마포구 잔다리로 2길 7-0
전화 02-3144-3700 | 팩스 02-3144-0775
홈페이지 www.yolimwon.com | 이메일 editor@yolimwon.com
트위터 twitter.com/Yolimwon

ISBN 978-89-7063-710-5 03380